部活動にスポーツ基本法を活かす

【編集代表】
弁護士 菅原 哲朗
弁護士 望月 浩一郎

【編集委員】
弁護士 伊東 卓
弁護士 大橋 卓生
弁護士 境田 正樹
弁護士 松本 泰介
国士舘大学 入澤 充

エイデル研究所

巻頭言
スポーツ基本法を部活動に活かすために

早稲田大学 教授
浦川 道太郎

はじめに

　スポーツに興味と関心を持つ生徒が学校教育の一環としてスポーツを行うスポーツ部活動は、明治初期の高等教育機関の学生が欧米のスポーツを紹介・実施し始めたことを契機に、他国に例を見ない、わが国独自の発展を遂げてきたものである。現在では、ほぼすべての中・高等学校に運動部が存在しており、中学校で約65％、高等学校で約42％（2013年調査）の生徒が参加している。このため、多くの市民はスポーツ部活動の中で初めて本格的にスポーツに親しむ機会を得、わが国の有力なアスリートもスポーツ部活動の中で育成されてきた。

　このように、わが国のスポーツの基盤を支える学校運動部に対しては、2020年に東京でオリンピック、パラリンピックが開催されることが決定したことから、優秀選手育成を目指して、外部からの新たな働きかけも予想される。しかし、1964年東京オリンピック開催時に生じたスポーツ部活動に対する外部からの働きかけは、よい側面をもたらしたばかりでなく、競技力増強のもとに、勝利至上主義から練習の長時間化や精神主義の強調という弊害を生じさせたことも指摘されている。したがって、2020年の東京大会は、この反省に立って、むしろ新たに施行されたスポーツ基本法の精神と理念を学校のスポーツ部活動において実現するための機会としなければならない。

　本書企画の各稿において、スポーツ基本法をスポーツ部活動に活かすための各論的な諸問題については論じられるため、以下ではスポーツ基本法の理念を実現するためにスポーツ部活動は如何にあるべきかについて、若干の私見を述べることにしたい。

スポーツ部活動における安全確保

　スポーツ部活動は教育課程外で生徒が自主的・自発的にスポーツに親しむ機会であるとされているものの、学習指導要領は、運動部を含む部活動が生徒の学習意欲、責任感、生徒間の友情を育むことに大きな意義があったことを認めて、学校教育の中では保健体育科目と関連づけて実施されることを求めている。保健体育科目の目標は、健やかな心身の育成と自ら進んで生涯にわたって運動やスポーツを豊かに実践して心身を鍛錬していく機会をすべての生徒に保障することに置かれている。したがって、学校教育の一環たるスポーツ部活動の基本的目標も同様のものと理解することが許されよう。また、生徒の自主的・自発的活動を基礎に形成される運動部は、スポーツ基本法にいうスポーツ団体としての性格も具有しているものである。

　そのように考えると、スポーツ部活動では、学校と指導者は、生徒の自主性を極力尊重し、生徒の運動能力を引き出すことに協力する態度で接すべきであり、スポーツ基本法（以下「法」という。）5条及び14条も求めているように、生徒が楽しく安全に運動に親しめる環境の整備に配慮してスポーツ事故防止に努力すべきである。

スポーツ部活動のための施設の充実とスポーツ団体・地域との連携

　運動部は生徒に生涯を通じて実施できる本格的なスポーツに親しむ機会を与えるものであり、わが国の競技スポーツの人材供給の底辺を形成してきた。底辺が広く基盤が確固としていれば、その上に形成されるスポーツの水準も高いものとなる。

　スポーツ部活動を活性化するためには、それを実施する体育館、運動場、水泳プール、武道場

Foreword

　その他のスポーツ施設の整備が不可欠であり、体育に関する教員の資質の向上も必要である。もっとも、スポーツ全般に通暁している体育教師がいるわけではないため、運動部の運営においては他科目の教員の参加や地域におけるスポーツの指導者等の活用も図られねばならない（法17条）。施設の充実については、近年の地方自治体の財政難を考えると、基本的施設は別にして、学校間で分担して優良な体育・スポーツ施設の設置が講じられてよいであろう。また設けられたスポーツ施設は、生涯にわたってスポーツを実施できるように地域住民に開放されることも望まれる（法13条、21条）。さらに現在の少子化を考えると、団体スポーツを実施するにはメンバーが揃わないことも生じるために、学校間の連合運動部の組織化も積極的に取り組まれるべきである（法2条2項、7条）。高校野球では、日本高等学校野球連盟が「連合チーム」の結成と大会参加資格を認めているが、これは、今後の運動部の在り方を示しているだろう。

スポーツにおける人権教育の徹底、スポーツ指導者の育成と正しいスポーツ指導法の普及

　最近のスポーツ部活動の中で話題になることの多くは、残念ながら、指導者の暴力や生徒間のいじめである。

　このような事件の背景は多様であるが、指導者の暴力行為の大きな要因は、勝利至上主義であろう。わが国のスポーツ部活動の歴史の中心を形作ってきたのは学校間対抗戦であり、また、団体競技であれば当然に勝利を目指さねばならず、学校内外からの圧力がスポーツ指導者の精神主義に基づく「しごき」、怠慢なプレーをした選手やチームの統制を乱す生徒に対する暴力による制裁を誘発することになる。そして、このような行為は、「体罰」という名で隠蔽され、当該指導者の「熱心さ」の表れとして許容されてきた側面もある。

生徒間のいじめも、チーム内での指導に名を借りた上下関係によるものや、競技力や性格的に弱い者に対する優越感の誇示に起因することが多く、いわゆる「体育系」という言葉でその陰湿さが隠されてきた。

　このような暴力行為やいじめの存在は、互いに独立した人間として尊重し合う人権意識の薄弱さがわが国のスポーツ界の根底にあることを示している。このため、スポーツ関係者は、改めて法2条8項に定める「スポーツを行う者に対し、不当に差別的取扱いをせず、また、スポーツに関するあらゆる活動を公正かつ適切に実施すること」を想起・実行して、暴力といじめをスポーツ界から排除して、「スポーツに対する国民の幅広い理解及び支援が得られるよう」努力しなければならない。

　なお、スポーツ指導者が指導の名のもとに暴力行為を行うことは、スポーツの指導では指導者の個人的な経験が幅を利かせており、エビデンスに基づく正しいスポーツ指導法が開発・教育されてこなかったことにも原因がある。大学教育の中では、スポーツに関わる学部の人気が増大し、学部・学科が増設される傾向にあるが、法の精神を顕現したスポーツの正しい指導法が研究され、そこで学んだ学生の中から新しいスポーツ指導者が多く生まれることが期待される。

contents

巻頭言 Foreword　　　早稲田大学 教授 浦川 道太郎 ....▶2

第Ⅰ部
鼎 談　　　　　　　　　　　　　　　　　　　Three-man Talks

日本に真のスポーツ文化を根づかせるために
―― スポーツ基本法の意義と果たす役割 ....▶10

●出席者
東京大学公共政策大学院教授 **鈴木 寛**
アスリートソサエティ代表理事 **爲末 大**
キーストーン法律事務所 代表 **菅原 哲朗**

第Ⅱ部
インタビュー　　　　　　　　　　　　　　　　INTERVIEW

バレーボール●
三鷹市公立中学校教諭・女子バレーボール部顧問
大倉 知恵 ....▶26

野 球●
法政大学特任教授
山中 正竹 ....▶35

サッカー●
サッカー元日本代表／解説者／指導者
藤田 俊哉 ....▶44

柔 道●
柔道家／静岡文化芸術大学准教授
溝口 紀子 ....▶51

第Ⅲ部
論 文

The Paper About A Sport

教育の目的と学校スポーツ部活動
──教育基本法1条とスポーツ基本法の相関

国士舘大学法学部教授 **入澤 充** ……… ▶62

学校スポーツをめぐる体罰と虐待問題
──日米比較から見えてくるもの

同志社大学 政策学部 教授 **川井 圭司** ……… ▶70

体育・スポーツ指導者養成の問題点

市民スポーツ&文化研究所 代表 **森川 貞夫** ……… ▶80

部活動指導者の研鑽・研修の在り方
──「甲子園塾」次代を担う指導者育成事業

公益財団法人日本高等学校野球連盟理事 **田名部 和裕** ……… ▶90

特別支援学校における部活動の
問題点と課題(視覚障害の場合)

日本大学大学院 **木村 敬一**
筑波大学附属視覚特別支援学校 体育科教諭 **寺西 真人** ……… ▶102

スポーツ部活動の事故と安全対策
──指導者はいかに行動すべきか

虎ノ門協同法律事務所 弁護士 **大橋 卓生**
Field-R法律事務所 弁護士 **松本 泰介** ……… ▶108

スポーツ部活動から暴力をなくすために
何が必要か？

虎ノ門協同法律事務所 弁護士 **望月 浩一郎** ……… ▶124

論文

The Paper About A Sport

スポーツ団体（中央競技団体）の ガバナンス構築に向けて
四谷番町法律事務所 **境田 正樹** ……… ▶136

スポーツ基本法逐条解説
新四谷法律事務所 弁護士 **伊東 卓** ……… ▶146

スポーツ指導における暴力根絶に何が必要か ── JOC アンケートの分析から
虎ノ門協同法律事務所 弁護士 **望月 浩一郎** ……… ▶178

Data
資料
- スポーツ基本計画（概要） ……………………………………… ▶184
- スポーツ基本計画の全体像 ……………………………………… ▶188

column
コラム

- 第三者相談・調査制度相談窓口の設置と運用について 伊東 卓 ▶68
- アメリカのスポーツ事情──性差別「タイトルナイン」 中村さつき ▶78
- スポーツ指導者養成のあるべきカリキュラム 望月 浩一郎 ▶101
- 学校事故が起こった時、何が求められているのか 望月 浩一郎 ▶123
- アメリカのスポーツ事情──体罰「大学部活動の内部告発」 中村さつき ▶134
- スポーツ法に関する実務を支援・研究する団体ができました！ ──日本スポーツ法支援・研究センター 大橋 卓生 ▶145
- 全国スポーツ法研究会交流集会 伊東卓 ▶177

Editor's Postscript
編集後記 ……………………………………………………… ▶190

装丁・本文DTP■**大倉 充博**
イラスト■**大倉 和隼**
写真撮影■**ホリバトシタカ**
鼎談／インタビュー編集■**小泉 弓子**

第 I 部

鼎　談

Three-man Talks

鼎談

日本に真のスポーツ文化を根づかせるために
―― スポーツ基本法の意義と果たす役割

東京大学公共政策大学院教授

鈴木 寛（すずき かん）
●プロフィール
　東京大学大学院教授、慶應義塾大学教授、日本サッカー協会理事ほか。2001年から12年間の国会議員任期（参議院・東京都）中、文部科学副大臣を2期務めるなど、教育、医療、スポーツ・文化・情報の分野を中心に活動し、超党派スポーツ振興議連幹事長、東京オリンピック・パラリンピック招致議連事務局長などを歴任。

アスリートソサエティ代表理事

爲末 大（ためすえ だい）
●プロフィール
　アスリートソサエティ代表理事、R.project取締役ほか。スプリント競技における日本初の「プロ陸上選手」として、世界選手権で2度の銅メダルを獲得、五輪はシドニー、アテネ、北京の3大会に連続出場。2012年に現役を引退後は講演、執筆、テレビのコメンテーターなど、多方面でスポーツと社会についての活動を広げている。

キーストーン法律事務所 代表

菅原 哲朗（すがわら てつろう）
●プロフィール
　弁護士、日本体育協会国体委員、国立スポーツ科学センター倫理審査委員、第二東京弁護士会スポーツ法政策研究会代表幹事、日本スポーツ法学会元会長、国立国際医療研究センター理事など。

菅原 桜宮高校バスケットボール部主将の自殺事件について、朝日新聞の取材に答え「スポーツ体罰」について述べました。確かに「体罰が根絶できれば一番いいが、現実的には不可能だと思う。過去の文部科学省のデータを見ても、暴力的な指導者は一定数いる。法的な危機管理の観点で言えば、まず、体罰はなくならないことを前提にする。そのうえで、重大な問題に発展しないうちに、早めの公表、早めの対処を繰り返すしかない。今回のような重大な事件が起きた時に世間の非難を集中させるだけでは、問題は解決しない」（2013年1月26日付朝日新聞）というのが私の率直な意見です。

その理由は「指導者と選手には上下関係があるため、権利侵害が起きやすく、問題も隠されやすい。現在も表沙汰になっているのは氷山の一角だろう。日本体育協会はガイドラインで、加盟団体も倫理規則に基づいて解決にあたるよう求めているが、運用できている団体は少ない。隠された問題を表に出すシステムが必要だ。教育現場のみの問題と考えず、自らの問題として取り組んでほしい」（2013年1月26日付朝日新聞）というスポーツ部活動の現実を前提にするからです。

さらに日本のスポーツ界全般について言うと「法曹関係者が『法の支配』と言うと、スポーツ関係者からは『スポーツと法がどう関係あるのか？』という反応が返ってきてしまう。法律家が介入することへの警戒感があるのだと思う。だが、法の支配とは自由と正義を実現すること。競技団体が自分で自分を律することが重要だと気づいてほしい。権利侵害への取り組みが後回しになっているうちに、象徴的な事例のように今回の事件が起きてしまい、非常に残念だ。スポーツ関係者の規範意識を高める必要を感じる。それとともに、基本法はまさしく基本のものなので、例えば体罰防止法など、個別の立法を考えてもいいと思う」（2013年1月26日付朝日新聞）のとおり、スポーツ界に暴力根絶のルールを確立するには体罰防止法という新立法が必要だと考えています。

今回の鼎談では、スポーツ権確立のために職務を果たされた元文部科学省副大臣の鈴木さんと現役を引退しアスリートのセカンドキャリアを推進している爲末さんのお話を伺いながら、日本スポーツ界の未来を創造するイノベーションの種が引き出せれば幸いです。

まずは、お二人ともスポーツを通じて様々な形で指導者との出会いや付き合いがあったと思いますが、中学、高校の多感な時期に部活動で学んだことや、人生の転機を与えてくれたような指導者との出会いといったことからお話しいただけますか。

指導者との出会い

爲末 最初の指導者は中学校の時の河野裕二先生という先生です。今でも記憶に残っているのは、初日に座学で、河野先生がホワイトボードに三角形を描いて、「底辺が精神、他の二辺が体力、技術である。すべてはモチベーションによって支えられていて、動機と目的がスポーツのすべてである」と仰ったことです。最初はどういう意味か分からなかったんですけれど、ことあるごとにその三角形が出てくるんですね。トレーニングメニューも2年生の半ばまでは出ていたんですけれど、その後は

自分で選ぶ仕組みになりました。中学3年の時、100 m、200 mと400 m、幅跳びやハードル、僕はちょっと抜けていて全国を狙える競技があったんですが、どの競技にするか自分で選び、何故選んだのかを先生の前でプレゼンして、選んだら次はどのようなトレーニングを組むかという話になりました。総じて言うと、一つひとつ自分で考え、それを表明し説明させる、そういう指導の繰り返しでした。

　高校では長谷川泰先生から指導を受けましたが、同じ県だったので、中学校の先生から高校の先生に指導方法がバトンタッチされるという感じでした。高校ではスランプが3年間のうち2年間続いてずっと苦しかったので、長谷川先生とは技術の話よりも心理面でスランプや苦難にどうやって耐えるかという話が多かったなと思います。長谷川先生からもいろいろなことを教わったんですけれど、モチベーションの話をしている時に、「僕が負けて悔しいとか、やり返したい、一番になりたいからあいつには負けたくない」と言うのに対して、先生は「それでいける領域もあるんだけれども、それだけじゃいけない領域がある。好きっていう気持ちがないといけないんだ」と仰いました。当時はその意味が分からなかったんですが、後から考えると、先生からそういう言葉をもらったのが大きかったと思っています。

菅原　続いて鈴木寛さん、鈴木さんは、学者・スポーツ畑の人というよりは政治家というイメージが強いのですが（笑）。本当にスポーツがお好きだし、高校生の時にはサッカー部で神戸市の大会で優勝もされている。そのあたりからお話しいただけますか。

鈴木　私が在学していたのは私立灘中学校、高等学校で、講道館柔道の創始者であり日本体育の祖、またアジア初の国際オリンピック委員会（以下、ＩＯＣ）委員として1940年の幻の東京オリンピック招致をされた嘉納治五郎先生が人生の最後にお作りになった学校です。中学校から高校まで6年間の一貫教育で、柔道は必修、先生は学生チャンピオンを取られた非常に優秀な先生でした。灘校のカリキュラムには体育がたくさんあります。我々の時は週4日で、しかも柔道が1日ありましたから、毎日体を動かしていたと思います。

　サッカー部には中学校から入りまして、サッカー大好き少年でした。恩師は村上恒夫先生で、京都大学の学生でありながらOBとして指導に来ていただき、後に物理の先生となられサッカー部の顧問をされていました。村上先生は同時にJリーグの審判もされていまして、当時から日本でも国際的にもトップクラスの審判になる事を目指しておられました。灘校サッカー部は、顧問はいるけれども監督はいない、責任学年がすべて自分たちで考え、自分たちで決めるのが伝統でした。村上先生はサッカーをこよなく愛し、顧問として毎日我々を温かく見守りながら指導をされていましたけれど、しかし決めるのは生徒が決めていました。

　私はサッカー部のマネージャーになりまして、キャプテンと一緒にチームをどうしていくのかということを、高校生ながらに本当にいろいろ知恵を巡らせ考えていました。ちょうど1980年から神戸市

の高校サッカーがリーグ制を敷くことになりまして、私たちは神戸市一部リーグで優勝をすることができたんです。手前味噌で恐縮ですが、後に松下電器産業サッカー部（現：ガンバ大阪）に行く永島選手がいる御影工業と引き分けて、後にヴィッセル神戸の監督にもなる和田選手がいた御影高校に勝って掴んだ神戸市一部リーグ優勝ですから、それなりに価値のある優勝だったと思っています。私はプレーヤーとしては凡庸なプレーヤーでしたが、英語で言えばフロントワーク、日本語で言えば裏方稼業に専念して作戦や戦略を組み立て、結果的にそれが優勝につながった。この成功体験は大きかったですね。

　卒業後、私は通産省時代にJリーグ立ち上げに携わることになり、また2002年サッカーワールドカップ招致に携わり、日韓ワールドカップの組織委員会の委員になります。それから2022年のサッカーワールドカップ招致委員会の副委員長、2016年にスポーツ担当副大臣、2016年、2020年の東京オリンピック・パラリンピックの招致の事務局、2020年については事務局長などと、ワールドカップやオリンピック・パラリンピックの招致の正に裏方といいますか、スポーツオーガナイザー、スポーツプロデューサーとしての人生を送ってきたわけですが、その原点は高校時代、自分たちであらゆることを徹底的に議論して決め、それを村上先生がずっと見守ってくださっていたこと、リーグ優勝という成功体験にあったと思っています。

なぜ体罰や暴力が繰り返されるのか

菅原　部活動というと、監督・コーチなど指導者や上級生は怖い存在で、体罰や暴力も当たり前というイメージがありますが、お二人のお話にはそのようなマイナス面が出てきませんでしたね。

爲末　陸上は比較的早くからそういう文化が薄れていたような気がします。チーム競技ではない上に、実力の差があまりにもはっきり出て、レギュラーの下級生とレギュラーになれない上級生という関係もできます。だから上下関係も比較的薄い。ただ、駅伝チームでは僕らも話は聞いていましたし、実際にグラウンドでゴツンとやられているのは見たことがあります。それから、女性のチームでは、体罰や暴力ではなくても、1日のスケジュールが全部指導者の方で決められているなど、かなり支配的な空気もあったりしました。僕はそういうチームだと性格的に耐えきれないと思っていたけれど、一方で、一から指示を出された方がワークするというタイプの選手もいたりしたんですね。僕自身はそういう指導でどのくらい効果があるのか、正直なところ分からなかったです。

鈴木　高校時代、サッカー部は体罰や暴力とは完全に無縁だったんですけれど、柔道部には必ずしもそうではない実態はありました。灘校の柔道部は2年に1人ぐらいは選手をインターハイに送り出すほど強かったので周囲から期待されていました。サッカー部は期待されていなかったので本当に

自由にやっていました。

菅原 周囲の期待というお話がありましたが、一連の体罰や暴力の問題の底流には、多少手を上げても構わないから子どもを強くしてほしいという保護者の指導者に対する期待もあると思うんですね。爲末さんのご両親も爲末さんに期待したと思うんですが。

爲末 僕の場合、両親や祖父は高校チャンピオンになったあたりから怖くなったと思うんです（笑）。全国で一番になって、オリンピックを目指すなんて手に余る、大それたことをしないでほどほどで引いたらどうだといつも言われていました。僕にとっては過度に期待されるよりはなんだか居場所があるようで安心感がありました。もちろん我々の時にも先生に生徒の躾を望む空気があって、それが体罰の背景にあったとは思います。もう一つ、最近の傾向を見ていると、手段としての部活動になっているところがあると思います。キャプテンになるとその後の道が拓けるとか、大会でいい成績を残せばプロに行けるとか、両親を含めて周囲が過熱しているし、学校側も大会で勝つことの宣伝効果を意識せざるを得ない。その熱の入り方が現場の指導者に伝わるんじゃないかと思うんですね。体罰がいいとは言えないけれども、一方で指導者がプレッシャーに晒されてる現実もあるんじゃないかな。

鈴木 サッカーでも、特に強豪と言われる私立高校が選手募集を組織的に行って全国から優秀な選手を集める、高校で活躍したら大学へのスポーツ推薦入学、という流れができてしまって、いったん流れに乗ってしまうとなかなか外れることができなくなっているのは事実ですね。僕には灘校で学んだ嘉納先生の教えが身に沁みついていて、自分で自分を律する、責任も取る、自立した大人になるというプロセスの中にスポーツを位置づけているんですが、特に柔道にはそのような要素がとりわけ強い。そこが日本の武道の素晴らしいところでもあり、柔術を柔道という道にしていったのが嘉納治五郎先生の思いだったわけです。それだけに柔道全日本女子代表選手の問題が発覚した時には率直に言って大変なショックを受けました。しかも自分が文部科学省副大臣の時にスポーツや武道本来のあり様からかなり逸脱したことが部活動のみならず、いろんなところで散見されたことは、スポーツ政策や行政に携わっている者として非常に申し訳ない気持ちがありました。

菅原 よく分からないのは、熱意があるのはいいけれども、その熱意がなぜ力や暴力に転嫁してしまうのか、ということなんですが。

爲末 体罰って、こうなるべきなのにどうしてこうなんだ、罰を与えてやる、こっちに行きなさいということだと思うんですよ。しかし、「僕の理想に君がなれ」という熱意と、「君の思う理想を君が探しなさい」という熱意とでは、同じ熱意でも全然違う方向にいくんじゃないかと思うんですね。ひまわりとして咲いたらバラにはなれないように、人間それぞれ、なるようにしかなれない。指導者も人間

ですから、相手に対する期待やコントロールしたいという欲求があるんでしょうが、そこが強く出過ぎた時に体罰が起きているのかな。

鈴木　私は中高一貫で6年間でしたけれど、通常は中学3年、高校3年で指導者が替わる。しかも、2年半、3年間で結果を出そうとすればどうしても体罰型教育に頼らざるを得ないという側面もあると思います。人間というのは、楽しい状態の時に一番能力を発揮するんですけれど、その次に発揮するのは非常に大きなストレスの下に置かれている時なんですね。3番目はどちらでもない時。だから望ましいのは第一の楽しい状態に置いた時ですけれど、第二の状態のような恐怖を植えつけるような指導というのは、何もしないよりはある程度有効なんです。しかし、勉強の指導でもそうですけれど、最後に効果を発揮するのは第一の方法です。自らの内から湧き上がる動機を持っている、そして今やっているスポーツなり学んでいることが本当に楽しいという状況にある人が特に後半グッと伸びていく。第二の体罰型教育というのは、立ち上がりはよく短期で効果が出たとしても、最終的には失速してしまうんです。私は大きな流れとして、部活動からスポーツコミュニティへという流れを作りたいと思っているんですね。それを例えば6年間、もっと言えば、8歳とか10歳でスポーツクラブに入って、それからずっと同じクラブに10年、20年いるとします。選手のピーク時を20歳とすると、クラブに入ってから10年後に花を咲かせましょうとなると、指導の仕方も変わってくると思うんです。

菅原　もう一点、勝ちたいという意欲が前面に出過ぎてしまって、手を上げてでも勝たせたい、殴ってもいいから勝たせてほしい、そういう「勝利至上主義」で果たしていいのかという疑問もあります。

鈴木　勝ちを目指して全力を尽くすのはいいんです。勝利するために鍛えに鍛え、最大の準備をしてきた者同士が全力を尽くし合う。最善を尽くすことの素晴らしさ、そこにスポーツの価値があるわけなんですが、どこかで勝ち負けにあまりにもこだわるという取り違えが知らない間にできてしまっている。それはスポーツだけの問題ではなくて、準備のプロセスではなくて結果だけを大事にしてしまうという日本社会全体が抱えてきた問題だと思います。スポーツの場合、結局は、何のためにスポーツをするのか、何のための部活なのか、今、改めてスポーツの原点に立ち返って考えていかなければいけないと思っています。

菅原　スポーツの原点について、爲末さん、いかがですか？

爲末　スポーツにはいろいろな目的があると思うんですね。日本では教育の側面が強いように思いますが、スポーツの側から見ると、遊びとかレクリエーションとしてのスポーツという側面がもう少し強くなってもいいんじゃないかな。スポーツを通じて自分を解放していく、人生を豊かにするための

スポーツです。一方で教育の側から見ると、スポーツと教育って非常に相性がいいと思います。鈴木先生の話とも重なりますが、教育をする、指導をしていくうえで究極の目標というのは、生徒たちがいずれ自分から学んでいくこと、いつか自分の手を離れていくように指導していくことだと思うんですね。すごく難しいけれども、スポーツは比較的それを教えやすいものじゃないかと思うんです。スポーツを通じて自分を高めていったり、ルールを作って律していったり、自分自身を学ばせていくということを覚えて、その先の人生のいろいろな局面に転用させていけばいいんじゃないかと。

スポーツ基本法の意義

菅原 次に、話をスポーツ基本法に移していきたいと思います。2011年6月24日、50年ぶりにスポーツ振興法の全面改正という形でスポーツ基本法が公布されたわけですが、弁護士の立場からすると、「スポーツ権」という基本的人権を確立していかなければといつも思っています。振興法の改正は自民党の麻生政権の時にまとまりかけていました。その時にはスポーツ権という言葉がなくて議論になっているうちに麻生政権が退陣し民主党が政権を取るという流れがあって、新しい議員立法が作られていくわけですが、鈴木さん、そのあたりも含めてお話しいただけますか。

鈴木 スポーツ振興法の改正となるところを、スポーツ基本法として法の位置づけを根本的に変えることができたのは、多くの方々のおかげでもあるし、スポーツ法学会の皆さんにもバックアップしていただいて、本当に感謝しています。

　2009年の通常国会で、スポーツ振興法の改正案が当時の与党自民党によって提出されました。私は民主党のスポーツ政策関係の責任者でしたが、民主党はあくまでもスポーツ基本法だと強く主張して審議には入らず、やがて総選挙を迎え民主党が政権を取りました。私はスポーツ担当副大臣になって、スポーツ基本法を成立させるために、スポーツ立国戦略という文部科学省のレポートをまとめさせていただきました。前後しますが、同じ2009年の10月には、2016年東京オリンピック、パラリンピックを決めるIOC総会がコペンハーゲンであって、東京はリオに敗れたわけですね。コペンハーゲンから帰ってからスポーツ立国戦略の策定に入るわけですけれど、まず考えたのはオリンピック招致で負けた原因です。大きく言うと2つありまして、一つは国立競技場、メインスタジアムの問題、もう一つは国内支持率の低さでした。スポーツを好きな人は好きだけど、そうでない人は関心がない、スポーツ好きとそれ以外という分断状態があって、このままいくとスポーツ愛好者はだんだんじり貧になってしまう、今、必ずしもスポーツが大好きでない人にもスポーツの意義をちゃんと理解してもらう努力をしなければならないというのがコペンハーゲンの一つの教訓でした。

　スポーツ立国戦略をまとめる過程では、スポーツ基本法のコアになる議論をトップアスリートの方々

や、地域のスポーツコミュニティに関わり青少年を一生懸命支えておられる方々など、多様な方々とのディスカッションを重ねました。最初の頃、トップアスリートの振興なのか、地域の生涯スポーツの振興なのかという不毛な対立がありましたが、好循環、つまりトップアスリートが活躍をすれば裾野が広がり、裾野が広がれば近い将来そこから競技力の高い選手が出てくる、どのようにして好循環にしていくのかという方向で、その不毛な2項対立論を乗り越えていきました。そして1年間議論を重ねるうちに、実際の準備作業は政権が中心になって進めるわけですが、民主党の考え方ではなくて国会の総意として超党派の議員立法という形でスポーツ基本法を出していこうということで、自民党の議員の方々にもご理解をいただくようになって、遠藤先生や馳先生、奥村先生、担当課の担当の人に努力をしていただきました。

菅原 スポーツ基本法の草案から成立に向けて大変な尽力をされた鈴木さんを衝き動かしていた思いについて、もう少しお聞かせいただけますか。

鈴木 僕は選手としては何の実績もないけれど、サッカーをやっていたことで人生の友達がいっぱいできたし、その後もテニスやヨット、ダイビング、いろんなことをして友人を作ってと、スポーツのおかげで人生が何倍にも豊かになったと思っています。勝つこと以外のスポーツの恩恵を享受し、ずっとスポーツを見、楽しみ、そして支えてきた者からすると、スポーツ立国戦略やスポーツ基本法に携わることも大変楽しいし尊い仕事だと思っていました。

　しかし一方で、スポーツ行政に携わってみて衝撃を受けたんですが、文部科学省の副大臣にくるスポーツの話というのは、9割方ドロドロになった不祥事の仲裁のような話なんです。こじれにこじれていて、子どもたちに夢を与える希望の源であるスポーツが一皮めくるとこれかと、愕然としたことがありました。世の中全体があまりにも商業的になってきていて、人間が経済的な動機以外で必死に頑張っている姿とか、チームの仲間のために、あるいは応援してくれている仲間のために自発的に懸命に頑張って全力を尽くしている姿って、すごく少ないんですよね。だからこそスポーツには大変な価値があると思っていたんですけれど、実態があまりにも酷い競技団体も少なくない、これは何とかしなければという強い思いを持ったことも事実です。

　それから、スポーツ振興法は、国威発揚、富国強兵の手段としてスポーツを捉えていて、スポーツ自体の尊厳や価値がなかなか見てとれなかった。1960年代の頃の日本全体の状況から見ればやむを得なかったと思いますけれど、誰のためにスポーツをするのか、結局、国家のためのスポーツ、自分のための陸上、自分のための柔道ではなくて、お国のための陸上だったり、お国のための柔道だったりした。それを僕たち、私たちのスポーツにしたいという思いがありました。それが正にスポーツ権ということでありまして、スポーツをする権利、スポーツを見て楽しむ権利、そしてスポーツを支える権利です。スポーツ基本法はくどいほど前文が長くて、スポーツ宣言に近い法律でありましたが、後世の人たちに、2010年頃に国政にあった者、あるいは様々な分野でスポーツを担っていた人たち

がスポーツをどのように捉えていたのか、ここまで我々は考えていたよということを残す法律にしたいという強い思いがありました。

　スポーツ基本法ができてから後も、スポーツ界の危機とも言えるような様々な問題が生じています。しかし、スポーツ問題についてはスポーツ基本法に立ち返って判断する、スポーツ基本法ではこういうことを我々国民と共に約束したではないかという流れができ始めています。その意味ではスポーツ基本法は、スポーツにおける憲法的な役割を既に果たしていると思います。

菅原　弁護士の立場からお聞きしたいのですが、日本弁護士連合会は 2010 年 8 月 20 日、「スポーツ基本法の立法に向けての意見書」を出して、スポーツ団体はいまだに閉鎖的な特殊な社会で、法の支配が及びにくいのではないか、だから暴力を防止するということを法にきちんと書くべきであるし、ガイドラインや倫理綱領を作るべきだと強調しました。私どもが法の支配という話をすると、なぜスポーツに法律家が出てくるという雰囲気がまだまだありますが、法律家の目で見ると、スポーツ基本法ではオリンピック憲章のように暴力はいけないということを明確にされなかったことが残念です。スポーツ基本法の下に個別立法として体罰防止法でもいいし暴力反対法でもいい、きちんとした法の支配が及ぶようにしたらいいのではないかと思うんですが、今後スポーツ基本法を活かしていくためにもそのあたりについて、鈴木さんのお考えをお聞かせください。

鈴木　スポーツ基本法ではスポーツ権の保障を言っていますが、暴力がスポーツ権の侵害にあたることはもう明々白々なんですね。少なくとも近代国家において暴力が権利侵害ではないという人は一人もいないと思います。立法の立場から言うと、わが国の刑法で暴行は傷害罪という犯罪だと言っている。ここに解釈の余地はない、解釈の余地がないことに上塗りをするのは立法論としてはダブってしまうわけです。しかも刑法は六法の一つでありまして、憲法に次いで非常に重要な法律です。それをスポーツ基本法のような下位法でもって上書きするというのは立法の常識としては奇妙なんですよね。

　しかし、例えば言論によるハラスメントのような限界事例を個別法に落とし込んでいく必要があるという認識はもちろんあって、遅れてしまいましたけれども、2013 年に独立行政法人スポーツ振興センター法の改正の中で、不祥事や暴力問題を受けて相談窓口を設置するようにしました。ガイドラインや倫理綱領も少しタイムラグはありましたけれど、2013 年 4 月にスポーツ暴力根絶宣言を出すことができました。スポーツ法学会のプッシュもあってできたことですが、ただ、一連のプロセスを通じて感じたことは、スポーツの現場にいる人あるいは指導者がスポーツのコアバリューに対して非常に無頓着というか、意識の理解のレベルが低い人が多いということです。暴力は権利侵害で犯罪だという当たり前のことが分からない人が当たり前、あるいは当たり前のことがあまりにも共有されてないことに愕然としたことは事実です。

　これは実はスポーツ界だけの問題ではなくて、日本社会に潜む法の価値の実現という大事な話と絡んでいることで、あまりにも大量に、あまりにも長期間違法状態が継続すると、違法であると分かっ

ていながら閉鎖されたコミュニティにおいては違法状態が支配的になってしまう。そういう実態がいろいろなところに散見されるんですね。例えば日本ではサービス残業が多い、無賃労働ですから違法なのに大量に広範にかつ長期的に行われているとそのことが何となく許されてしまうということがある。スポーツでも部活動の中で長い間の慣性というか慣性力が働いていて、なかなか部活動の中で暴力を絶ち切れない、スポーツ界が特殊なのではなくて日本社会の縮図なんですよ。

爲末 うーん。スポーツの中に格闘技が入っていて、例えばボクシングの指導者がジャブを教える時って実は結構微妙じゃないですか。格闘と暴力の線分けが微妙なところがスポーツの現場にはあるので、全く一般社会と同じにはできないと思うんですよ。だからこそ難しい。それから、日本のスポーツの世界には陸上村とか柔道村があるんです。さらに陸上村の中にも○○大学村がある。社会の掟よりも村の掟の方が重いんですね。村の掟に外の村から文句を言うな、みたいな空気もあるんです。これを鈴木先生が仰ったようにもっと近代的にしていかないと。

2020年東京オリンピックに向けて

鈴木 正しくそうなんですよ。日本のスポーツ界に惰性と慣性で根づいてしまった村社会なる掟や雰囲気に終止符を打って、グローバルなスタンダードを持ったスポーツ界にすること。その意味でも2020年オリンピック、パラリンピックの招致に再チャレンジすると決めたことはよかったと思っています。日本で罷り通っている世界の非常識の一つひとつを正していかなければオリンピック、パラリンピックを招致できない。東京オリンピック、パラリンピックに立候補している我々の足元でそんなことが罷り通るわけがないじゃないかという大義になり、スポーツ基本法もできました。今はまだ途上にありますが、2020年までには完全に生まれ変わる。トップアスリートは直ちに生まれ変わってもらわなければいけないし、部活動の指導の現場の隅々に至るまで、2020年には日本のスポーツ関係者が完全に頭を切りかえるということを世界と約束したわけですからね。東京オリンピックまでの6年間は日本のスポーツ界が質的に生まれ変わる転機だと思います。

爲末 スポーツ界でも世界の潮流を読み損ねている人たちは世界から非難されるという流れになっていますよね。前回の東京オリンピックの時の資料を見ていたら、「立ちしょんべん禁止、世界に恥ずかしくない日本を」なんていう言葉があったんです。2020年に向けてのスポーツ界にも同じことが言えるかもしれません。恥ずかしくないようにするって、日本人って得意ですよね（笑）。恥ずかしくない日本にするという点では僕は希望を持っていて、世界に誇れる日本にしましょうよというコンセプトを立てて一気に作り直していこうっていう動きになっていくといいんじゃないかな。

あとは、スポーツ選手がある種パブリックな存在、世間に対するロールモデルになることでしょうか。

勝利至上主義で一番よくなかったのは、とにかく勝つんだ、勝つまで何も言うな、何か言おうとすると馬鹿野郎100年早い、勝ってから言えっていうことだったと思うんです。逆に言うと勝てば言い放題、やりたい放題でいいって。それがモラルハザードを起こしている。アスリートの側も勝つこと以上に守るべき何かがあるんじゃないかともう少ししっかり練っていく必要があると思います。アスリートとスポーツ界の二段構えで日本が世界に誇れるスポーツ文化を作っていく、それがこれからの6年間ですね。

鈴木 スポーツを哲学する6年になると思うんです。また、そうするとIOCに約束したわけですから。これからのオリンピックムーブメントをどうしていったらいいのか、IOC自体もいろいろ悩みを抱えています。その一つは、1964年東京オリンピックもそうですが北京が2008年オリンピックを招致し今回トルコが招致に手を上げたように、オリンピックが一国の国威発揚、先進国クラブの仲間入りの手段として捉えられてきた時期が長い間あって、今でも続いていること。もう一つはロサンゼルスオリンピック以降の商業主義と結びついたオリンピック。この2つの時代を超えて第三の時代に入っていかなければという思いはIOCの中枢には非常に強くあります。今回の招致では、第三のオリンピックムーブメントを作っていくための、思考し挑戦するパートナーとしてわが日本を選んでくださいということを何度も申し上げて、一部ではありますけれど、非常に共感してくれたIOC委員が招致の原動力になったことは事実です。その約束も果たさなければならない。

　では、第三の時代のオリンピックムーブメントとは何かというと、それは実は平和の祭典というオリンピックの原点に返ることです。世界中でいろいろな問題はあるけれど、また日常では惰性に流れて思考停止に陥りがちだけれど、4年に一度ぐらいは平和や世界中の人たちの共生ということをちゃんと考えていく、またその素晴らしさを体感していく、それがオリンピック、パラリンピックであるわけです。さらに、共生を貫いて、オリンピックとパラリンピックが本格的に融合していく、オリンピックとパラリンピックの関係が2020年から変わっていくという歴史を作る。これはかなり具体的に進めなければならないことだと思っています。

　もう一つは、オリンピックを若人の祭典にする、世界中が協力して次の世代が主役になるための舞台作りをしていくことです。IOCはユースオリンピックを始めましたが、実は、東日本大震災の被災地の子どもたちの中に2031年にユースオリンピックをやりたいと言い始めた中学生たちがいて、私はいたく感動したんです。ユースオリンピックは競技目的のみならず、教育プログラムも非常に充実させていて、若人たちが友人を作り共に学ぶ場として実現しました。このようなユースオリンピック的な要素をオリンピック、パラリンピックのプログラムやメニューの随所に組み込んで、次の世代をスポーツを通じて育てていくことは非常に大事なことだと思っています。スポーツは万国共通の言語で、コミュニケーションを豊かにして笑顔や友人を作る。言葉に終わらせることなく実現していきたいですね。

　2020年東京招致に手を挙げる時、最後まで悩んだのは東日本大震災の被災地のことでした。3県の知事やそれぞれの県の多くの関係者と議論に議論を重ねたのですが、むしろ被災地の人たちか

らのぜひやってくれという声に支えられました。2011年3月11日以降被災地にもっとも希望を与えてくれたのはアスリートだったというんですね。もちろんミュージシャンも来てくれた、ボランティアもいろんな人たちが来てくれた、しかし子どもたちに笑顔を与えてくれたのは爲末さんをはじめとするアスリートだと。あの時、日本サッカー協会の川淵さんや武田さんと相談をして、トップアスリートは全部自前で、恒常的に行くような枠組みを作ったんですが、そこで人を元気にするというスポーツの価値が再認識されたし、逆にアスリートの側もそのことを認識してくれたきっかけにもなったと思っています。本書はスポーツ部活動の指導者の方々が読んでくださると思いますが、このような話を子どもたちにしっかり伝えるというのも大事な指導者のミッションだということを分かっていただければありがたいと思います。

爲末 近代のオリンピックの元をたどると、僕はクーベルタンはスポーツを使ってどう教育していくかっていうことを考えていて、そもそもオリンピックムーブメントの最初の頃は教育色がもう少し色濃かったんじゃないかと思うんですね。鈴木先生が仰るようにオリンピックの原点に返って、人育てとか、人作りのオリンピック、若者に継承していくという面から考えると、僕は世界でこんなにスポーツに教育の側面が強い国は日本しかないと思うので、東京がやる意味はすごくあるんじゃないかと思います。

　一方で僕が最近のオリンピックですごく感じるのは、もちろん素晴らしい技や記録に向かって限界に挑戦していくことのエンターテイメント性は必要なんですが、やはり人間それぞれ生まれた時からのポテンシャルが違っていて、どんなに頑張ってもこれ以上いけないというところもあると思うんですね。自分の限界を突破していこうと取り組むけれども結局勝てない、でもそのこと自体が尊いんじゃないかと思うわけです。最初に自分自身の限界との闘いがあって、結果としてその先に他者との競争がある、それ自体に価値があり尊いということを世界に対して訴えてもいいかなと。2020年以降の30～40年はこのコンセプトでいったらどうですかということを東京で見せられたらすごくいいだろうと思う。

菅原 ありがとうございます。鈴木さん、最後に読者へのメッセージも含めてどうぞ。

鈴木 1964年のオリンピックはハードがレガシーとして残りました。では2020年のオリンピック、パラリンピックは何をレガシーとして後世に残すのか。それは、スポーツを通じたコミュニティ、スポーツコミュニティを残していくということです。2030年、2040年になった時には、老若男女すべての人が何らかのスポーツコミュニティに居場所があって出番もあって、スポーツをし、応援し、支える、見る、それが当たり前になっている。いつから日本はこうなったんだろうと振り返った時に、2020年を節目とした前後の10年間があった、そういうこともスポーツ基本法に盛り込んでいるんですね。何歳になってもどんな立場であっても、スポーツを通じてお互いに支え合いながら生きている、そう

いうスポーツコミュニティがいろいろネットワークしている日本社会を作っていきたいと思います。2020年までには人々が健康で文化的な人生を謳歌している日本と東京。世界でもっとも魅力的な町、国が東京あるいは日本であり、そのことを世界中から来たお客さんにも感じ取ってもらい、自分の国も自分の地域も自分の町も東京で得たインスピレーションを基に何か作り出してみようと思っていただける。物質文明至上主義、GDP至上主義を超えて、近代以来の文明を変えていくようなムーブメントを起こしていきたいですね。

　オリンピック、パラリンピックを成功させるためにはやらなければならないことが山ほどあります。その中の一つに若者ボランティアを大量に募集し登録して、そして研修することがあります。部活動の指導者の方々にはぜひ、「君たちは6年後、世界中から来た人たちを君たちが主役になっておもてなしするんだ、スポーツの楽しさ、スポーツを通じてコミュニケーションすることの楽しさ、そのことができる自分、あるいはそのことを引き継いでいける自分になろう」と声をかけられる、そういう若者を育てられる指導者になってほしいと思います。

菅原　終わります。どうもありがとうございました。

まとめ

　お二人の丁々発止の話を伺っていて、スポーツを楽しむため、スポーツ人の「自治・自律（自立）」をとても大切に、ガバナンス（組織の統治）・コンプライアンス（法令遵守）といった真の「フェアプレーの精神」が、つまり法的に言うと「スポーツ権」がお二人に身についているな、とつくづく思いました。

　スポーツには、健全な心は健全な肉体に宿る、フェアプレーの精神、スポーツマンシップという美しく響く言葉があります。

　オリンピック憲章は、スポーツを行うことは人権だと謳い、憲章の前文に続く「オリンピズムの根本原則」の第4項に、「スポーツを行うことは一つの人権である。すべての人が、いかなる差別もなく、オリンピック精神に則って、スポーツを行うことができるのでなければならず、そのオリンピック精神とは、友情・連帯・フェアプレーの精神に基づく相互理解を求めるものである」と定めています。

　私は、「スポーツの自治はスポーツ権の土台である」と考えています。

　自治権とは、社会に存在し自由かつ自律的に活動している団体・組織に対し、公権力がその自主的な活動に対し、表面的には合理的な理由を保持しつつ不正、不当な制限を加え、ガバナンス（組織の統治）に介入してくる事態が生じた時、団体・組織が公権力に対抗して、公権力を排除できる正当な権利です。

　スポーツの自治はスポーツ活動が、いかなる意味でも自由であり、旧スポーツ振興法1条2項に明記されていたように、国家から強制されないという意味でも自由で、憲法13条の幸福追求権か

ら保障されます。

　国際スポーツ法は、1980年代から発展し始め、現在ではアスリートの国籍や競技国等に関わらず、世界中でトップ・スポーツ全般を規律する法論理となっています。

　グローバル・スタンダードとして「スポーツにおける法の支配、すなわち国際スポーツ法の基礎は、一方において国際公共財としてトップ・スポーツを確保することにあり、同時に人権としてのスポーツ実践を保障することに繋がる。トップ・スポーツがこのような性質をもつ以上、その運営を、市民社会から閉ざされた競技団体の自治に委ねることができないことは自明であろう」（引用：小寺彰教授　日本スポーツ法学会年報17号掲載「国際スポーツ法とアジア」）とオープン・透明性のあるスポーツの自治が求められている。

　トップ・スポーツの実践が人権という基本的な権利である以上、個人がスポーツを行うことは法によって保障されなければならない。

　スポーツ権はすべての市民がスポーツを享受し、する・見る・支援が自由にできることです。スポーツ基本法の前文は「スポーツを通じて幸福で豊かな生活を営むことは、全ての人々の権利であり、全ての国民がその自発性の下に、各々の関心、適性等に応じて、安全かつ公正な環境の下で日常的にスポーツに親しみ、スポーツを楽しみ、又はスポーツを支える活動に参画することのできる機会が確保されなければならない」と規定しています。

　法律家の感覚からすると「コンプライアンス（法令遵守）」と「ガバナンス（組織の統治）」は表裏一体です。市民スポーツ組織・スポーツクラブの自治の権利は、経済的自立を基盤として、社会的な存在としての自治的組織に相応しい自己管理能力・規範や民主制を有しているかが、問われます。

　建築物に例えてみれば、ガバナンスは鉄筋コンクリート造の堅固な建物の骨格で、鉄筋がない手抜き工事なら建築物は軽度の地震で簡単に瓦解するのです。

　もとよりコンプライアンスの重要性は言うまでもありませんが、法は最低レベルのモラルにすぎません。法は裁判規範であるとともに行為規範です。身体に例えてみても、ガバナンスという骨格が弱ければ、頭のコンプライアンス意識も希薄となります。

　ガバナンスのない組織内部には公金不正請求・背任横領事件・賭博事件・大麻事件・暴力事件・セクハラ・パワハラなど犯罪行為・法令違反・社会的非難を受ける不祥事が必然的に生じるのです。

　スポーツ団体の結成・運営・活動にいかなる権力からの介入も強制も受けないとの発想が、逆に第三者の批判を許さないスポーツ界の一貫した考えとして「スポーツに法は入らず」と、スポーツ組織内部の自治原則を堅持し、自分たちの作った固有のルールに従うのが正しいと伝統化してきたのです。

　その極論が監督・コーチ・親方と選手・部員・新弟子が学校の先輩後輩という暗黙のルールで身分の上下を規律し「派閥と放漫経営」「暴言と暴力」「セクハラとパワハラ」でも「文句の言えない」「泣き寝入り」という日本流的な非近代的な封建的残滓を残したと言えるでしょう。

　今、オープンで、楽しさあふれる学校の部活動こそスポーツ体罰をなくす第一歩と言えましょう。

（菅原哲朗）

第 II 部

インタビュー

Interview
バレーボール
インタビュー
大倉 知恵
三鷹市公立中学校教諭・女子バレーボール部顧問

前に進む　大倉知恵

大倉 知恵（おおくら ともえ）●プロフィール
　三鷹市公立中学校教諭、女子バレーボール部顧問。選手としては、中学、高校と女子バレーボール部に所属し、高校時代は、関東大会、インターハイなどに出場する。社会人では、クラブカップ全国大会出場ベスト8の成績を残す。指導者としては、東京都中学校バレーボール大会出場、多摩地区中学校バレーボール大会3位など。

――大倉先生は三鷹市の公立中学校で美術科の教鞭を執りながら、女子バレーボール部の顧問をされています。まず中学校の教員になろうと思われたきっかけと、先生ご自身も中学校、高校時代にバレーボール部に所属されていながらなぜ、体育の教員ではなく美術の教員になられたのかについて、お聞かせください。

大倉 高校生の時、もともと英語が嫌いだったのですが、教えていただいた先生がすごく分かりやすく理解できるようになって、英語が嫌いではなくなったんです。その時の体験もあり、人に教える仕事は嫌いなことでもやる気になったり、好きになったりするきっかけをつくることができる、人に教える仕事もいいかなと思い、大学に進学してから教職課程を取りました。中学校時代の先生が「体育教師がいいのでは」と勧めてくださったり、私自身も体育は好きだったので選択肢の中には入っていました。しかし、中学校、高校の授業を通して、好きだった科目である美術教師の道に進むことにしました。

――高校時代は全国大会にも出場するようなバレーボール部に所属しながら、美術にも興味をお持ちなっていた思春期だったのですね。当時の大倉先生はどんな感じの生徒さんでしたか？また、バレーボールを選ばれたのはなぜでしょうか。

大倉 生徒の頃は、あまり「先生、先生〜！」って人懐っこい生徒ではなく、どちらかと言えば「プイッ」としていたので、なんだか冷めた奴だなあという感じを持たれていたと思いますよ（笑）。バレーボールは、小学校の時に仲がよかった子がいて、私も運動が好きだったんですけれど、その子にだけは勝てなかったんです。その子がバレーボールをやっていて、時々体育館についていって一緒にやらせてもらいました。当時、バレーボールって流行っていたんですよね。中学校に入る時に、その子は転校しましたが「私、バレーボール部に入るんだ」なんていう話をしていました。それから、近所に住んでいて小さい頃から知っていた2年上の先輩に誘われたこともあって、バレーボール部に入部しました。

――当時は1980年代後半ですね。ちょうど学校が荒れている頃で、校内暴力や体罰など、いろいろ厳しい状況にあったと思います。中学校、高校の部活動では、どのようなことを学び、あるいは自分自身の力として培われたとお考えですか？

大倉 部活動ではミスをすると先生に棒のようなもので叩かれたり、年末年始にも合宿があるなど、年間を通して休みはほとんどなく、今考えれば、かなり厳しい環境だったと思います。だからといって辞めるのは自分の中にはありませんでした。バレーボールが大好きだったので、辞めたいとは思

いませんでした。中学校の時には、最初の頃はみんな仲良しでまとまっていましたが、キャプテンを決める時など女の子特有の仲間割れのようなこともありました。でも大会で勝ちたいという目標があったので「バレーボールはバレーボールでやる」みたいな感じでした。

　高校進学後は全国大会に出場するような学校で、それなりにできる選手が集まっていたので、仲間割れとか「あの子嫌だよね」というのはありませんでした。あの子にはあの子の特徴がある、この子にはこの子の特徴がある、それぞれの持ち場で役割を果たして、力を合わせてみんなで頑張ろうよって雰囲気でした。

――チームの中で自分の役割を意識する、それも動きながら身をもって体験することは、大人になってからも大きな力になりますね。目標を立てる時も、チームの中で話し合ったり自分自身で考えたり、いろいろな立て方があると思うのですが、ご自身の経験で印象に残っていることはありますか？

大倉　高校の時に関東大会とインターハイの予選が続けてあって、関東大会で一回戦負けだったんです。その次の週がインターハイ予選で、このままではまずいという話になって、インターハイ予選までの1週間で、とにかく私はブロック練習をすると言って、ブロックの練習ばかりしていました。試合ではそれが大当たりでドンドン止められて、インターハイに出ることができたんです。それまで何ヵ月もずっと練習をしてきたけれど、1週間の間に自分でこれをしたいと思い、ピンポイントに意識を集中させることでいい結果が出せたのです。自分の意識次第で練習の効率は変わり、それでできるようになることを学びました。

――やらされている練習ではなくて、自分の頭で考えイメージして、しかも体で理解しながら上達していくということですね。中学校、高校時代の部活動を通じて、指導者の方や仲間から言われたことで記憶に残っていることはありますか？

大倉　中学校の時は、大会の会場にかけられる横断幕が「栄光に近道なし」でした。よく分からなかったのですが、今から思うとしっかり練習しないと結果は表れない、確かにそうだなと思います。高校の時は、いろいろなことに気が付きなさい、例えば日常生活の中で、電車の中の広告でもいい、いろいろなことに興味を持って気が付く人になりなさいと言われていました。まったく意味が分からなかったけれど、今では「気づく」ことは大切だと思っていて、それは高校の時に学んだからだなと思います。

──なるほど、その「気づく」は指導の話にも関わってきますね。大倉先生が大学を出られて今度は指導者となられた、20数年指導する立場にいらっしゃった中で、部活動の指導から学ばれたことはどんなことですか？

大倉　最初の頃は自分も若かったので、どうして中学生は一生懸命やらないのか、なんでこうしないのか「？」マークだらけでした。私の言い方もよくなかったのかなと今は思いますが、言ってもできないんじゃないかって諦めがありました。でもある時、他校の指導者の方に「いろんなことを知っているはずなのに、何で言わないんだ」って言われたことがありました。

　例えばアタッカーならブロックを見てブロックアウトを狙ったり、レシーブを見てフェイントしたり、言ってもできないと思っていたので言っていなかったんです。でも、生徒っていろいろ言っていくと視野が広がるんですね。中学校1年生から3年生まで、それぞれの成長過程でどこまで子どもができるのか、言い始めてから分かるようになりました。1年生では無理で、2年生ぐらいになるとちょっと分かってきて、3年生になって話の本当の意味が分かるようになりましたと。やはり、言わなければと思いました。与えるだけ与え、言うだけ言っておくと、何かのきっかけで子どもはどこかで使うものだということを学びました。

──指導者が持っている知識や知恵を出し惜しみせずに選手に伝えていく。しかし、教えたものを「全部使いなさい」とは言わず、どれをチョイスするかは生徒次第だということですね。そのことは、指導者には技術や伝え方などの方法論的引き出しがたくさん必要だという話にも繋がっていきますね。大倉先生はどのように引き出しを増やしていったのでしょうか。

大倉　正直言えば、引き出しを増やすというのは、なかなか難しいです。オーバーパス一つとっても、言い方を変えると感覚が分かる生徒もいれば、分からない生徒もいて、もう本当に十人十色です。だから指導者の引き出しを増やすために、今も本を読んだり、他の指導者から学んだりしています。

　個人的には、目の前の日々成長していく生徒と丁寧に向き合うことにこそ、実は指導の引き出しを増やす鍵があるのではないかと考えています。生徒がどうして分からないのか、私自身が分からないときは、生徒に「どうしたらいいんだろうね」って聞いたこともありました。でも聞いた次の日とかに、生徒にどう考えたか聞いてみて、私も調べたり考えたことを用意していき、一緒にやってみると分かることはたくさんありました。

――子どもと向き合いながら答えを探していくということですね。

大倉　最近は、根を詰めてやっても辛いだけ、ゆとりが必要という考え方が中心になってきました。いろいろな人の話を聞いても、休養をさせないといけない、無理をさせてはいけないと。

　ある時、土日の練習はどうしたいのか生徒に聞いたことがありました。土日の両方1日練習か、半日か、どちらか1日かって聞いた時に、休みもちょっとほしいという答えが返ってきました。でもその後、最初の試合に負けた時にものすごく悔しがって、「これからどうする？」って聞いたら、「もっと練習したい」って言うんですよ。体育館は午後空いている時が少なかったので、「朝しか練習できないよ」と言ったら、「朝練やります」と。それで、何ヵ月かしてから少しずつ勝てるようになってきました。

　そのうち練習試合を申し込まれるようになって、子どものやる気に私も負けてなるものかと思い、どんどん練習試合を入れていきました。休みがほとんどなくなってしまったけれども、みんな、どんどんできるようになって勝てるようになっていったんです。1年生の最初の頃は、家の用事があるとか、お腹が痛いと言って休むのもしょうがないと思っていたんですけれど、1年生も後半になってくると、体力がついてきて休まなくなるんです。私の方も風邪なんて引いていられないし、子どもには「しっかり食べなさい」「しっかり寝なさい」「宿題もうまく時間使ってやらないとね、親に『成績が下がってるから部活には行っちゃダメよ！』って言われたら、それは自分のせいだからね」と言っていました。なので休みの予定は早めに決め、家族の予定も調整できるようにして予定の変更はよっぽどのことがない限りはこちらもしないようにしています。

――先生は上からの命令型の指導方法ではなく、必ず生徒に「どうする？」と聞きながら指導されています。特にどのような時に生徒に「どうする？」と聞かれるのでしょうか。

大倉　チームの代が替わって新チームになった時、目標を決めさせます。上級生には必ず聞きます。例えば去年3年生は頑張ったけれど、都大会には行けなかったよね、「どうする？」って聞くんです。子どもが「都大会に行きたいです」と言いだす前にこちらから「行こうよ」といってやらせるのは無理だなと思っていますので、子どもが行きたいとなれば、「3年生は行けなかったんだから、もっと練習のレベルを上げないとダメだよ」とか、都大会に行った中学と練習試合をした時に、相手チームを見て、「ああいう感じにプレーをしたり声を出したりしていかないとダメなんだよ」と言ったりします。あとは、大会が終わった時にまた「これからどうする？」って聞きます。

——部活動の中では先ほどの宿題や生活リズムのお話など、生活面でも指導されていると思いますが、どのようなことに重点を置かれていますか？

大倉 忘れ物はしない。忘れ物って、けっこう多いんですよね。1回目に忘れ、2回目も忘れた。「忘れない努力は何かしたのかな？」って聞くんです。例えば「メモ取りました」と言ったとして、「それじゃ足りないから忘れたんだよね。次どうする？」と、ちょっと考えさせて苦しませて、どうしてもダメだったら教えます。あとは、時間は守るということでしょうか。

——長い間指導をされてきたなかで、大人になった教え子さんたちとお話しされる機会もあると思います。教え子さんたちは部活動時代を振り返ってどのような話をされますか？

大倉 「先生はいつも怒っていて意味分かんなかった」とか（笑）。ある時、私が怒っていて、その日は部活動がなく用があったので早く帰ったことがありました。生徒たちは「先生がいない、私たち置いていかれたんだ、見捨てられたんだ」と言っていたそうです。でも、なぜ怒るんだろうと考えてはいたみたいですね。どうすればいいのか悩むことはよくあったと言っていました。私はキャプテンによく怒ったんです。キャプテンはプレー的にいいし、気が利いていて、普通にしていれば怒られるようなことはないんですよね。でも他の子が怒られているのに、私には関係ないと思ってほしくなかったので、わざとキャプテンの子に、他の子が怒られるのをどう思って聞いているのとか、どうして声をかけないのとか言うんですよ。怒られた方としては、私は悪くないのにどうして先生は私ばかり怒るのって思っていたと言っていました。でも後になって、そうか自分はキャプテンだったから怒られたんだなと分かったと。

——キャプテンとしての責任感を持ってほしいということですね。他に、部活動を通じてどんなことを身につけてほしいと考えていらっしゃいますか？

大倉 先ほども言いましたが、周りを見て気が付く人になってほしいと思っています。他の人の身になって考えると、いろいろ気づくことがある。例えばチームの誰かが困っていると思ったら助けようとか、特にバレーボールは一人でできるものではなくて、自分が苦しいからといって動かなくなったら周りが困るし、周りの人が頑張っていれば自分は何ができるか、次の人のために頑張らなくちゃって思いますよね。私自身、気が利かなくてしょっちゅう怒られるタイプだったので、それが活かされているのかなと思っています。例えば今でも子どもたちによく言うのは、「ゴミを拾うって、ゴミに気が付くから拾うんだよ、気付かなければゴミはそのままだからね」って言うのですが。気が付くってすごく大事だなと思っています。それは社会人になってからも活かされると思います。

——学校の部活動の顧問とクラブの指導者、先生ご自身ではどこが違うと思いますか？

大倉 学校の外でどのように指導されているのかはよく分からないのですが、エースで活躍している子なのに、どうしてこんなにだらしないの、という話はよく聞きます。練習や試合では頑張るのに学校では寝ているとか。周囲に見られているという関係がないからでしょうか。部活動では、大会があると担任の先生や興味がある先生が来てくれたり、子どもも先生に応援に来てってお願いしたりするんですね。皆が知っている、学校のみんなが見てくれている、そうすると先生やみんなの前でいい加減なことはできないって自然に思うし、身についていくのかなと思います。周囲に見てもらえるとやっぱり嬉しい、だから頑張れたりするんですよね。

——今、指導に悩んでいる部活動の指導者の方たちへアドバイスをお願いします。先生は先ほど怒るというお話をされました。怒るというのは、私は本当はこうしてほしかった、こうなってほしいという気持ちを伝えることですね。そのあたりも含めて、いかがですか？

大倉 以前、部活動の顧問をされてまだ日が浅い指導者の方から「大倉先生は、どうやって怒っているんですか？」って聞かれたことがあります。今は初任者研修はじめ、教員の研修がたくさんありますが、そこで教員としての言葉遣い、態度などいろいろ言われインプットされていて、ここで怒っていいのか、どんな言葉を使ったらいいのか、感情をあらわにしていいのか、迷うことは多いと思いますが、私は「ダメなものはダメ」、大人も人間だから怒りを出していいと思うんです。ただ、前から言っていたことなのにやらなかったから怒っているんだよ、というようにちゃんと筋が通らないと。今まで何も言ってないのに突然ダメと言っても伝わらないですよね。

　子どもたちも昔とは質が変わっていると思います。それまでカツンと怒鳴られたことがなかったので、急に怒ってもきょとんとしていることが多いんです。なぜ怒られているのかも分からない、指導者はそれを感じとらなければいけないと思います。

——今の指導者の悩みの一つに保護者対応もあると思います。先生はどのような形で対応されていますか？

大倉 年度の初めに保護者会があって、そこで私は、「私は怒ります。けっこう厳しく責めたりすることもあって、お子さんが泣いちゃったり、精神的に折れそうになることもあると思うので、支えてあげてください」と言います。「お子さんが先生にああ言われた、こう言われたと話すのを聞いてみて、疑問に思ったら私に言ってください。ただ、お子さんが言われたことの意味が分からずに勘違いして

受け止めることもあります。また、実は子どもには昔こんなことがあって、それは言われちゃ困るんですということもあるかもしれません。私が分からない部分もあるので、それは大人として私に話をしてください」と。あとは、練習試合でも大会でも見に来てくださいとお願いしたり、親子バレーボールをしたりしています。バレーボールを全然知らない親御さんでも、子どもと一緒にやってみると少しルールが分かったり、またやってみようかなと思ったりしてくださるんですよ。そうすると面白くなって試合にも来てくださいます。

―― 先生にとって、この人はすごい指導者だなぁと思われるような方はいらっしゃいますか?

大倉　他校の指導者の方で、異動する先々、どの学校に行っても子どもたちに合わせて、子どももフンって文句を言いながらもその先生を慕うようになって、必ずそれなりに強くなるんです。私も練習のやり方についていろいろなことを聞きました。

　例えば「1年生が手にボールがひっついちゃって、飛ばずに落ちちゃったりして悩んでいるんですよ」って聞くと、その先生は「手に当たっている、空振りじゃないんだからそのうち飛ぶんじゃないか」って言うんですよ。確かにそうなんです。バレーボールはこうでなければいけないとか、ボールを飛ばすにはどうしたらいいか、フォームはこうで、と技術的な面も確かに大事なんですけれど、出来ない子もいる。どうするかってなった時に、やはりいろいろな子がいて、いろいろな言い方がある、何をどう受け止めるかもその子によって違う。それをしっかりつかんでいらっしゃるのはすごいと思います。

―― 最後に、本書のテーマである「スポーツ文化をつくる真の指導力とは」についてお聞きします。学校の部活動はこれからも日本のスポーツ文化発展の重要な役割を担っていくと思いますが、日本に今以上のスポーツ文化を根づかせるために必要なことをお聞かせください。

大倉　学校も含めて事故が起きると、すぐに「危ないからこれはやめよう」という傾向にあると思います。公園内でボール遊びをすると危ないからやめよう、川に飛び込んだら危ないから禁止…確かに危機管理を担保できていない中でスポーツをさせることはできませんが、ダメダメで活動の場を奪ってしまうだけでは、スポーツ文化の底辺が広がらないと思います。

　学校の部活動に入ったり、スポーツクラブに行ったりしている子はいいけれど、そうではない子どもたちがスポーツに触れる機会や、いろいろなことをやってみようという環境をしっかりと保障していくことは重要だと思います。

——最後に指導者としてスポーツを文化として社会に根づかせていくために必要なことはどのようなことだと思われますか？

大倉 前に進むっていうことでしょうか。いろいろ後悔もしたり、失敗したりするけれども、でもそれを活かして前に進むっていうこと。そして、一人ひとりの経験を言語化し、共有しながら指導者同士の交流を進め、まずは地域のスポーツ文化の担い手である自覚を育てていくことでしょうか。でも、個人的にはガチガチと固められた中で、手順だ、プランだとならずに、柔らかな視点と感性を大切にしながら、子どもと向き合って、ちょっとずつでも、一歩でも前に進んでいきたいと思っています。

Interview

野球

インタビュー

山中 正竹

法政大学特任教授

気が技を創る

山中 正竹（やまなか まさたけ）●プロフィール
　法政大学に進学後、ピッチャーとして活躍。在学4年間で残した通算48勝は、六大学リーグの最多勝記録。1981年から住友金属の監督に就任。88年ソウル五輪ではコーチとして、92年バルセロナ五輪では監督としてメダル獲得に貢献。94年に母校の監督に就任し、退任する02年までの間に、六大学リーグに7度、全日本大学野球選手権大会優勝。

──選手時代、監督時代を通じて野球からどのようなことを学んでこられましたか。

山中 野球はチームスポーツです。チーム内にはいろいろな人たちがいます。考え方や育った環境の違う人たちが一緒になって一つの目標に向かって進んでいく中で信頼感や連帯感が生まれ、本当の意味での友達になっていきます。人と接する時の感性、バランス感覚のようなものを培うことができたのではないかと思います。

大学時代に指導を受けたのは松永怜一監督です。非常に厳格な方で、論理的な指導をする方でした。年がら年中手取り足取りという指導をされる方ではなくて、選手個々が監督がおっしゃることをしっかり受け止め、理解し、考えるよう指導されました。

松永監督の言葉、対応の中で、私が大きく影響を受けたことが二つあります。一つは、入学間もない1年生の春のリーグ戦が終わった時の話です。私はそのシーズンたまたま2勝したので、1年生の春で2勝もできたと喜んでいたのですが、監督は「1年生で活躍して2勝した選手は今までにもいるけれど、4年間活躍した奴はほとんどいないよなあ」とさりげなく言われたんですね。私は自分は絶対4年間エースであり続けようと思いました。その時の固い決意が後の結果につながったと思っています。

もう一つは、同じ1年生の時のことです。秋のシーズン序盤で監督から「今日は練習しなくていいから、神宮に試合を見に行って、早稲田のバッターを自分の目でしっかり見て分析しなさい」と言われたことです。その日は2試合ネット裏でメモをしながらじっと見ました。そうしたら、このバッターに対してここに投げたら危ないとか、ここに投げたらまず打たれないとか、ここに投げたらファウルボールを打たせてカウントを稼げるなということが全部見えてきたんですね。今のように試合をビデオカメラに収めて合宿で何度も見るということはなかった時代の話です。

松永監督のこの言葉、対応が、考えて投げる、知恵を働かせて工夫をするという自分のピッチングスタイルを作り上げた基になったと思っています。監督の言葉から学んだこと、得たことが今に至る48年間の野球人生の指針になったということです。松永監督の指導者像は自分が指導者になってからも折に触れ心に浮かびました。

──指導者の言葉、対応というのは大きいですね。

山中 大事だと思います。ただ、絶えず会話をして選手のモチベーションをアップさせ続けなければいけないということではありません。大事なことをさりげなく伝えた時、選手がそれに気づいて、今シー

ズンはこれでいくぞと思えるヒントになるものが与えられればいいわけです。同じ言葉をかけるとしても、相手や状況を見ながら、同じ選手にでもシーズン初めに言うのか、好調の時に言うのか、かなり苦しんでいる時にするのか、何も言わないか、何を言うか、絶えず監督として考えていなければならない。松永さんもそうだったのではないかと思います。私も練習が始まる前と練習が終わった後、円陣を組んで選手にいろいろな話をしましたけれど、練習中にはずっと、終わった後のミーティングで何を言うかを考えていました。全員に言うのか、あるいはレギュラークラスの人たちに対して伝えるのか、レギュラーは分かっているはずだから1、2年生に強く訴えることにするのか…、内容、対象、タイミングなどを一つひとつ選びながら毎日自分の考えを少しずつ伝えていきました。その積み重ねの中で、彼らが自ら成長するための何か役に立つ言葉を掴み、それを基にして社会に出てから活躍する人材になっていってくれたらと願っていました。

――社会人野球の監督から法政大学の野球部監督になられましたが、教育活動としての側面もある部活動で、指導者としてどのようなことを意識されましたか？

山中 学校教育の中での部活動ですので、当然のことながら教育性が重視されます。部活動で自分なりに考えたり想像をしたりしながら、自分自身を人間として高めていく、私自身そういう教育性や倫理性によって育てられたと思っています。その後指導者の立場になった時には、学生たちには私が経験したように、できるだけ多くの知識を身につけ、何事も主体的に考えることができる自立した人間を目指してほしいと強く願いました。スポーツは単なるスポーツだという考え方もあるかもしれませんが、学校のスポーツは、教育性なくしてはあり得ないと私は思っています。

今私は、学生たちに、「大学はスポーツをやる場所ではありませんよ、スポーツを学ぶ場所ですよ」と言って、「学ぶ」ということを強く意識づけしています。高校野球の延長のように考えるのは間違い、プロ野球の予備軍のように考えるのも大きな間違い、大学スポーツの大学スポーツたる所以は、やはり「学び」があることでしょうと。いい指導者がいます、場所も提供します、技術も知識も提供します、環境も整えますとなった時、それを学生たちがどう活かすか、活かす力を持てるようにする、それが大学スポーツだと思うんですね。

――活躍を期待されながらも伸び悩んで練習に出てこなくなってしまったり、野球部を辞めてしまったりする学生に対しては？

山中 高校野球のヒーローだったのに、大学に入ってからうまく育っていかないという人たちをよく見ます。その場合まずは本人がどうなのか、本人の中に向上心や向学心、続けようという意欲があるのかないのかを見る必要があります。それと同時に、大学の指導者がどうなのかという視点から見

ることが大変重要です。例えば同時に入部した2人の新入生がいたとします。1人は1年生からすぐにでもレギュラーになれそうと周りから期待され、実際すぐにレギュラーになった。もう1人はこれからこういう練習を2年間やったらすごい選手になる、3年生になったら1年生からレギュラーだったあの選手を超えてしまうかもしれないと思える可能性を秘めた選手です。高校時代活躍したといっても監督から見ればスタートラインは明らかに異なるのです。その場合当然のことながらそれぞれ違う指導力、対応が求められます。選手の先を読み、計算しながら本人が努力できるヒントを与えていくことになります。しかしその指導力、対応が本人の続けようという意欲を削ぐ結果を招くことがあります。私が自分自身に言い聞かせてきたのは、双方の学生に公平にチャンスを与えているか、意欲を持たせるような言葉をかけてきたかを、まずは自分に問えということです。友人家族の期待もあったでしょう、能力があって、好きだったはずの野球をやめる決心をするのは本人にとって本当に辛いことです。指導者が自らの指導力を問わなければならない場合が多々あるということです。しかしそれでも指導者の力が及ばない場合があります。本人に続ける意思が全くなくなった時です。その場合その選手が退部せずにいることは別の問題を生みます。意欲をなくした部員の存在はチームにとって負の影響を与えます。他の選手のために指導者は負の存在になった部員を手放すことに逡巡してはなりません。中途半端は結局本人のためにもなりません。本人には違う方向に進ませることの方がためになることがあると思うのです。無理やりやらされることに「進歩」は期待できません。

——女子マネージャーが入ってきた時、「女子マネージャーの仕事は洗濯や世話係をすることじゃないよ」とおっしゃったそうですね。選手やマネージャーの意識改革について、具体的にどんなことをなさってきましたか。

山中　マネージャーのなり手がいなくて探していたところ、高校時代にマネージャーをしていたという女子学生が野球部に入れてくださいと言ってきました。夏の大会の前に高校の教室で合宿をして、ユニフォームを洗濯したり、晩御飯の準備をしたりした思い出があって、それが忘れられないので。「それは困る。大学野球部のマネージャーは炊事や洗濯をするのが仕事ではなく、野球部のマネージメントが仕事です」と言って断ったら、後日再びやってきて「マネージメントなんて、まさかそんなことをやらせてもらえるとは思いませんでした。ぜひやらせてください」という。それで史上初の女子マネージャーが誕生しました。しかし、彼女はものすごく苦労したと思います。まず野球部に女が入っても大丈夫かという見方をする人が多かった時代です。女子だったら炊事洗濯が当然というイメージもあって本来のマネージャーをやっていく環境を周りが整えられない中での試行錯誤の日々でした。それが、次の年からマネージャーを志望する女子が次々に入ってきました。みんなが積極的に仕事をどんどんやるようになって、日本一のマネージャー集団を作ろうという合言葉が出るようになりました。3年目になると私は面接すらさせてもらえない。先輩女子マネージャーと主務の男子が最終面接をして入部を決定。私のところには本人を連れて報告のみということになりました（笑）。

──学生自身で成長していくんですね。

山中 自分たちで何かをやれるって、楽しいんじゃないかと思います。私には自分自身に問い、選手に伝えるための「監督山中正竹○か条」というのがあるんですが、その一つに「選手に任せろ」というのがあります。任せてみたら選手たちは私は気がつかないようなことを考えたり、やったりする。自分で考え、自分で責任を持ってやっていくんです。やらせるとみんな能力があるんですね。選手たち自身が何かを考えていると相手チームに思わせることができた時に、それはものすごくアドバンテージになるんですね。あいつらはほとんど監督の言いなりだなと思えばくみし易く、あいつらいろんなこと考えているんだなと感じた時には構えますよね。

　私は監督として、選手を企業スポーツで学ばせたり国際試合を経験させることにも力を入れました。私自身が企業チームや学生チームを率いてオリンピックをはじめ数多くの国際試合を経験させてもらってきたことが今の自分の財産になっていると確信しているからです。ですからその経験をできるだけ多くの人たちに伝えたい、同じように経験してほしいといつも考えてきました。法政大学野球部だけの世界、六大学野球だけの世界、大学野球だけの世界ということではなくて、企業人チームに所属する人たちの野球観や世界の野球人の野球観から影響を受けることが、学生たちのモノを考える基準の一つに入ったら、視野も広がり社会性も向上するだろうと思っているのです。それで、例えばアメリカでキャンプをしたり、選手たちを企業チームに派遣して指導を受けさせたりしました。在任中には韓国の高校の指導者の方が研修に来たり、フランス人の留学生が在部したこともありました。彼は今トレーナーとして日本で活躍しています。アメリカ人の高校生が2週間ほど体験入部した時は彼を合宿所でキャプテンと同部屋で生活させたりもしました。グラウンドでの練習や合宿所での生活だけではない経験が、いろんな形で刺激になり、彼らのその後の人生の方向性の確立に影響を与えたのではないかと思います。その結果か、中には「あなた方勘違いしていませんか」っていう例もありました。メジャーリーガーになりたいと言い出した連中がいっぱい出ました（笑）。

──大学野球や高校野球の指導者が、あるいはスポーツ部活動の指導者が体罰による指導をしているという状況について、どのようにお考えですか。

山中 今まで私たちは、スポーツマンシップとは、スポーツとはなんぞやということを学ぶ、教えられることがないまま来たと思います。実際にスポーツをやっていて、スポーツマンシップという言葉も耳にして、選手宣誓でフェアプレー精神を持って正々堂々と戦うと言い、何となくスポーツマンとしてあるべき姿のイメージはあるのですが。私は指導者に、まず自分がスポーツの素晴らしさ、スポーツ文化の素晴らしさとは何なのか、そもそも近代スポーツがなぜ今のような繁栄につながってきたの

かというところをしっかり学んで、それを中学生にも高校生にも大学生にもしっかり伝えていってくださいと言い続けています。

ところでスポーツマンシップとは何か、一言で言うならば私は「リスペクト」だと思っています。リスペクトには、尊敬ではなくて、「尊重」という訳をあてます。尊敬では対等な関係ではなくなってくるので。相手に対しても自分たちの仲間に対しても、それからルールに対しても審判員に対しても野球競技そのものに対しても、みんながそれぞれの相手や対象を尊重する、リスペクトする。それがあればスポーツは未来永劫繁栄するでしょう。スポーツはそういう歴史をたどってきたのです。

近代スポーツの起源をたどると、イギリスのパブリックスクールで、将来を担うリーダーを養成するための有効なツールとしてスポーツがスタートして、瞬く間にイギリス中に広まり世界に広まっていったことが分かります。元々スポーツには倫理感を醸成するとか、優秀な人材を育成していくための教育的効果が求められていたんですね。それから、スポーツは暴力の否定から始まりました。近代以前は例えばボールを取り合う時は、蹴り合い殴り合い、殺し合っていたのです。それが時代を経て今のスポーツに変わる時、手を使ってはいけないとか、相手を蹴とばしてはいけないというようなルールを作って、同じ条件のもとでスポーツを楽しもうということになりました。スポーツはそこからスタートしたわけです。

そういう歴史から見れば、体罰やいじめというのはスポーツの精神に反していることが誰にでも分かるはずです。体罰はスポーツの敵、暴力はスポーツの敵です。スポーツマンシップとは何か、あるいはルールはなぜできたのかを学んでいれば、絶対にいじめや暴力や体罰は起こり得ない。しかし日本では誰もそういうことを学ばなかったんです。欧米のスポーツ文化が入ってきた明治時代の日本は富国強兵主義の時代で、人々は強い兵隊さんになるために文句を言うなと叩かれていた。その影響が体育会や運動部に及び、そのまま今に至るまで残り続けたという不幸な歴史があるわけです。そういう歴史を知った上でスポーツをちゃんと捉えていれば、ここ数年世間の注目を集めたような出来事はなかっただろうと思います。

私は野球界から貴重な人材、有能な野球人が失われていくきっかけは2度あると思っています。1度目は中学や高校や大学で、指導者に理不尽に殴られたり怒られたりの体罰やいじめが繰り返された時。素晴らしい素質、能力を持った人たちがその才能を発揮しないまま辞めていきます。そして2度目はそれを乗り越えて大学やプロ野球や企業に行ってから訪れます。籍を置く組織の中で改革的な発言をした時、その意見を理解しようとせず単にややこしい奴だと頭を叩く、叩かれるだけになるとモノを考える人は辞めていくことになります。私はそういう残念な事例をたくさん知っています。野球界が優秀で有能な人材を活かしきれないことは残念でなりません。

監督をやってみて私には分かったことがあります。大学生でも自分の信者にしようと思ったらいくらでもできるということです。仮に私が指導中選手をボンボン殴ったとします。殴られた選手は「この野郎、卒業する時には殴り返してやる」と思うことでしょう。けれどその選手に卒業間際、「お前よく頑張った。俺はお前のことを4年間ずっと気にしていたよ。いいか、卒業しても1年に1回ぐらいは遊びに来いよ、待ってるからな」と優しい声をかけるのです。すると彼らは涙をこぼして「俺、監督のこと誤解していた」と思うんですね。大学生だけでなく高校生であったり、中学生であったりしても同じことなんです。つまり厳しさや体罰も熱血指導だったと印象づけて卒業させる指導者が結構多いんですね。これからの指導者は本来の意味での指導能力が問われる時代に間違いなくなります。誰を指導者にするか、指導者として誰を迎えるかといった指導者を選ぶ人の責任も強く問われる時代になっていることを、その任にある人にはしっかり認識してほしいと思っています。

——**野球界では、プロ野球経験者が高校野球や大学野球の指導者になるためのハードルが低くなってきました。そのあたりについてはいかがですか？**

山中　研修を受けて資格認定されれば指導者になれるという状況ができました。私は大学での指導経験を持つ立場で、元プロ選手に対する研修を受け持ちました。私はそこで最初にこう言いました。「元プロ野球選手であろうと教員であろうと、学ぶ権利を持つ学生たちに対していい指導をするのは当然のことです。プロ野球の世界でやってきた皆さん方はおそらく長い間の経験の中から学び取った高い技術論をお持ちのことでしょう。方法論も知っている。それを学生たちに論理的に、分かりやすく伝えることができればそれはすごいことだと思います。しかし、高校野球の指導はあくまでも教育現場での課外活動の指導だということを忘れないでください。部活動では野球技術の向上だけが、試合に勝つことだけが、唯一の目標ではないのです。すぐれた技術を習得した元プロ野球選手だからといって簡単に入っていけるところではないことを認識してください、研修に参加しさえすれば指導者になれると思っていたら大間違いです」と。

　一方先生方の方は、制度が緩和されプロ野球経験者が来たら、部員はみんなその人たちに惹きつけられてしまうのではないか、教師である自分の話や指導には見向きもしなくなるのではないかという不安を持っています。私はそんな先生方に、「部員はみんな、初めは元プロ野球選手のところに行くでしょう。けれど3ヵ月ぐらいたつと、いくら元プロ選手だといってもこの人の言っていることはよく分からない、自慢話が多いだけじゃないかなどとシビアに見るようになります。先生は実績はないかもしれないけれど教え方は論理的でよく分かるよね、とにかく一生懸命やってくれるよねということを言うようになって、また戻ってきますよ」と言っています。「両者がそれまでの経験を出し合い、競争し合っていい指導をしてくれることを生徒たちは望んでいるのです。機会が均等に与えられた場でお互いが研鑽し合えばいい指導ができる。それが野球の発展につながっていくことになります。

今は技術や体の問題、心の問題、スポーツに関するいろいろな知識が右肩上がりに日進月歩で進んでいます。用具も施設も設備も素晴らしい勢いで進んでいる。その中で指導者だけが昔のままではありませんか？　それでいいのでしょうか？　ということなんですね。アメリカのメジャーリーグの監督30人の中で昨年は5人、一昨々年は7人が現役時代一軍経験なしの人でした。日本では一軍を経験してない人が監督になることはありません。もしそうなったら、なぜ○○が監督になるんだと、選手、マスコミ、ファン、一般の人たちのすべてが騒ぎ立てその結論を撤回させてしまうでしょう。本来、選手と監督に求められる才能は全く違うものです。その点が明らかにされているアメリカでは指導者になりたい人はルーキーリーグからスタートして、コーチとしての勉強を重ね、メジャーリーグの希望する球団に監督候補としてレポートを出して面接を受けます。そこで認められれば3年間にこれだけの勝ち星、優勝回数○回などの条件付き契約を交わすことになります。日本もこれからの指導者には、本当の意味での指導能力が問われる時代になっていくと思います。また、指導者を選ぶ学校側の責任が問われる時代になっていくでしょうし、そういう時代にならないといけないと私は思っています。

──最後に、先生がお考えになっているスポーツの素晴らしさや、2020年東京オリンピックを控えた今後への期待も含めて、部活動の指導者の方々にメッセージをお願いします。

山中　2011年に成立した「スポーツ基本法」の中でも指導者の養成が言われています。なおかつ、それを加速させるように東京オリンピックが決まりました。これからスポーツファンもマスコミも、もちろんスポーツ競技者も、世界的視野で日本のスポーツを見ることになると思います。日本のスポーツ界のおかしいところに気がついたり、スポーツマンシップとはこういうことなんだと認識したり、外国人選手はこんなトレーニングをしているんだとか、いろんなことを知って驚いたり、感心したり、楽しんだりしていくだろうと思うんですね。その中で指導者はどうあるべきかを、見つめ直すようになっていくのではないでしょうか。今がそういう時代にあることを中学の指導者の人たちにも、高校の指導者の人たちにも、大学の指導者の人たちにも自覚していただきたいと願っています。

　2011年3月、私はキューバ政府の要請で現地に赴き指導者研修会で講師を務めました。世界の野球界に君臨したキューバも、学ぶ必要があれば学ぶという姿勢に感激しました。そのキューバ滞在中に東日本大震災が起きました。原発事故も加わった未曽有の大災害を前に選抜高校野球大会を開催すべきか中止すべきかが検討されましたが、こんな時だからこそ開催すべきだということになりました。この大会で岡山の創志学園のキャプテンが選手宣誓*をしましたが、それは素晴らしいものでした。これに続いた4月2日のプロ野球嶋楽天選手会長のスピーチも将来にわたって人々の記憶に残るであろう素晴らしいものでした。「今、スポーツの域を超えた野球の真価が問われています。見せましょう、野球の底力を。見せましょう、野球選手の底力を。見せましょう、野球ファンの底力を。共にがんばろう東北。（一部抜粋）」。いずれも野球やスポーツが私たちの暮らしに欠くことのできな

い大事なものであることを宣言するところとなり、人々の共感を得るところとなりました。

　東京オリンピック招致の時の佐藤真海さんのスピーチもそうでしたね。自分の不幸に直に触れるのではなくて、今、自分に与えられたもので頑張っていくことをスポーツが教えてくれたとか、スポーツがみんなに笑顔を取り戻させてくれたとか、みんなで一つになる心をスポーツが作ってくれたとか、スポーツの力をバーンと世界に強くアピールしました。私は学生たちに、スポーツとは何か、スポーツの力の持つすごさについて話してきました。実はスポーツをやっている人たちがこのことを本当に正しく理解しているとは言えないのです。周りの人たちはスポーツの素晴らしさやすごさに気づいているけれど、やっている本人たちがこの認識に追いついていっていない。ただ勝つために技術の向上を図ることだけに邁進する。それが長い間体罰を伴うことを是としてきたと言えます。部活動の指導者の人たちには、スポーツが人の限界に挑戦するものであるばかりでなく、人を作ること、友情を育み、自分も人も幸せにするものであることを、今そしてこれからの時代に子どもたちに、しっかり伝えていってほしいと思います。そして、これからのスポーツはどうあるべきかということまで学生たち自身に考えさせるような指導をしていってほしいと願っています。

――ありがとうございました。

　　　　　　　　　　　　　＊宣誓。
　　　　私たちは16年前、阪神淡路大震災の年に生まれました。
　　今、東日本大震災で多くの尊い命が奪われ、私たちの心は悲しみでいっぱいです。
　　　　被災地ではすべての方々が一丸となり、仲間とともに頑張っておられます。
　　人は、仲間に支えられることで大きな困難を乗り越えることができると信じています。
　　　私たちに今できること。それはこの大会を精いっぱい元気を出して戦うことです。
　　　　　　　　　　　　がんばろう！日本。
　　　　　　　　　　生かされている命に感謝し、
　　　　　　　全身全霊で正々堂々とプレーすることを誓います。
　　　　　2011年3月23日　岡山　創志学園高校主将　野山慎介

Interview

サッカー
インタビュー

藤田 俊哉
サッカー元日本代表／解説者／指導者

挑戦!!

藤田 俊哉（ふじた　としや）●プロフィール
　清水商業高校、筑波大学を経て1994年、ジュビロ磐田に加入。黄金時代を築いたチームの中核を担い、2001年にはリーグ最優秀選手賞を受賞。また日本代表チームメンバーに10年連続で選出された実績を持ち、日本プロサッカー選手会の会長としても奮闘。2011年に現役生活にピリオドを打ち、翌2012年公認S級コーチ・ライセンスを取得。

──藤田さんは、清水商業高校2年の時に高校選手権優勝を経験され、筑波大学を経てジュビロ磐田に入団、ステージ（Jリーグチャンピオンシップ）優勝6回、年間優勝3回、アジアクラブ選手権優勝1回という磐田黄金時代を築きました。その後、プロサッカー選手として18年活躍され、一昨年の2012年に引退。引退会見では、「幸せなサッカー人生を送らせてもらったが、引退することを決めました。最後はいくつかのクラブからオファーをいただき悩みましたが、欧州クラブで監督をしたい気持ちがあった」とおっしゃっていましたね。

藤田 はい。昨年の5月23日に国立競技場で壮行試合をしました。なぜ引退試合じゃなくて壮行試合にしたかというと、オランダに渡って指導者の勉強をして、ヨーロッパで監督になりたいと思っていたので、スタッフがそれへの出発にと提案してくれた事がきっかけです。今年、VVVフェンロ（オランダ）のコーチになるので、今は準備をしている段階です。

──ユース時代についてお聞きします。今でも印象に残っている指導者との出会いは？

藤田 中学1年生の時、初めて12歳以下のナショナルチームに入ってタイのバンコクに遠征をしました。その時の団長が大澤英雄先生だったのです。十数年ぶりに先日お会いすることがありました。今は国士舘大学の理事長をされているようです。その国士舘大学のサッカー部はつい最近までものすごく成績が悪かったそうで、あわや二部落ちかという状況に陥っている中、なんと大澤先生がグランドに立つようになってV字回復をして、もうちょっとで優勝争いに加わるぐらいまで行ったというお話を聞いて、すごい方だなって改めて思いました。実は僕、高校を卒業する時、国士舘大学に誘われたんです。しかし筑波大学に行きましたが……。その時の話も出て、先生には「もし国士舘大学に来たら君はもっと器の大きな男になったんじゃないか」って言われてしまいました（笑）。

──最近のスポーツ指導者による体罰や暴力の問題についてはどのように考えていますか？

藤田 これまで育つ過程の中で僕は体罰を受けた事はありませんでした。仲間はけっこうな愛のムチをくらっていたけれど、僕は一度も殴られなかった。もちろんとか「この野郎」って怒鳴られるぐらいはあったけれど、自由奔放に育てられた方。それには感謝をしています。僕と共に育ってきた中でも相当な人がサッカーを辞めていったのも事実。スポーツは楽しくやっている中で育つものがいっぱいある。僕はサッカーをしていて楽しかったから40歳までやれた。暴力を受けながらサッカーして楽しかったと思えるかといったら、それは違う。

　体罰なんかもちろんない方がいい。悪いに決まっている。たしかに難しい部分もあるとも感じます。

僕の時にもあったけれど、明らかに素行の悪い生徒もいた。そんなとき、言葉だけですべてをうまくできるようにもっていくにはどうしたらいいかに悩む指導者も多いはず。非常に難しい問題。僕はサッカーの町（清水）で情熱ある監督たちと、たくさんの仲間に恵まれて育てられたけれど、その町ですら最近は、当時ほど情熱のある先生たちが少なくなったと聞きます。教員、指導者への要求や制限が多すぎて思うような動きが取れず、情熱までなくなってしまうんじゃないかとも感じます。体罰はいけない、これは間違いないけれども、じゃあどうやって先生たちがこの先いい指導をしていけるのかを、もう少しみんなで考えていった方がいいのではないかな。

　それから、聞いた話なんですが、例えば先生と選手の間に信頼関係があって、選手のお尻を1発か2発蹴ったとする。それを誰かが撮っていて、おもしろおかしくフェイスブックやなんかにアップしちゃった。そうしたら他の人が体罰だと訴えて大騒ぎになって先生はクビ。その後、何気なく撮ってアップした子が、今度は周りからあの先生がクビになったのはお前のせいだって集中砲火を浴びて追いつめられたりする。今はそういう問題もあるようで、体罰だけの問題から膨らんでいくんだなあって思う。体罰問題って奥が深すぎて、どうやって解決したらいいのか、正直のところ僕にはよく分からないんですよ。

──Jリーグでは選手会の会長を務めながら、選手の環境面での改善などに取り組まれていました。苦労されたことなどは？

藤田　2006年から3期6年、一つひとつできることを一生懸命やったという感じです。それまで副会長職もしていないのに、みんながお前やってくれないか？　となり、それならやってみようかなって選手会長になったんです。まずは今、選手の中にどんな問題があるのかなと見てみたら、選手がプレーをする上での環境が整っていないと感じた部分が多かったんです。プロサッカー選手って、華やかな契約をして、お金があるみたいなイメージだけど、そうばかりでもないのですよ（笑）。今、プロ選手になる時にはABCの3種類の契約があって、1年目の選手はまだ実績もないと見られて、マックスでも年棒480万円のC契約しかできない。それがJ1だったら5試合、450分出た時に初めてA契約に移行できるという制度があります。Jリーグの歴史の中で経営危機を乗り越えるための苦肉の策ということでできた契約制度だけれど、なかなか制約が多い中でサッカーしているんですよ。お金も貯められるような選手ばかりでもないし、怪我した時の保障もない。引退後の生活をどうするのか、その保障もない。もっと言えば将来サッカーを目指す子どもたちがこれを知り不安にならないだろうか、子どもたちを育てる親がサッカーに人材を送り込まなくなるんじゃないかなっていう不安がありました。でも、まだまだスポーツには価値があると思われていない社会の中で、特にプロ選手としてのリスクは自分で何とかするのが当然という空気が強くあって、我々の主張っていうのはエゴとみられがちだから、実際には声には出せないんですよ。あまり意見を言うとサッカー界に居づらい雰囲気

もありますから……。

　それで、環境改善のためにいろいろな意見が通るような組織作りをするのにはどうしたらいいかをまず考えて、選手会が組織としてきちんとした交渉のテーブルにつけるようにしよう！　ということから始めました。選手会は当時、労働組合でなかったから、厳密に言ったら我々が組織として意見を言えないのは当たり前だったのかもしれない。それまでの協会やJリーグは我々がきちんとした組織じゃないのにしっかり話し合いを持ってくれて、たまに制度も変わることもあったという状態だったけど、一方では権利もない者の話し合いには乗れなという一面もあって難しかった。この件に関してはいいけれどもこの件に関しては話にもならないっていう状況だったのも事実だったから。だから問題ごとにきちんとテーブルについてサッカー界の発展のためになる方向で話し合いを進めることができるよう、選手会が労働組合になっていくような方向づけをしていったんです。

　でも、歴代会長の時から会長・副会長と協会側との話し合いはあったけれども、なかなか話が進まない。例えば移籍金制度に問題があったとして話を持っていっても、次の理事会に通さなければいけないと言われて半年、1年待たないといけない。選手生活での1年って死活問題なんですよね。1年も待っていたら終わっちゃうよっていう選手が多いのに、すぐ検討してもらいたいです、って思う事が何度もありました。すべてを聞いてくれって言っているわけじゃなくて、問題点を選手会とJリーグで話し合って、今変えられること、変えられないこと、将来的に変えられることを見つけていくためのテーブルにつきたいだけだっていう主張も通らないことが多くて、選手会を労働組合に移行していかざるを得なかったんですね。そこから先はものすごく大変でしたけれど、いろんな方の力を借りながら、サッカー界の発展のため、選手がよりよい環境の中でサッカーができるためにみんなでいろいろ考えているんだから、そんなには道から外れないと信じて進みました。その部分には今でも自信を持っています。

――もちろん選手としてシーズン中は試合に出場しながらの話ですよね。

藤田　僕はサッカーが好きでサッカーをやっているんだし、会長職をやるためにプロになっているわけではないから、本当に一部の時間でやりたいと思っていました。だから、事務局長にしかるべきエキスパートを置いて、組織を固めてできるだけ選手会長の負担をなくしたいというのが本音でした。選手会長が重荷になりすぎると、これからやってくれる人がいないんじゃないかという不安もあったから、できるだけ選手会長はたいしてやらなくていいって。しかし現状はかなり大変でしたね。当時はわざわざ協会に電話して理事の方々に会ってくださいって頼まなければならない、スケジュール合わせるのには苦労しました。

Jリーガーって J1、J2、(J3も一部)と900名以上いるけれど、実績とかネームバリューで物事を言える、言えないみたいなところって実際問題としてものすごくあるんです。しかもトップの選手より、裾野にいる選手たちの方がすごく問題を抱えているんですね。しかしそれを、なかなか口に出せない。だから選手会が、そういう声を拾って、誰が言っているというのではなくて、組織の問題として提議する。そういう作業をこつこつとみんなでやってきた。いろんなことにトライした。

――藤田さんが会長時代に川崎フロンターレの我那覇和樹選手のドーピング事件＊がありました。選手側が処分の撤回を求めて日本スポーツ仲裁機構（JSAA）に仲裁を申し立てましたが不成立となり、スイス・ローザンヌにある国際スポーツ仲裁機構（CAS）に提訴することになった時、莫大な費用がかかるということで募金活動に立ち上がったのが藤田さんでしたね。

＊注：2007年、当時川崎フロンターレのエースストライカーで日本代表にもなっていた我那覇和樹選手がドーピング違反をしたとして、Jリーグから6試合の出場停止処分を受けた。体調を崩していた我那覇選手が練習後に脱水症状と発熱の症状を訴えたため、チームドクターから点滴を受けた。規則によると、医師が必要な時に点滴をする場合にはドーピング行為とはみなされず、我那覇選手側が処分の撤回を求めたが、Jリーグ側は応じなかった。我那覇選手本人は日本代表選手でもあったため、チームドクターの後藤秀隆氏がJSAAに仲裁手続きを求めたが、Jリーグは仲裁申し立てに応じず不成立となった。選手側はCASに提訴、2008年に勝訴し我那覇選手のドーピング処分が取り消された。

藤田　あの時はCASに提訴するのにあたり莫大な費用がかかるという状況でした。診断書の内容を全部英語に訳すという作業が必要だし、証人尋問の時は通訳もいるし、数千万が必要だと言われていました。それで、我那覇のために僕と副会長の川島永嗣（当時フロンターレ）と伊藤宏樹（当時フロンターレ・チームキャプテン）の3人で記者会見をして、募金を呼びかけたんです。我那覇の弁護士さんからは、「藤田さん、募金をやるなんていうことは協会に対して反旗を翻すことなんだよ。あなたにはこれから日本サッカー協会を背負っていってもらいたいし、あなたの人生を狂わせてしまうから、無理はお願いできない」って言われました。しかし、それは我那覇だけの問題じゃなくて、俺たちスポーツ選手全員の問題ですから何でもしますよ！　ということで募金をして、二千数百万集まりました。

――プロスポーツ選手としていいプレーで魅せる、お客さんを呼べるようなプレーをしましょうという発想をする人が多いと思います。大事な要素だと思いますが、同時に、サッカーの未来につなげるという発想で権利保障を求めて交渉したり、システムの整備をしたりすることもまた重要だということですね。

藤田　選手は純粋ですから、グラウンドで結果を出せばすべて変わるって思っているんですよね。だけどある日突然、我那覇のように出場停止になったり、練習していたら足が折れちゃったりして、明日からサッカーができないっていう状況もある。その選手には家族がいて、路頭に迷っちゃったらこれは困るでしょ。プレーで多くの人に感動や元気を与えられるように一生懸命やらなければいけない、

当然そっちがメインだけれど、いろんな不安要素がたくさんありますからね。

　まあ、僕は難しいことは抜きにして、サッカーが日本で一番のスポーツになってほしいと思うし、サッカー大好きだから、一人でも多くの子どもたちにサッカーを目指してほしい。サッカーの楽しさも伝えたい。それがメインポイントです。何も難しいことではなくて、サッカーが日本で一番愛されるスポーツになってほしいという、それだけっていったらそれだけのこと。それにはいろんなことがあるから変えていかなきゃ、整えていかなきゃというのが僕の考え方です。

――いよいよオランダのチームのコーチになられる藤田さんですが、世界のサッカーと日本のサッカー、いかがですか？

藤田　選手としてヨーロッパでサッカーをしたのはちょっとだけでしたけれど、社会のスポーツに対する考え方とか、価値観が違います。日本の社会全体の中でのそれとは、かなり違っていて、寂しく思う気持ちが強いです。ただ、ヨーロッパでは100年以上のサッカーの歴史の中で変わってきているけれど、僕らはまだ20年のJリーグだから、やっぱり仕方ないなとも思う。でも反面、いやいやもっと変えられることがいっぱいあるから、そのギャップを埋めたいなというのはすごくあります。ヨーロッパや南米から来る外国人選手が、「我々が100年かけて作ってきたことを20年くらいで進化していてすごい、お前らもうちょっと頑張ったらもっと差を縮められるはずだ」って話してくれました。これからは、我々日本人選手がそういったことをする組織を作っていこうというのが選手会の大枠です。僕はスポーツにはものすごい魅力がありますし、スポーツの価値を高めたいとも思う、その気持ちが強いです。

――**日本の場合、サッカーもスポーツも学校の部活動と切っても切れない関係にありますが。**

藤田　ヨーロッパのスポーツと日本のスポーツを一概に比べられないのは、そこですよね。日本は学校体育の中にスポーツが入っていて、例えば僕が教えてきた指導者たちが学校のサッカー部の監督になったら、人間教育もそこに入ってくる。

　例えばオランダだったら学校は勉強するところで、スポーツは地域のクラブチームに入ってするから、クラブの指導者はそんなに学校の教育的要素を気にする必要がない。エンジョイしながらスポーツに集中できます。日本でもクラブスポーツの数は増えて、少しずつ変わってきましたが全体的に見ると、やっぱりスポーツを体育と見られがちだから、なかなか厳しい。時間がかかるとは思うけれど、黙っていたら変わらない、動かないといけないですね。

──藤田さんのような方が他のスポーツ界でも出てくるともっと変わっていくんだろうと思います。

藤田 自分のことを振り返ってみて、何も分かっていないからできたこともあるし、やらない方がよかったかなと思うことも、やってよかったなと思うこともある。そういう経験を今度は我々が後輩たちに話していけばよりよいサッカー界になるし、スポーツ界になると思っています。選手会長をやっていた時に、利害関係がいろいろあって、話してもうまくいかないこともあったけれど、「プレーヤーズファースト」って何回も言っていただいて、すごくありがたかった。それで「意見言います」と言うと、それは聞けないということが多かったですけれどね（笑）。これからどういう方向にいくのか分からないけれど、基本サッカー界の話では、みんなが大きな枠の中に入っているでしょ。Jリーグだろうか何リーグだろうが、女子だろうが男子だろうが子どもだろうが大人だろうが、大きな枠に入っているから、その問題事はみんなで話したらいい。どんな時でもサッカー界の発展という大きな理念のもとに進めば道は外さないから。これからもそうしていきたいなと思います。

──本日は、ありがとうございました。

Interview

柔道

インタビュー

溝口 紀子

柔道家／静岡文化芸術大学准教授

溝口 紀子（みぞぐち のりこ）●プロフィール
　1992年バルセロナ五輪52kg級銀メダリスト。96年パリ国際で4度目の大会制覇。同年現役引退。02年日本人女性初のフランス代表柔道チームコーチに就任。現在は静岡文化芸術大学准教授を務める。11年より静岡県教育委員会委員に就任。

――まず、溝口先生が柔道を始められたきっかけを教えてください。

溝口 小学校4年生の時に柔道を始めました。静岡はスポーツ県なので、小学校から水泳や陸上、バスケットボールなど部活動が盛んだったのですが、私はガチガチにスポーツをやるタイプではなくて、むしろ書道や絵や作文が得意だったんです。でも体格がよくて、4年生で40kgぐらいあったので、同級生たちが「柔道やらない？」って誘ってくれたのが始まりです。当時、私が住んでいたところは柔道が盛んで、福柔会という、戦後に退役軍人の方々が開いた道場に入りました。

最初の日に、道場の先生に「根性があるか、ちょっと投げられてみろ」と言われまして、受け身も知らないうちに投げられて鎖骨を折ってしまいました。でも全治1ヵ月だと言われながら、1週間で骨がくっついてしまったんです。いきなり投げられて骨を折った、それはそれでトラウマになりましたが、1週間で治ってしまった。自分でも「私のポテンシャルすごいんじゃない？」って思いました（笑）。実際にやってみると、普通に男の子を投げちゃうんです。当時は女の子が男の子に勝てるスポーツはなくて、ボールを使っても男の子の方が上手だし、水泳や陸上でも男の子の方が速い。全然勝てないのに、柔道だけは勝てた。「女が男に勝つ」このことがすごく面白くてどんどん柔道にはまっていきました。それで、春から始めて、夏には静岡の西部地区でチャンピオンになりました。

でもその後、県のトップクラスにもなっていきましたけれど、男の子に勝って妬みも買うし、学校でもけんかが強いやんちゃな男子が、柔道が強い私に挑んできたりしました。力では負けて投げられるから、私の持ち物を隠したり上靴に画鋲を入れたりとか、逆に私は入れてないのに、「紀子が入れた」とか濡れ衣を着せられたり、今でいういじめのような嫌がらせもありました。試合で当たる男の子も重量級で強くて、いわゆる「ドラえもん」に出てくるジャイアンのような男の子に勝ってしまうから、その子にとってはプライドがズタズタなんですね。しかも、私に負けたから先生に殴られるわけです。私のせいで殴られちゃったと思ったりして、柔道が嫌になってしまったんです。小学校6年生の時、自分の中ではもう柔道をやめようと思っていました。

――一度柔道をやめようと思いながら続けられたのはなぜでしょうか？

溝口 当時はちょうど女子柔道がオリンピックの正式種目に決まる頃で、親や周囲もこのままいけば、もしかしたらオリンピックに出られるかもしれないという期待を持っていたと思います。勝っても負けた人の気持ちを汲まなければと、子どもながらに学んだのですけれど、自分の中では冷めていて、世界に向かうというモチベーションまでは持てなかったんです。そうしたら親が小学校6年の12月に、今はなくなってしまいましたが福岡国際柔道大会を見に連れて行ってくれました。ちょうど山口香さ

んが全日本6連覇していた頃でしたが、外国人選手が出る試合を見るのは初めてで、外国人が柔道をするとなんでこんなにカッコいいんだろう、すごいなあ、柔道ってこんなカッコいいんだって思いました。日本で普段接している柔道とはまた違う柔道があることを知りました。それはオリンピックにもある、私はそういう運命にあるんだ、自分はオリンピックを目指そうと思いました。

——この話が小学校の6年生という……本当に凄い話です。次に中学校時代のお話をお願いします。

溝口　中学校では1年の時からレギュラークラスの男子と練習をしていましたが、やはり女子の柔道と男子の柔道は違うので、ある強豪の高校の先生に声をかけられて練習に通うようになりました。その先生は地元の名士で、教え子を世界選手権に出したり全日本チャンピオンを出したり、地元では実績が突出していました。初めて高校の柔道部の練習に参加して驚愕しました。小学校の時のようなコロコロ転がりふざけながら投げ合う楽しい柔道とは全く違う、勝つための競技柔道を知りました。殴られたり、蹴られたり、締め落とされて脱糞や失禁したりするのは普通のこと。暑い中水も飲ませず、特に夏の合宿では寝食を共にするので練習以外でも異常な場面を見ました。勝負に賭けるというのは命がけで、こんなに苦渋、苦難の修行を積まないと勝てないのかとショックを受けました。

　そういう中で練習に通っていて、ある日、柔道事故が起きたんですね。中学1年生の秋に、高校2年生の男子が練習中に亡くなってしまったんです。私は直接、事故を見ていなかったんですが、いつ死んでもおかしくないくらいのスパルタの練習でしたから、遂にこの日が来てしまったのかと思いました。当時、練習後の整理体操中に倒れ突然死として扱われました。事件の現場にいた高校生から状況を聞いた話では、いつもどおりのしごきが行われた上、当日は太鼓のバチで何度も頭を殴りつけていたそうです。それは明らかに突然死ではなく体罰による事故死でした。最近になって内田良先生の著書、『柔道事故』に付録として掲載されているスポーツ振興センターに報告された柔道事故一覧表を見ると、この事故も掲載されていましたが、死因は頭蓋底骨折なのに事故概要では肺気腫による突然死という矛盾した記述になっていました。

　しかし私を含め、生徒や保護者などの関係者には箝口令が敷かれました。先生からの報復に怯え、約束を破ったら今度殺されるのは自分だと思って真実を述べることができませんでした。それは子どもだけでなく保護者も一緒です。子どもの進学や就職にもその先生がすべて実権を握っていましたから逆らう人はいませんでした。

　しかし、私はこのような尋常ではない事態にもう怖くなってしまって、中学校の部活動の先生に高校の先生から離れたいと相談しました。そうしたらその先生は「よし分かった、俺がちゃんと面倒見るから」っておっしゃってくださったんです。「その代わり、特別扱いはできない、普通の柔道部の部

員としての練習しかできないよ」と。その先生は元々ハンドボールの先生で、柔道はまったくの素人。だから白帯で中3の男子に投げられるんですよ。弱くて実績もないけれども、若かったこともあり昇段試合に臨み黒帯をとって威厳を見せてくれました。また自分を守ってくれるって言ってくださったことがものすごく嬉しくて、先生ってこうあるべきだと思いました。私も、高校の部活動の先生から離れたから溝口紀子はダメになったと言われたくなかったので、猛練習をして中学校3年生の時には全日本で2位になりました。

──「暴力なしでもちゃんと成果は出ます」ということをしっかりと証明されたんですね。高校は柔道の強豪校ではなく進学校に入学されました。高校2年生の時には全日本選抜柔道体重別選手権52kg級で当時10連覇の女王・山口香さんを破っています。

溝口　入学した高校の柔道部の顧問の先生は退職間近の方だったんですが、とても穏やかな先生で、「自分は溝口のことを教えきれない。練習は足りないだろうから自分で出稽古してもいい、自分でやりなさい」、その一方で「全日本の代表選手になっても、特別視はしない。普通の高校生としてやるべきことはやりなさい」と言ってくださいました。それで、自分で練習計画を立てて、出稽古などをして必死に練習しました。

とはいえ私は地元に影響力がある強豪の名門校の先生から離れてしまったので、裏切り者みたいな存在で完全にアウェイの状態でした。その先生は静岡県の"柔道ムラ"では名士で、警察、教員にも教え子がたくさんいました。学校や警察署での出稽古先で門前払いされたことも度々ありました。試合でも審判員がその先生の教え子だったりして、自分は"ムラ"の外の人間だから結果を出さなければ潰される、生き抜いていくには飛び抜けるしかないと本気で思いました。試合でも一本勝ちができる寝技で卓越しよう、審判から「待て」がかからないように早く押さえようと、寝技を徹底して練習しました。ものすごく必死でした。

──溝口先生の柔道の原点を伺え、感無量です。現役を引退されて、指導者になられてからのお話を伺います。2002年から2年間、フランスの柔道ナショナルチームのコーチを務められました。この時に指導者としてどのようなことを身につけたとお考えですか？

溝口　フランスの女子柔道は、オリンピックの正式種目になった1992年のバルセロナから、2000年のシドニーオリンピックぐらいまでが円熟期で、オリンピックチャンピオンも4人誕生しました。ところがその後、活躍していた選手たちが引退して、次の世代の選手が育っていなかったんです。そこで強化方法をドラスティックに変えて、10代からのテコ入れを始めました。コーチもライバル国日本から引っ張ることにして、そこで呼ばれたのが私でした。私はたまたま文部科学省の在外研究員とし

てフランスにいて、ナショナルチームで教えることもあったのですが、イブ・デルバンさん（現在、フランス柔道連盟技術顧問）という強化副部長に声をかけられてナショナルコーチになりました。

　フランスのチームはとにかく会議が多くて、練習が終わった後は毎回会議。とりわけ毎週木曜日は選手強化についてテーマを決めて2時間も3時間もディスカッションをするんです。日本では考えられないですよね。コーチ陣もプロ意識を持ち自分のプレゼンスはどうあるべきかいつも考えていて、会議では自分がどういうビジョンを持ち、選手強化についてどう考えているのか、アイデアがあるのかが試されます。

　私は最初の頃、フランス語もあまりできなくて、全然発言ができなかったんです。そうしたらデルバンに怒られました。「フランスでは発言しないということは存在しないのと一緒だ、ちゃんと手を挙げて発言しなければ誰もかまってくれないよ」と言われました。日本では沈黙は金、でもフランスでは沈黙は罪なんです。それで私は目覚めて、出席したからには、どんな会議でも、自分は場違いだなと思ったり、全然守備範囲が違う会議に呼ばれたりしても、必ず手を挙げて発言しようと思いました。

――デルバンさんから学ぶことが大きかったと。

溝口　そうですね。とりわけコーチング、強化マネージメントについてです。コーチで女性は私一人だけだったんです。それまで女性のチャンピオンがコーチをしてきましたが、フランスの女性ってものすごく個性が強いし、卓越したチャンピオンや元ライバルのコーチだとぶつかってしまうんですね。その点、私はどこにも属さないから、選手が女性として話しやすい存在だ、溝口でいこうと、デルバンはそこまで考えてキャスティングをしたと思います。彼は指導者として演じているところがあって、すごく優しい性格なんですが、責任者として選手たちとは一定の距離を取って威厳を保っていました。フランスの場合、挨拶でビズ（頬にキス）をするのですが、デルバンは、絶対しなかった。選手との挨拶は握手だけで明らかな距離感を保っていました。コーチは友達と違いますよね。コーチの約束事では、1対1で食事をするのはやめる、選手とコーチとして個人的に話さなければいけない時はオープンなレストランにする、それ以外は絶対に食事に誘われても行かないというのがルールになっていました。体罰や暴力がない代わりに、コーチと選手との関係はしっかりルールとして決まっていました。

　それから、フランス人は宗教も民族もセクシュアリティも本当に多様で、いろいろな人がいて、選手にもいろいろなタイプがあります。ある指導が同じようにうまくいくとは限らない、それをどうやって乗り越えていくかということを学びました。いろいろな選手を引き出す方法をコーチが持って、それをコーチみんなが話し合い、選手の個に応じた指導方法を見つけていく。フランス選手は日本人のように何度も繰り返す練習は苦手なので、いかに短い時間で効果的に集中してできるか、そのた

めには練習にも面白さがないと伝わらないんですよ。彼らに合わせて指導法を考える、そのためには指導力＋言語力＋プレゼンテーション能力が必要。彼からはたくさんのことを学びました。

――次に、部活動の問題として、部活動の指導者が生徒やクラブを私物化してしまうということがよく挙げられますが、そのようなことはなぜ起こるのでしょうか。

溝口　まず前提として押さえておきたいのは、特に高校では運動部だけではなく文化部でも、全体的に部活動偏重主義の傾向があることです。先ほど述べた柔道事故を起こした部活動の先生だけが特異体質なのかと初めは思っていました。しかし、静岡県の教育委員を務めてから分かったのですが、実際は文化系の部活動でも同じようなことはたくさんあります。スポーツだけではなくて、部活動という体質があって、成果が出れば出るほど利権や既得権が生まれて、"部活動ムラ"という強固な"ムラ"がつくられる。そして"ムラ"の長は校長先生ではなく、部活動の顧問、指導者です。

――部活動の利権や既得権というと？

溝口　一つは進学という利権です。中学から高校に進学する時に、例えば実力のある生徒が、自分に声をかけてくれた先生のいる名門校に行くことを決めると、「抱き合わせ」といって、その生徒以外に練習パートナーとしてあと3人行く。プロの指導者は、この子はどのぐらい伸びる選手か、ある程度分かります。早くいい選手を取りたい、そのために1人だけくださいではなくて、他の子と「抱き合わせ」で引き抜く、そういう手法です。もちろん「抱き合わせ」で行けばパートナーもいて練習ができるし、相乗効果でその子たちも伸びることもあるけれども、逆に断ろうとすると「お前が行かなかったら友達も行けなくなるぞ！」って言われるわけです。高校に入って次は大学、これも同じ構図です。その先生の先輩が教えている大学にいい選手を送り出すのが先輩への恩返しになる。そして大学を出たら教員として学校に戻す、"ムラ社会"の構図ですよ。静岡でも裁量枠が最近できましたが、それが実は体罰の温床になっているのではないかと議会でも指摘されています。

　もう一つは、推薦や裁量枠で入学後に次の問題が生じるケースあります。例えば生徒と先生が合わないこともあるわけですよね。結果が出ない場合や、暴力や体罰がある。でも生徒は、先生にこの学校に入れてもらったのだから部活動をやめられない、やめるのだったら学校をやめなければいけないと親も思ったりするわけですよ。指導力不足の先生は、さらに生徒に圧力をかけてきて、結局、生徒は殴られても何も言えずに3年間我慢する。親にも心配をかけたくないから何も言えないという方に追い込まれていくんです。例えば専門ではない副顧問の先生やクラブの卒業生たちが「先生、それやり過ぎですよ」と言えればいいんですけれど、伝統校や強豪校になると先生はもう神様で、ものも申せない。校長先生が当該の先生に指導しようとすると、卒業生が出てきて校長に圧力をかける。

——"ムラ"は学校の柔道部の中だけではないんですね。この仕組みをどのようにして変えていけばいいのか、お考えになっていることはありますか？

溝口　学校の部活動を支えるOB会や同窓会も"ムラ社会"の一部です。スポーツで成果を挙げていくと、交通費や何やら経費もかさみます。OB会や同窓会からコーチング料として+αのインセンティブ出していたりするわけですよ。学校の部活動の会計と保護者会、同窓会会計は別なので外からは見えないんです。

現在の学校の部活動は、もう学校の範疇を超えてしまっていると思うんですね。多様性の社会になり生徒のとりまく社会、家庭環境が変わり、日本の先生が担う仕事が多くなってきました。教科を教える先生の役割に加えて、家庭と社会をつなげる社会福祉士、そして部活動の場面では生徒指導と選手育成をするスポーツ指導者の三役を担っているといえます。確かに部活動は教育の一環、生徒指導という役目は果たしてきたけれども、現在の多様化する社会では、学校の先生の業務範囲を超えるケースが散見され、生徒指導を背負いきれなくなってきています。

とりわけ日本のスポーツは学校の部活動が強化拠点として機能しているわけですよ。もし部活動を減らしたら国際的に見て並のレベルになると思います。柔道や野球など日本の伝統スポーツがなかなか社会体育に移れないというのはそこだと思うんですね。学校から切り離せばかなり変わってくるけれど、同窓会組織が抵抗することもあるでしょう。学校側としても、伝統を語る場合、それがスポーツで勝ち取った名誉や栄光だったりするわけですよね。部活動は学校教育そのものの価値観を変える一つの大きなテーマだと思います。事実、体罰が一番多いのは部活動、問題が山積しているところは部活動、でも山はなかなか動かない。難しいですね。

——これからの指導者育成における課題の一つに女性指導者の育成があります。どのようにお考えですか？

溝口　女性の指導者が増えれば体罰がなくなるということは全くなくて、女性の指導者でも殴る人は殴ります。逆に男性より酷かったりするケースもありますし、女性だから非暴力的だとは言えないと思います。同様にセクハラも一緒です。女性議員による男子選手へのセクハラ問題もありましたが、女性であっても権威や利権のあるポストに収まればハラスメントをする加害者になり得るのです。また、女には女の"ムラ社会"があって、陰口を言って足を引っ張り合うこともある。でも、今の部活動やスポーツ界が男のムラ社会であることも事実で、そこに風穴を開ける存在が女性であることも確かです。男の人が見えない部分ってあるわけですよね。例えば月経であることをなかなか言いづらかっ

たりする時があります。休みたいと言っても男性には分かってもらえなくて、「お前サボるのか」と見られてしまう。そういう時に女性選手の気持ちを読み取っていく役目になり得る女性の存在は絶対に必要で、そういう指導者たちをもっと育てていかなければならないと思います。

　それから、スポーツの指導者は10代の時からずっとライバルたちとたたかっています。選手を引退したあとも指導者になり、連盟の管理職になり、ずっと同じパイ、男の"ムラ社会"でたたかっているわけです。だから煮詰まってしまう。女性がそこに入ると変わると思います。嘉納治五郎は試合をしない柔道を講道館女子部に求めました。試合をしない、それは勝利偏重主義へのアンチテーゼの意味でもあると思うんです。

――男、女というよりは、先ほどおっしゃった多様性の視点を持つということが重要になるわけですね。

溝口　私はそうだと思います。キャスティングの時に、いかに多様に、いろいろな人を置くことができるか、その中の一つに女性というセクシュアリティがあるという考え方が必要ではないでしょうか。その時に一番大切なのは、多様な人間がそれぞれ自分の考えを言語化できる、ちゃんと自分の意見を発言できることだと思います。事なかれ主義で「見ざる聞かざる言わざる」の体質では組織の自浄能力は生まれません。柔道の女子選手15人が弁護士さんを通じて告発したのは、まさにその前の段階で「見ざる聞かざる言わざる」だったからでしょう。そうではなくて「見せる聞く発言する」、そうすれば男だろうが女だろうが、自浄能力が高まってくると思うんですよ。部活動にせよ柔道せよ、上意下達で上に物申せない、イエスマンでなければ偉くなれない、トップオブザトップにならない限り発言力が持てない、それではダメだと。トップの偉い人たちにちゃんとしたロジックで説得できるかどうか。ガバナンスのうえでは、先ほど言った沈黙は罪という感覚を持っていかないと。そのことによって初めてハーモニーが生まれると思うんですね。

　もう一つは、選手が発言することにものすごく抵抗感を持つ指導者が多いこと。フランスでも同じですが、難しいですよね。選手は指導者に頼りきってモノも言えない、だから自立しないし、自分の頭で考えることをしない。今まで自分で考えたことがないから、考える方法が分からない。分からないから指導者に頼る、ムラ社会に頼るしかないというサイクルになってしまうんです。ムラ社会の中ではチャンピオン、名士でいられるけれども、外に出たらただの腕っぷしの強い男、そのあたりのギャップが一連の全柔連の不祥事への対応にもよく表れていますよね。

　日本人って、ある意味優しすぎるんですよ。過保護というか教え込み過ぎる。日本の指導者って親になってしまうんですね。親心を持っているから殴っても構わないという誤った懲戒権の解釈をし、

さらに当の親も子どもを叱れないために「先生、子どもを殴ってください」としつけを放棄してしまうのです。それじゃ育児放棄でダメなんです。

　日本独特のムラ社会が長く続けば続くほど利権が集中してムラ自体が強固になってしまう。結局、若手指導者を潰してしまうんですよ。とりわけなぜ公立高校で名門の先生でいられるのか、それは名門の環境にいるからなんです。静岡県では7年で異動することが一定の基準になっていますが20年以上、同一校に赴任している場合があります。高校の名物教師だからこそ同一校に赴任させたいというインセンティブを与える意味合いもあるようですが、まったく新しい高校で強いチームを作ってみて初めて、指導者として本物って言えるんじゃないですかと言いたいですね。いろいろな既得権益や誘惑を振り切ってチャンピオンを育てられるかということなんです。指導者も覚悟する必要があると思います。

――指導者にとってもたたかいというわけですね。

溝口　はい。桜宮高校の問題も、実はバスケット部の問題ではなくて、どのクラブでも、誰にでも起こり得る問題だと思います。ニュース的にはどうしても選手と指導者の問題に矮小化されてしまうけれども、今までお話ししてきたような部活動のシステムがあるはずです。そこまで俯瞰して考えないと、同じようなことはまた起こり得る。部活動ムラを変える、それは突き詰めれば日本の教育や学校教育の在り方すら変えることになるんじゃないでしょうか。時間がかかるかもしれないけれど、まずは指導者ももっと話し合って、情報を共有して問題をちゃんと顕在化できる体質を作る。女性であったり、ムラと関係がなかったりする人をどんどん入れていく。昔はそういう人は排除してきたかも知れないけれど、時代めいたことはもう通用しない。どれだけ多様になれるか、引き出しをいかにたくさん持っているかが問われていると思います。

――**本日は、ありがとうございました。**

第Ⅲ部

論 文

The Paper About A Sport

教育の目的と学校スポーツ部活動
——教育基本法1条とスポーツ基本法の相関

国士舘大学法学部教授
入澤　充

入澤　充（いりさわみつる）●プロフィール
　国士舘大学教授。専門分野は、スポーツ法学、教育法学。スポーツ法学会理事。

はじめに

　2003年にマーティ・キーナート氏は『文武両道、日本になし―世界の秀才アスリートと日本のど根性スポーツマン』[1] という刺激的なタイトルの本を書いている。氏は、文武両道ということばは、今日では「一般に、学問とスポーツの両方に優れた人物をさす」と意義づけ、さらに「ほとんどの西欧諸国、世界じゅうの多くの国では、教育のどの段階においても、学業とスポーツの両面に真に優れ、高い水準に到達していることが名誉の印となる」と述べ、では日本ではどうだろうかと疑問を投げかけた[2]。

　キーナート氏が述べる「学問とスポーツの両面に真に優れている」という意味は、人格的にも優れていると解釈してよいだろう。

　2011年に制定されたスポーツ基本法の前文に「スポーツは、次代を担う青少年の体力を向上させるとともに、他者を尊重しこれと協同する精神、公正さと規律を尊ぶ態度や克己心を培い、実践的な思考力や判断力を育む等人格の形成に大きな影響を及ぼすものである」という箇所がある。日本では、スポーツを通して人格形成をする場として学校で行われる学校スポーツ部活動（以下、「スポーツ部活動」という。）がある。その活動は教育活動の一環として行われるのであるから教育基本法で定める教育目的と関連し、かつ補完し合うものと捉えることができるのではないか。

　そこで、本稿は、教育の目的を達成する一環としてのスポーツ部活動が、果たしてその本来の意義を果たしているのか、また、スポーツ部活動は「人格形成」に大きな影響を与えているのか、その問題点と課題を明らかにしていくこととしたい。

教育基本法1条の「人格の完成」と「人格」の意味

　新明解国語辞典（第7版）では、人格について「その人の物の考え方や行動の上に反映する、人間としてのありかた」とある。そして「―者」、つまり人格者について「りっぱな人格を備えており、多くの人の模範とされる人。人柄がよいという点で敬愛される人」とも記載されている。一方、広辞苑第6版では「人がら。人品。道徳的行為の主体としての個人。自律的意志を有し、自己決定的であるところの個人」とある。さらに「法律関係、特に権利・義務が帰属し得る主体・資格能力」と記載されている。

　1947年に制定された教育基本法は、第1条で教育の目的を「人格の完成をめざし」て行われなければならないとした。当時、教育基本法制定の事務に関わっていた人たちによれば、人格とは「人の人たるゆえんの特性である」とし、「人間がまず物体から区別される点は、知情意の複雑な意識の統一体であるということであり、更に人間が他の動物から区別される点は、人間ではそれらの活動が一そう複雑で高しょうであり、又自己意識によって統一されていることである。進んでこ

の自己意識の統一性は、意志の面において自律性、自己決定性となってあらわれるのである。そこで人格とは、自己意識の統一性又は自己決定性をもって統一された人間の諸特性、諸能力ということができよう。」(引用文献は旧字体で書かれているが、本稿では新字体に改めた。筆者注)[3]と述べている。このことから、学校教育で人格の完成を目指す教育、及びスポーツを通して人格形成をするということは、その目的を相互に補完しつつ、個人を自律ある人間として、また自立できるように育てていくという意味として捉えることができるのである。改訂された教育基本法の第1条規定も同様に解釈してよいだろう。

スポーツ基本法が人格者としてイメージしたのは「他者を尊重しこれと協同する精神、公正さと規律を尊ぶ態度や克己心を培い、実践的な思考力や判断力」がある人であるが、教育目的達成の一環として行われるスポーツ部活動で、上記のことを資質能力として深めるためにはどうしたらよいであろうか。

戦後、日本の教育は、この教育基本法の目的に沿って教育制度が整備され、特に学校で諸特性、諸能力を引き出すための教育課程が編制され子どもたちの教育を受ける権利を保障してきている。

スポーツ部活動の位置づけと問題点
―長時間練習と勝利至上主義

一方、スポーツ部活動[4]は、教育課程外として位置づけられ、すべての子どもたちがその機会に触れるわけではない。そこに参加する者だけが享受しうるものであり、さらに学校によっては顧問の不在などから子どもたちの十分な要求に応えることができない場面も多々あるのも事実である。教育の機会均等という理念に従えば、すべての子どもたちがスポーツ部活動に参加できるように条件整備することも要求できよう。しかし、スポーツ部活動の意義は、「学校教育活動の一環として、スポーツに興味と関心を持つ同好の生徒が、教師（顧問）の指導の下に、主に放課後などにおいて自発的・自主的に運動やスポーツを行うものであり、全国の中学校・高等学校等で多様に展開されている」[5]ということから、また参加しないことも認められるものでなくてはならない。

2006年4月9日付朝日新聞は、「公立中でこんなに部活をやるべきか」と、練習時間の長さとその弊害について報じている。スポーツ部活動の最大の問題点は、長時間練習と勝利至上主義から脱却できないことであろう。

2013年11月13日付日本経済新聞は「中学生の朝練習『睡眠不足を招く』長野県、禁止求める報告」という記事を掲載している。長野県教育委員会は「中学生期のスポーツ活動検討委員会」を設置し、部活動の在り方や問題点を審議してきた。日本経済新聞の記事は、その中で審議された「朝練習」の弊害についてであった。検討委員会は「中学生期の適切なスポーツ活動のあり方について」[6]の報告書を提出したが、その中で、朝練習の後の1時間目の授業への影響について「すっきりした気持ちで取り組めた」と「どちらかと言えば、すっきりした気持ちで取り組めた」の

回答が半数以上いて、朝練習を肯定的に受け止める中学生が多いが、睡眠不足を感じている生徒もいることが報告されている。

　さらに「朝の部活動でよいと感じていること」については、「早起きで一日が充実する36.2％、朝に練習をすると爽快な気持ちになる45.7％、放課後より顧問から指導を受けられる8.1％、放課後に不足している練習時間を補える28.1％、技術や体力が向上する60.7％」という回答が寄せられているが、スポーツ部活動は教育課程に基づく教科と補完し合いながら行われることにその意義はあるが、スポーツ部活動は主たる教育目的のために行われるのではなく、教育目的達成の一環として行われるのであって、あくまでも授業が学校教育の本来の姿であることを学校関係者は忘れてはならないだろう。

　部活動の朝練習、昼休み練習、放課後練習の常態化は中学生のみならず、高校、大学の一部運動部まで見られるところである。練習時間が長引けば、当然に学業には身が入らず授業中の居眠りなどは当たり前となってしまう。私は、ある大学の学生に授業中の居眠りを注意したら、授業終了後「先生、座学の講義の時くらい休養させて」と弁明してきて、「私たちは朝から続く練習での疲労回復を授業で補っているの」と続いた言い訳に、苦笑で対応した体験をしたこともある。

　また、部活動の成果を中体連や高体連、高校生の選抜大会や選手権大会などで試す場面が用意されているが、そこでの勝利は学校の名誉、地域の誇り、指導者の力量への評価等につながる。そして、一方で副次的な効果をもたらすことになる。例えば、全国大会出場は私学であれば生徒の確保が可能になり、あるいは活躍した高校生は大学進学に際してスポーツ推薦の対象となり、高校にとって進学率の向上にもなる。そのような選手を育てた指導者は、また次もと考え、勝利至上主義に走り出すというサイクルが成立してくる。勝てなくなると指導者は周囲のプレッシャーから無理な指導をしてしまうようになる[*7]。

　学業、スポーツ活動を通して人格の形成に寄与するということが、置き去りにされるシステムが日本の部活動にはあるということもまた事実である。

　そこで、部活動には、冒頭に紹介したキーナート氏が述べる「学問とスポーツの両面に真に優れている」ことが求められているのだということを改めて認識しておく必要がある。

指導者の「暴力的行為」の背景

　部活動指導者の「人格」もまた、子どもたちに大きな影響を与える。指導者が子どもの将来を見据えた指導をするか、あるいは学校の名誉、勝利至上主義を前面に部活動を指導するかで、部員のスポーツに対する考え方も変わるのではないだろうか。

　スポーツ部活動は、前述してきたようにあくまでも教育活動の一環として実施されていることを指導者は忘れるべきではない。

　部活動の指導中に指導者から暴力をふるわれた経験がある者は、総じて、その指導者の行為を

肯定的に受け止める傾向がある。そして「私の技術力が向上した」「強くなるためには必要」「精神的に強くなった」等々の理由を挙げる。

　学校教育法11条は、教育上必要がある時は校長及び教員に、当該者に懲戒を加えることができると定めているが、体罰は禁止している。

　しかし、部活動中に暴行を伴う指導が時には必要なのだとして意識されている限り、指導者のこのような行為はなくならないだろう。指導中に一方的に殴る、蹴るという行為は明らかに暴力である。ある高校の部活動中に顧問教諭の度重なるかつ激しい暴行が原因で自殺をしてしまった高校生の損害賠償請求訴訟で「（部活動は）当然に厳しい指導や練習が前提とされているので、指導者と選手との関係においては、指導者の選手に対するある程度のしっ責あるいは有形力の行使も選手を鍛えるための一手段として許容されており（このような指導者と選手の出会いがスポーツの社会における条理である）」[*8]という主張が被告側から平然とされたが、このような意識を払拭するためには、スポーツ基本法16条で定めるスポーツに関する科学的研究の推進、17条の学校における体育の充実の意義を指導者、部員双方でミーティングや指導者講習会で認識し合うことである。

おわりに

　改訂教育基本法2条は、教育目的を実現するために5項で「正義と責任、男女の平等、自他の敬愛と協力を重んずるとともに、公共の精神に基づき、主体的に社会の形成に参画し、その発展に寄与する態度を養うこと」も教育目標として定めている。

　スポーツ部活動での「自他の敬愛と協力」とは、指導者と部員相互が勝利を目指して工夫する中で、敬愛、協力し合いながら活動をするということを意味する。と同時に「教育活動の一環として行われる学校の課外のクラブ活動においては、生徒は担当教諭の指導監督に従って行動するのであるから、担当教諭はできる限り生徒の安全に関わる事故の危険性を具体的に予見し、その予見に基づいて当該事故の発生を未然に防止する措置を取り、クラブ活動中の生徒を保護すべき注意義務がある」[*9]と最高裁が判示するように、指導に当たっては、生命・身体の安全配慮義務、注意義務を当然に負担することを認識しておかなければならない。

　スポーツ指導には指導者の経験・勘・度胸も必要だろうが、科学的知識、新たな理論を追究する姿勢も大切である。そのためには、指導者の研修は欠かせない。人権尊重を基盤とした研修プログラム（フィジカル、メンタル、栄養、基本的生活習慣面などの内容を含む）を中体連や高体連は立案し、「自他の敬愛」によってスポーツ部活動が行われていくようにすべきだろう。

　「スポーツは、世界共通の人類の文化である」と始まるスポーツ基本法前文の意義は、スポーツを通して私たちが物心両面で豊かになることを示したものである。その豊かさを得るためにスポーツ部活動をするのであるから、そこには暴力的な指導など入り込む余地はない。

文武両道を目指してスポーツ部活動を実施する。このことを自覚して活動することがスポーツ文化の発展に寄与することになる。それだけに学校で行われる部活動の充実は、指導者の「人格」にも関わってくるものといえよう。

---

*1　早川書房、2003年
*2　同上、8頁
*3　辻田力・田中二郎監修『教育基本法の解説』国立書院、1947年、60頁
*4　仁木幸男・森部英生『戦後の中学校部活動史』群馬大学教育学部紀要人文・社会科学編第55巻、2006年。中澤篤史『学校運動部活動の戦後史(上)―実態と政策の変遷』一橋科学、2011年が戦後の学校スポーツ部活動に関する研究の参考になる。
*5　中学生・高校生のスポーツ活動に関する調査研究協力者会議「運動部活動の在り方に関する調査研究報告」1997年12月
*6　「長野県中学生期のスポーツ活動指針(素案)」長野県教育委員会、2014年1月、HP
*7　大阪市立桜宮高校バスケットボール部元顧問の暴行は、勝てなくなった焦りからだとも言われている。
*8　岐阜地裁平成1993年9月6日判決『判例時報』1487号101頁
*9　最高裁第二小法廷2006年3月13日判決、最高裁判例検索システムHP

※参考文献　菅原哲朗・望月浩一郎編集代表『スポーツにおける真の勝利―暴力に頼らない指導』エイデル研究所、2013年。本書は、部活動指導者には必読の文献である。

column

第三者相談・調査制度相談窓口の設置と運用について

【設置に至る経緯】
　スポーツ指導における暴力が桜宮高校バスケットボール部や柔道女子日本代表で発覚したことに対し、文科大臣がメッセージを公表して「日本のスポーツ史上最大の危機」と述べ、強い危機感を表明した。これに対応して、各競技団体や統轄団体では、相談窓口を設置する動きが見られたが、競技団体ではない第三者機関を設置して相談・調査にあたるべきであると指摘する意見も表明されていた[*1]。同様の声は選手内にもあり、JOCが2013年2月にトップアスリートに行ったアンケートに対する回答[*2]においては、第三者機関による相談窓口の設置を要望する選手の声が散見されている。このような事態を受けて、日本スポーツ振興センター法が議員立法により改正され、日本スポーツ振興センター（以下「JSC」）に第三者相談・調査機関を設けることが可能となった。
　そこで、文科省「スポーツを行う者を暴力等から守るための第三者相談・調査制度の構築に関する実践調査研究協力者会議」において、第三者相談・調査制度の枠組みを検討し、2013年12月に、「スポーツを行う者を暴力等から守るための第三者相談・調査制度の構築に関する実践調査研究協力者会議報告」を発表して、第三者相談・調査制度の具体的な制度設計及び業務規則についての報告をとりまとめた。

【委員会の設置】
　この報告を受けて、JSCに「スポーツ指導における暴力行為等に関する第三者相談・調査委員会（以下「委員会」）」が設置され、委員会において、スポーツを行う者の権利利益の保護及びスポーツに関する活動の公正かつ適切な実施の確保への事業を実施することとなった。委員会は、弁護士、臨床心理士、アスリートOB等の委員8名により構成され、相談内容から調査が必要と判断する場合には、専門家からなる調査パネルを設置し、調査を行い、その調査結果を踏まえ、必要に応じて、助言や勧告等を行うこととされている。

【第三者相談・調査制度相談窓口の概要】
　第三者相談・調査制度相談窓口は、2014年1月10日に運用を開始した。相談窓口では、相談者からの電話またはメールでの相談をJSCが受け付けた後、委員会の委員のほか、弁護士、臨床心理士、アスリートOB等の特別委員に任命された相談員が話を聞いて相談に乗るほか、必要な事案については調査を行い、事実調査により暴力行為等が明らかになった場合は、第三者相談・調査委員会の審議を経て勧告を行うこととされている。
　なお、この相談窓口の当面の利用対象者は、トップアスリート[*3]とその関係者である。
　また、取り扱う事案は、1年以内に行われたスポーツ指導における暴力行為等であるが、暴力行為等の中には、①身体に対する不法な攻撃であって生命又は身体に危害を及ぼす行為のほか、②①に準じる心身に有害な影響を及ぼす言動、③その他競技者の能力・適性にふさわしくないス

ポーツ指導も含まれており、暴力行為のほか、パワハラ、セクハラ、暴言、しごき、罰走などの不適切なスポーツ指導が含まれる。

　電話相談（03-6758-0010）は、受付時間が火曜・木曜・金曜の13時から16時までとされているが、メールによる相談（専用メールアドレス　sports.soudan@jpnsport.go.jp）は当然のことながら24時間送信可能である。また、相談料は当面無料とされている。

【運用状況】

　これまでのところ、メールによる相談が1件（対象外）のみであり、開店休業状態にある。しかし、このことをもってトップアスリートに対する暴力行為がないと安心することはできない。前出のJOCのアンケートでは、11.5％のトップアスリートが暴力等を受けたことがあると回答しており、時節柄今は控えておこうと考える指導者が、いつ暴力的指導を再開するか分からず、警戒を要することには変わりないからである。

　また、委員会では、相談窓口の周知がまだ不十分であると考えており、ポスターを作成してナショナルトレーニングセンターやアスリートビレッジへの掲示を行ったほか、パンフレット・リーフレットを作成するなど、さらなる周知を予定している。

【今後に向けて】

　この相談窓口は、スポーツ団体の外部に窓口を置き、中立的・専門的な相談員による相談や調査を実施して、必要な場合にはスポーツ団体に対する勧告を行うものであり、競技者の立場からすると、公益通報窓口に類似した面を持っている。それだけに、相談にあたっては、競技者にはある程度の勇気が必要とされるであろうし、相談窓口としては、そのように勇気を持って相談してきた競技者を保護し、安心して競技を継続できるようにしなければならない。

　日本のスポーツから暴力等を撲滅するために、この窓口が重要な役割を担っていることを肝に銘じて運用がなされるべきである。また、現在は対象外とされているトップアスリート以外の競技者の相談をどうするのかも残された課題である。中学生・高校生等に対する暴力をどのように扱うのかについて、引き続き検討がなされなければならないであろう。

新四谷法律事務所
伊東 卓

---

*1　2013年2月19日開催の日本スポーツ法学会「アスリートの尊厳を守るためのシンポジウム」資料参照（http://jsla.gr.jp/J/For%20Athlete's%20dignity.pdf）
*2　選手アンケート問4「競技活動中の暴力行為を含む、パワハラ、セクハラ等を撲滅するためには、何が必要だとお考えですか」に対する回答。「選手と競技者の信頼関係」や「指導者資格制度」といった回答のほか、「第三者機関の積極的導入／フェアな立場で問題解決を促す役割の人を置く」「相談できる第三者機関の設置」といった回答がなされている。
*3　オリンピック代表選手・パラリンピック代表選手、JOCが認定するオリンピック強化指定選手、及びこれらのいずれかに該当した者で、相談を行った時点において、その地位・身分でなくなってから1年を経過しない者。

学校スポーツをめぐる体罰と虐待問題
──日米比較から見えてくるもの

同志社大学 政策学部 教授
川井 圭司

川井 圭司（かわい けいじ）●プロフィール
　同志社大学教授。専門分野は、スポーツ法をめぐる日米の比較研究。スポーツ法学会理事。

はじめに

　日本の学校スポーツの中心は、言うまでもなくスポーツ部活動である。その部活動は世界的にも極めてユニークであると指摘されてきた。では、何がユニークなのか。近年、にわかに噴出した体罰問題もそのユニークさと何らかの関係があるのだろうか。

　本稿では、日米の体罰規制をめぐる歴史的経緯を概観したうえで、アメリカの学校スポーツとの比較の観点から、スポーツ部活動の特徴を明らかにしていきたい。

日米の体罰規制比較

1) 日本の法規制

家庭での体罰は容認

　2011年までの民法は、「親権を行う者は、必要な範囲内で自らその子を懲戒し、又は家庭裁判所の許可を得て、これを懲戒場に入れることができる」（旧822条1項）と規定していた。ここにいう懲戒については、体罰も含めると解され、家庭における「必要な範囲」の体罰は容認されてきたのであった[*1]。

　しかし、近年、しつけを口実にした虐待等を防止するという観点から親権に対する制限が必要との声が高まり、2011年の民法改正により以下の要件が追加された。すなわち、①子の利益のためであること、②監護及び教育に必要な範囲に限ること、の2点である。また、従来、懲戒の一環として子を「懲戒場」に入れることも想定されていたが、これが機能していない等として懲戒場の件(くだり)が削除された。

　その他、親の懲戒権をめぐって、例えば刑法では、教育目的とはいえ「必要の範囲」を超える、あるいは「子どもの利益」に反するなど、社会的相当性を逸脱する親の体罰については、暴行罪や傷害罪等の刑事罰が科されることになる。また、体罰が虐待とみなされる場合には児童福祉法あるいは児童虐待防止法に基づく行政の介入がある。なお、虐待とされるのは「児童の身体に外傷が生じ、又は生じるおそれのある暴行を加える」場合である。

　日本国民の意識を見ると、家庭における体罰については、一定の範囲でこれを容認する声が圧倒的である。例えば岡山市で2009年に実施された世論調査では、家庭での体罰について、「時と場合によっては必要」が79.4％に対して、「認められない」が14.2％にとどまっている[*2]。

学校での体罰は明治時代から禁止

　意外にも学校教育における体罰規制は1800年代に遡る。最初の規制は、1879年の教育令である。その第46条では「凡学校ニ於テハ、生徒ニ体罰（殴チ或ハ縛スルノ類）ヲ加フヘカラス」とされた。

「殴チ」とは殴ること、「縛スル」とは縛ることを意味する。このように、明治時代から教育現場においてはすでに体罰について明文をもって禁止していたのである。その後、1890年に小学校令が発令され、その第63条で「小学校長及ビ教員ハ児童ニ体罰ヲ加フルコトヲ得ス」とされた。

戦後、1947年、日本国憲法のもとで、学校教育法が制定され、第11条の体罰禁止規定は次のような内容となった。「校長及び教員は、教育上必要があると認めるときは、文部科学大臣の定めるところにより、児童、生徒及び学生に懲戒を加えることができる。ただし、体罰を加えることはできない」（下線筆者）

本規定では、1890年の規定と同様、体罰が具体的に何を指すかについては明らかにされていない。体罰の解釈については行政（政府・文部科学省）及び司法（裁判所）に委ねられてきた。これを受ける形で1948年に行政は、①体に対する侵害を内容とする懲戒（殴る・蹴るの類）、②被罰者に肉体的苦痛を与えるような懲戒は体罰として禁止するとし、その例として、正座・直立など特定の姿勢を長時間にわたって保持させることを挙げた。そして、この見解は2013年まで踏襲されてきた。

ところで、これまでの裁判例では、教師が児童に与えた拳骨について「殴打のような暴力行為は、たとえ教育上必要があるとする懲戒行為としてでも、その理由によって犯罪の成立上違法性を阻却せしめるというような法意であるとは、とうてい解されない」[3] としたケースがある。その一方で、「単なる身体的接触よりもやや強度の有形力の行使を生徒の身体に与えることが教育上効果があることも明らかである。教員は必要に応じて一定の限度内で有形力を行使することも許されてよい場合がある」としたケースもある[4]。

世論調査を見ると、学校での体罰は、家庭のそれと同様、容認する立場が根強い。1997年に実施された毎日新聞の調査では、学校での体罰を「認める」「時と場合による」の合計が82%、「認めない」は16%であった[5]。体罰が社会問題となった桜宮事件直後の2013年3月に実施された読売新聞の調査でも「認めてよい」「場合によっては認めてもよい」の合計が59%と、容認の意識がなお根強いことが明らかとなった[6]。

2) アメリカの法規制
家庭での体罰は容認

アメリカでも家庭での体罰を禁止する州は見られなかった。もっとも、怪我を負わせるなど行き過ぎた体罰は虐待として禁止されている。ただ、いかなる行為が虐待にあたるかについては、州ごとの規定による。各州法では「身体的または精神的危害を伴う過度の体罰」（ネバダ州等）、「不合理または過度の体罰」（オハイオ州等）、「残酷または著しく不適切な体罰」（コネチカット州等）などが虐待にあたるとされている。

ところで、デラウェア州は、これまで虐待について「投げ飛ばす、蹴る、こぶしで殴る、首を絞める、凶器を使って脅す行為、その他、身体的損傷を与える行為」としてきたが、2012年に「身

体的苦痛」を「身体的損傷」に含めるとして、これまでの虐待の定義を拡大した。これにより、家庭におけるスパンキング（Spanking：お尻を叩く体罰）が違法とされ、刑事罰の対象になりうるとして論争を呼んだ。これについては、アメリカで家庭の体罰を禁止した初めての州法であるとの評価がある一方で、家庭教育への不用意な介入であるとする反発も強い。

　2014年2月に実施された世論調査によると、アメリカでも日本と同様に国民の80％が家庭での体罰を容認している。そして、家庭における体罰を禁止する一部の州の動きについて72％が反対の立場を表明している[*7]。

学校での体罰は州ごとに異なる

　アメリカでは、州ごとに学校教育における体罰規制の在り方は異なる。現在50州のうち、31州で体罰禁止法（公立学校のみ）を制定している[*8]。ちなみに、私立学校でも体罰を禁止している州は、アイオワとニュージャージーの2州のみである。私学には教育について大幅な裁量を与え、その教育観に共鳴する者を対象として門戸が開かれるべきと考えられている。

　さて、50州のうち、ニュージャージー州がアメリカの中でもっとも早い時期に体罰を禁止したのであるが、それは1867年のことであった。そして、2番目は1971年のマサチューセッツ州であるが、この間、実に100年以上の開きがある。先に見たとおり、日本では1879年の教育令において早々と体罰を禁止したのであるが、文部大丞であった田中不二麿が、アメリカの教育制度を見聞した際、当時、アメリカにおいて唯一体罰を禁止していたニュージャージー州を参考にし、これを取り入れた経緯があった[*9]。

　アメリカでは「親代わり論（in Loco Parentis）」というコモンロー上の法理のもとで、教員は親が持つ懲戒権を代位する立場にあると解されてきた。ちなみに、先に見たデラウェア州はこの法理を明文化し、「教師は親の権限と同様の権限を行使することができる。この権限には体罰も含まれ、学区の教育指針のもと必要な範囲で行うものとする。」[*10]とした。

　その後、子どものしつけは各家庭においてなされるべきであるとの価値観がアメリカ北東部を中心に浸透し、学校における体罰を禁止すべきとの声が高まっていった。このことは、各家庭における教育観の多様化に起因している。もちろん、子どもの権利や公民権などの権利意識の高まりも学校における体罰禁止に大きな影響を与えた。実は、デラウェア州も2003年にこの規定を改正し、公立学校での体罰を禁止するに至った。

　ちなみに、2014年の世論調査では、学校での体罰について21％が「容認する」と答えたのに対して、「容認しない」が70％と圧倒的であった。また「教室における児童・生徒の態度について、もっとも責任を負うべきは誰か？」との質問に対して、親が47％、本人が38％、教師が9％となっており、教師によるしつけはほとんど期待されていないことが分かる[*11]。

スポーツ指導の特徴―日米比較

1）日本 ―パターナリスティック（父権的）な教育が融合

　学校スポーツの在り方あるいはその指導には日米で大きな違いがある。まず日本では、一部の私学を除いて、中学・高校の部活動は広く門戸が開かれている。そして、ひとたび入部すると、たとえ試合に出場できなくとも引退まで運命共同体として部活動に従事する道義的責務を負う。日本では「全員で苦難を乗り越え、最後までやり遂げる」ことに大きな価値が置かれるからである。生徒の素行に問題がある場合も、チームからの排除は教育の放棄として否定的に受け止められる。そのような場面でこそ、指導者としての力量が試される。特に1980年代では、部活動は非行の防止や問題のある生徒を更生させる場所として機能したのであった。

　部活動の指導に当たっては、必ずしも当該競技の専門知識は必要とされず、競技レベルの向上よりも部員の人間教育こそ、その主眼とされてきた。指導教員と部員は3年間を通じて、多くの時間を共有し、両者の間には緊密で強固な師弟関係が形成されていく。こうして指導教員は部員の人格形成に多大な影響を与えうる存在となり、スポーツ自体がパターナリスティック（父権的）な教育の手段として機能してきたのである。

　部活動の運営については、指導教員個人の責任と役割が極めて大きい。それだけに指導教員と部員の間には他者の介入を寄せ付けないファミリーとしての一体感が醸成される。そして、ファミリーの大黒柱となる指導教員の熱意が部活動の存続を大きく左右するというまさに属人的な運営となってきたのであった[12]。

　なお、部活動に限定しないスポーツ指導をめぐる体罰について、2013年2月に実施された読売新聞の世論調査では、「認めてよい」と「場合によっては認めてよい」との合計が45％、これに対して「どのような場合でも認められない」が52％であった[13]。

　また、朝日新聞が大学の運動部員を対象に実施したアンケート調査では、6割がスポーツ指導者による体罰を容認している結果となった。大学の運動部員のうち小中高時代に体罰を受けた経験があると答えた者が33％あり、そのうちの73％が、「体罰」について肯定的な見解を示した。他方、体罰の経験がない運動部員（59％）も、その57％が「体罰」について肯定的な見解を示している[14]。

2）アメリカ ―自己責任を徹底するエリート選抜型

　他方、アメリカでは、学校を代表する運動部（varsity）の多くでトライアウト（選考）が実施され、これに合格した選手のみでチームが組織される。一定のパフォーマンスを維持できない選手は、チームからの離脱を余儀なくされる。アメリカの学校スポーツはコーチが求める選手で形成されるエリート集団なのである。この集団の潜在能力を効率的かつ最大限に引き出すことこそがコーチに求めら

れる資質とされる。明確な目的を設定し、これを達成するための課題を選手と共有し、その課題克服のプロセスで選手を褒め、成長を認めるというポジティブでサポート型の指導が目指される。

　他方、部員の制裁については、チームの一員として遵守すべき規律が明示され、これを守れない選手は試合出場の機会を奪われ、場合によってはチームを追われることになる。最近では、クレムゾン大学のアメリカンフットボール部で、QBの主力選手がコーチの採った戦術に不満を唱えサイドライン越しに口論となったこと等、同選手のこれまでの言動が「チームへの有害行為」に該当するとして、チームを追われた。

　自らチームを去るという選択についても、個人の判断に委ねられ、自分に合った種目を探す過程として受け止められる。アメリカにおける他の社会制度とも共通するが、常に自主自律と自己責任が表裏一体となっている。

　学校スポーツの運営についても日米で大きく異なる。各学校にはアスレティック・デパートメント（Athletic Department、以下「スポーツ局」）が設置され、その長としてアスレティック・ディレクター（Athletic Director、以下「AD」）が各学校のスポーツ予算に合わせて、コーチあるいはその他のスタッフの人事・給与を掌握し、管理する。コーチに違法行為等の問題があった場合に、そのコーチの進退を判断するのもADである。それぞれの学校で目指すべき目的、遵守されるべき規律があらかじめ明示され、これに違反する者は一定の手続を保障したうえで排除するという、極めてシステマティックな運営がなされている。

アメリカ学校スポーツでも指導者の虐待（abuse）が議論に

　実は、アメリカでも、スポーツ指導に関わる「虐待」が問題となっている。1993年に実施されたミネソタ州アマチュアスポーツ委員会の調査では、コーチから殴る、蹴る、叩くなどの行為を受けた経験のある者が17.5％との結果が出ていた[15]。

　学校教育での体罰を容認している州でも、校則に違反した場合に、停学処分等に代わってパドル（お尻を叩くための道具）を使用するなど要件が定められており、突発的な形での有形力の行使は指導者の権限として全く想定されていない。ただし、選手のプレーに対する苛立ち、あるいは指導への情熱から、コーチが選手個人を怒鳴りつける、あるいは選手の胸ぐらを掴む、体を突き飛ばすなどの行為は特に珍しいわけではなかった。しかし近年では、こうした指導者の行為について、身体的あるいは精神的「虐待」にあたると捉える向きがある。

愛のムチで尊敬を集めたコーチ

　コーチ界で、もっとも成功した著名な指導者の一人とされる元インディアナ大学バスケットボール部ヘッドコーチ（1971-2000年）のボブ・ナイト氏は、粗々しくも情熱的な指導で知られ、また学業における脱落者を出さない指導でも高い評価を受けてきた。ナイト氏には、粗野な言い回し

で選手を鼓舞する、時には選手の胸ぐらを掴んで、頭や頬を叩くなどの行為があったが、当時、これが虐待として問題になることはなかったという。こうしたコーチの振る舞いは、父権的な「厳しさ」の表現であり、「愛のムチ (tough love)」として、特にコンタクトスポーツでは広く受け入れられてきた。しかし、こうした受け止め方も大きく変容した[16]。何よりも個人によって受け止め方が大きく異なる。2000年にインディアナ大学では虐待的指導についてのゼロトレランス政策（違反に対して容赦しない対応）を発表したのであった。その直後に、ナイト氏に選手の首、または腕を掴む行為等があったとして、同コーチが解任された。この解任劇にはインディアナ大学の学生、関係者や住民から大きな反発があり、また世論においても同コーチに対する支持や同情の声が少なくなかった[17]。その後、ナイト氏はテキサス工科大学でコーチを務め、2008年にコーチ業を引退した後も、教え子や関係者から尊崇の対象となってきた。

近年、虐待で職を追われたコーチ

2013年4月、ラトガース大学バスケットボール部のヘッドコーチ、マイク・ライス氏に、虐待的指導があったとして、同コーチが解任された。

同コーチは2010年から同チームを率いており、試合中にサイドラインから大声で檄を飛ばすコーチングで知られていた。同コーチの指導方法について、アシスタントコーチのエリック・マードック氏が練習中のビデオを大学当局に提出し、虐待的指導として告発をしたのであった。そのビデオには、ライス・コーチが練習中に選手を侮辱したり、ボールをぶつけたり、激しく選手のジャージを掴むなどの行為が録画されていた。

これを受けて、ADのティム・ペティ氏がライス・コーチに対して、3試合の出場停止処分と50,000ドル（約500万円）の制裁金を課すという処分を下した（ちなみに、年俸は650,000ドル）。この処分が十分でないと不満を募らせたマードック氏が、スポーツチャンネルの最大手ESPNにこのビデオを提供したのであった。

すぐさまESPNがそのビデオを全米に公開し、ライス・コーチの虐待的な指導を生々しく報じた。これが反響を呼び、放映の翌日には、コーチの解任が大学側から発表されるという事態に至ったのであった。またADのペティ氏も一連の騒動の責任を取る形で、間もなく職を追われた。この件では組織的対応の問題が指摘されたが、同コーチについて同情する声はほとんど聞かれなかった。

虐待事件の余波

ラトガース大学の一件が引き金となって、近時、コーチの指導をめぐる告発が相次いでいる。これらのケースでは、以下のような行為について虐待あるいは不適切な指導であるとして糾弾されている。①大声で怒鳴るなど、他人の前で恥をかかせる、②選手の人格等に関して誹謗する、③生徒に威嚇するような形で身体的に接触する、④ペットボトルやホワイトボードを蹴り飛ばすなどして、恐怖心を与える、などである。このことは、スポーツ指導における「厳しさ」の社会規範が大きく

変わりつつある現状を象徴している。

　なお、アメリカでは、それぞれの学校で毎年ハンドブックが作成され、学校スポーツの目的、指導方法、トライアウトの有無、選考基準、規律、学業上の要件、関係スタッフの職責と役割、そして、指導をめぐって不服がある場合の手続きについても詳細に明示される[18]。これを承認する生徒及び親が登録書に署名してスポーツ局に提出する。こうしたインフォームドコンセント（正しい情報に基づく同意）により、ハンドブックの内容が規範となり、当事者がこれに拘束されるのである。

おわりに

　本稿では、アメリカとの比較において日本の学校スポーツ、運動部活動の特徴を浮き彫りにした。ここでの分析はほんの一断面にすぎない。とはいえ、第一に、日本のスポーツは、家庭教育および学校教育に深く関わってきたし、そこでのしつけや人間教育を日本社会が期待し、あるいは承認してきたこと、第二に、スポーツ部活動は、こうした日本社会の教育観を取り込みながら今日に至ったこと、は間違いなさそうである。

　師弟関係、属人的、パターナリスティックを基調とする指導はもろ刃の剣となりうる。近年、露呈されたスポーツ指導をめぐる問題も、日本の社会規範の負の側面を素直に映し出したものとの認識が不可欠であろう。こうした規範の基礎となる日本社会のメンタリティを直視せず、ただ指導者のみを糾弾する態度にはいささか疑問を感じる。学校、地域、家庭を問わず、教育の目的や内容は時代とともに大きく変容し、各家庭、個々人の教育観も多様化している。同様に、教育者や指導者への期待や懸念も今後、ますます多様化していくであろう。では、望ましい「スポーツの在り方」や「指導の在り方」は、誰が、どのような方法で決するべきなのか。運動部活動の改革にあたって、実は、この点がもっとも切実で重要な課題であるように私には思える。

[1] 於保不二雄・中川淳編『新版　注釈民法（25）親族（5）』有斐閣、1994年114-117頁など
[2] 岡山市「人権問題に関する市民意識調査報告書」2009年3月
[3] 大阪高裁判決・1955年5月16日『高裁刑集』8巻4号545頁
[4] 東京高裁判決・1981年4月1日『判例タイムズ』442号163頁。その他、小学校教員が児童の胸元をつかんで、大声で叱った行為について、1、2審はこれを体罰としたものの、最高裁は「教育的指導の範囲内」であり体罰には当たらないとの判断を示している（2009年4月28日『民集』63巻4号904頁）。
[5] 毎日新聞朝刊1997年1月13日3頁
[6] 読売新聞朝刊2013年4月18日15頁
[7] Rasmussen Reports, 68% of Parents With School-Age Kids Think They Should Be Able to Choose School with Spanking, Friday, February 21, 2014. なお、Murray A. Straus, Beating The Devil Out Of Them, Transaction Publishers, 2001 at 205-206 では1968年代には94％が体罰を容認していたが、1998年には容認派は55％に激減したとしている。
[8] アメリカにおける体罰規制の詳細については、Murray A. Straus, Beating The Devil Out Of Them, Transaction Publishers, 2001 のほか、片山紀子『アメリカ合衆国における学校体罰の研究』（風間書房、2008年）を参照。
[9] 牧柾名・林量俶・今橋盛勝・寺崎弘昭編著『懲戒・体罰の法制と実態』学陽書房、1992年30-31頁
[10] Code Section Tit. 14, §701.
[11] Rasmussen Reports.
[12] 運動部活動の歴史的経緯については、中澤篤志『運動部活動の戦後と現在』青弓社、2014年を参照。
[13] 読売新聞朝刊2013年2月11日8頁
[14] 朝日新聞朝刊2013年5月12日16頁
[15] Paulo David, Human rights in youth sport, Routledge, 2005 at 70
[16] Gregg Dewalt, Coaching abuse or tough love? Walking a fine line, Times Daily.com, Jun 29 2013
[17] Richard Sandomir, Cover Story: Looking for the Humanity Beneath Those Outbursts, New York Times, Mar. 10, 2002, at N4
[18] Amherst Regional High School Athletic Handbook 12-13.

column

アメリカのスポーツ事情―性差別「タイトルナイン」

　アメリカには、学校の部活動に際して性差別を禁止している「タイトルナイン[*1]」といわれる法律がある。この法律は、男子学生に認められていた奨学金が女子学生には認められないことに端を発し、1972年に制定された。これは連邦からの助成を受けている課外プログラムに対して規制する法律であるが、直接的に学校の部活動を拘束するものではなく、学校が何らかの連邦からの助成を受けていれば、その学校が行う課外プログラムに対して拘束力を有するというものである。

　今回は、「タイトルナイン」の訴訟の中で、私の一番思い入れの深い事件をご紹介したい。

Mercer v. Duke University[*2]

　1992年、高校時代はオールスターのキッカーとして地元では有名であった女子フットボール選手のマーサー（Heather Sue Mercer）は、ノースカロライナ州にある私立の名門大学であるデューク大学（Duke University）に進学し、同大学のアメリカンフットボール部のトライアウト（入部試験）に、キッカーとして参加した。結果は不合格だったものの、マネージャーとしてチームに帯同することになり、それに加え、選手として練習への参加も認められた。

　選手としての参加は普段の練習だけではなく、練習試合でも認められており、ある日の練習試合で勝敗を決定付けるキックを決めたマーサーは、監督から正式に選手としてチーム入りが言い渡された。そこで彼女は全米大学体育協会（NCAA: National Collegiate Athletic Association）の1部リーグでの初めての女性フットボーラーとなり、メディアからも注目を受けることになった。しかし、チームへの過度な取材が監督の気に触り、このままマスコミの彼女への取材がエスカレートすると、部全体に害をもたらすと判断し、それ以降彼女がトレーニングキャンプへ参加することを拒んだり、試合中にサイドラインでユニフォームの着用を禁止したり、「フットボールをするよりもミスコンにでも出ろ」「サイドラインに立つよりも、観客席で彼氏と試合を観ていろ」などとセクシュアルハラスメント的な発言をするようになり、最終的には、彼女をチーム編成から外した。そこでマーサーは、監督から性別による差別を受けたとし、デューク大学を訴えることになる。

　私立であるデューク大学も、教育機関として連邦からの助成を受けており、「タイトルナイン」の効力の範囲内となるため、部活動による性差別は禁止されている。ただ、マーサーの判決文によると、男子のコンタクトスポーツとして当てはまる部活動であれば、女子がトライアウトを受けたいと申し出た際に断ったとしても、それがタイトルナイン違反にはならないという。

　コンタクトスポーツの例として挙げられているのは、ボクシング、レスリング、ラグビー、アイスホッケー、アメリカンフットボール、バスケットボールなどの身体接触が多いスポーツであり、これらのスポーツであれば、チームの判断で、女子のトライアウト参加を拒否できるとしている。基本的に男性に比べて筋力も少なく、体の大きさが異なることを元に、怪我を配慮しての結果である。例えばある大学に男子の水泳部しかない場合、女子が水泳部に入りたいといえば、コンタクトスポーツとして認識されていない男子水泳部は、その女子のトライアウト参加を拒むことができない。しかしながら、その部活動で行われているスポーツが、ボクシングやアメリカンフットボールなどのコンタクトスポーツである場合は

この限りではないというのである。

　ただ、コンタクトスポーツであっても、女性にトライアウトを受けさせるかどうかの決定権はチームにある。すなわち、コンタクトスポーツの部活動であっても、チームは活躍できると思った女子選手に対して、トライアウトの許可を出すことが可能なのである。だが、一度トライアウトを受けさせるとチームが決定した場合、それ以降女性を理由として差別することは許されなく、トライアウト後にそのような理由で性差別を行った場合は、「タイトルナイン」違反となる。

　今回のマーサーのケースでは、アメリカンフットボールがコンタクトスポーツであるので、監督は彼女にトライアウトを受けさせることを拒否する権利を有していた。にもかかわらず、トライアウトを受けさせ、チームの一員として認めたからには、それ以降性別による差別はしてはならないと判断され、マーサーはこの裁判に勝利する。チームの一員として認められた後に、監督がマーサーに対して行った数々の差別的発言や態度は、タイトルナインが求める男女の平等に反するものだと言える。

　「タイトルナイン」は、上記のように男女の平等を促し、同等なチャンスを与える目的の法律だが、タイトルナインで保護された多くは女性であり、その裏には悲しんでいる男子部の声があることも事実である。男女の平等を促進することにより、今まであった男性のマイナースポーツが危機にあっているのだ。これまで、男子のマイナースポーツとされていた競技に渡っていた費用が、男女の平等を促すためにと女子の部活動に渡ることになってしまう。そうなると、必然的に男子体操部などの部員数の少ない部活動が、廃部の危機にあってしまい、逆差別にあたるという懸念もある。「タイトルナイン」は、ただ単に、今まで男子とは違う立場にあった女子を保護すればよいというものでもなく、女子を保護することによって被害を受ける男子がいることも忘れてはならず、バランスの取り方が難しい問題だと言える。

　前述したように、今回ご紹介したこのケースは、個人的に強い思い入れがある。大学入学前に社会人女子アメリカンフットボールチームのドアを叩いた私は、大学時代にしかできないと、女子チームを一旦離れ、日本一を争う強豪校のチームの法政大学男子体育会アメリカンフットボール部に、スタッフとして入部することになった。

　そこで以前に私が女子チームにいたと知る監督は、練習中に私にキックを蹴ってみろと伝えた。アメリカンフットボールでキッカーといえば、一番コンタクトが少なく、今回例にあげたマーサーもプレーしていたポジションである。小心者の私に、今までプレーしたこともないポジションを軽々とプレーできる度胸もなく、まして新入部員で一番肩身の狭い中、そこで「はい！」と、日本一を狙う選手たちを前にプレーできるわけもなく、その場は全力をかけて監督にお断りをしてその場を凌いだことがあった。度胸がないこともそうだが、それ以上に、もし私が選手としてチームに入った場合、女子が入ったとチームの士気が下がったり、周りの選手にいらない気を使わせてしまった挙句、チームが弱くなったらとの懸念が大きかった。

　私があの時に勇気を振り絞ってキックを蹴っていたら、そしてそのキックを決めていたら……と、そんな思いが今も消えないわけではないが、今後日本でもマーサーと同様に、男子チームでも引けを取らない素晴らしい女子アメリカンフットボール選手が出てくることに、個人的には大きな期待がある。

ニューヨーク州 弁護士
中村さつき

---

*1　Title IX of the Education Amendments of 1972, 20 U.S.C. §1681 et seq.
*2　Mercer v. Duke University, 190 F. 3d 643 (1999)

The Paper About A Sport

体育・スポーツ指導者養成の問題点

市民スポーツ＆文化研究所 代表
森川 貞夫

森川 貞夫（もりかわ さだお）●プロフィール
　市民スポーツ＆文化研究所代表。日本体育大学名誉教授、日本スポーツ法学会元会長、日本スポーツ社会学会理事など。

はじめに〜「体育・スポーツ指導者」の多様性とその資格を問う

　スポーツ部活動（以下、部活）に限って言えば「指導者問題」と深く関わっているのは体育教師（中学・高校の全教員約 466,000 人の 10％強、約 50,000 人、文部科学省、2007 年度）であり、その他文部科学省が推奨する部活「外部指導者」（34,430 人、文部科学省、2005 年度調査）あるいは日本体育協会認定の「公認スポーツ指導者」（最新の登録者数はなんとスポーツ・リーダーを含めて 416,577 名、日体協 HP 参照）、さらにスポーツ基本法第 32 条に規定された「非常勤公務員」のスポーツ推進委員（51,773 人、2013 年、公益社団法人全国スポーツ推進委員連合）です。しかし教職員免許法に基づく中学・高校教諭（保健体育）以外はいずれも正確には「国家資格」でもなんでもないボランティアに近い、いわゆる民間団体認定によるスポーツ指導者たちということになります。

　ついでに言えばフランスなどのように国家資格としてライセンスを有する指導者によるスポーツ指導が法律で規定されているのとは違い、日本では人の生命・健康に関わるスポーツ指導者の専門職制度が未だ確立されていないのは重要な問題であり、同時にこれは単なる部活指導者の資質向上・研修等に置き換えて論ずべき問題ではないように思われます。今回は、現実の部活に大きな影響を与えている体育教員養成に限定して論を進めていくことをあらかじめお断わりしておきます。

中学・高校生活におけるスポーツ部活動の占める重要性

　私の高校教師体験時代の部活顧問教師は大きくは 2 つに分かれていました。一つは放課後の部活がなによりの「いきがい」であり、教師生活のほぼすべてを部活に捧げるタイプ、多くは体育系大学卒の体育教師たち、もう一つは校長・教頭、生徒指導部から推薦（実際は断れない）されて部活顧問教師となった、いわゆるあてがいぶちの、多くは体育以外の教科担当教師たちでした。彼らは名ばかりの顧問で日々の部活は生徒たちの「自主活動」に任せ、言ってみれば「自由放任」、ただ試合引率時だけの部活教員というタイプです。当然ながら前者の部活オンリー教師たちには勢いがあり、職員会議等でも部活に関しては他教師たちの批判は一切許さないし、またいわゆる一般教師たちは見て見ぬふりであり、よほど学級経営や生徒指導上重要な問題が表面化しない限りは口を出さない、出せない状況にあり、部活はある種の「治外法権」的環境に置かれていた傾向がありました。

　ところが近年、学校現場も進学問題だけではなく生徒指導上にも多くの問題を抱えるようになり、同時に学校現場での管理主義が強くなってきたために部活指導も全く「治外法権」的環境ではなくなりつつあります。また公立私立を問わずいわゆる進学校では部活問題は取るに足らない問題で

あり、それほど学校教育の日常的な話題には上がってこない状況でしたが、問題は学校経営問題として部活優先、あるいは進学・部活両方を使い分ける「両立選択」校での部活優先主義、さらには特定競技種目の運動部の活躍によるいわゆる「部活強豪校」等に集中して表面化した「スポーツにおける暴力・体罰」問題が生じています。しかし周知のように昨年マスコミをにぎわしたこれらの部活問題に限らず、多くの学校現場では部活に参加している圧倒的な数の生徒たちの部活でどのような指導が行われているかということは見逃すことのできない重要な問題です。その数は公益財団法人日本中学校体育連盟（以下、中体連）に登録している生徒229万人（中体連、2012年調査）、公益財団法人全国高等学校体育連盟（以下、高体連）に登録している生徒121万人（高体連、2012年調査）ですが、これら部活所属生徒の全生徒数に占める割合は文科省によると中学校で平均65％、高校でも42％（全日制及び定時制・通信制を含む）という数字が出ています（『文科省白書』各年度版及び「運動部活動の在り方に関する調査研究報告書」2013年5月、参照）。したがって、生徒たちの日々の生活における部活は量的にも質的にもかなり大きな比重を占めており、かれら生徒たちの人間形成にとって身体的ばかりでなく精神的にもその教育的影響力はかなり大きなものがあると言えるでしょう。

　問題はこれだけ大きな教育的影響力を持っている部活のための指導者養成が教員養成課程でほとんど行われていないということです。以下は部活指導者、とりわけ体育教員養成問題に焦点を当てながら体育・スポーツ指導者養成の問題点とその課題を明らかにしようというものです。

部活指導と「スポーツにおける暴力・体罰」問題

　昨年、学校における部活の場での指導者による暴力・体罰事件が全国的に報告されましたが、部活を含む教育現場における「体罰の実態」は、その数も文科省が当初に発表した「第一次報告」（2013年4月26日）をはるかに超えて「第二次報告」では2012年度中に体罰を起こした国公私立学校数は4,152校（発生率0.66％）、体罰を行った教員は6,271人、被害を受けた児童生徒数は1万4,208人（発生率0.1％）に上りました（「体罰の実態把握について」（第二次報告）文科省、2013年8月9日）。

　その中身を見ますと、「体罰時の状況」は、中学校・高校では「部活動」時がもっとも多くそれぞれ38.3％、41.7％であり、「授業中」の24.5％、21.3％を上回り、また「放課後」「休み時間」「学校行事」「ホームルーム」「その他」より比べて突出しているのが特徴的です（同上）。また場所的には「運動場・体育館」がそれぞれ40.5％、42.4％と、「教室」（26.0％、23.4％）を超えているところから容易に推察できるのは、部活指導者による「体罰」が全体の4割近くを占め、また「授業中」でも「運動場・体育館」が4割を超えているところからこれらの「体罰」が中学・高校では他教科教師よりも多くは体育教師によるものとみなすことができます。

　いずれにしても学校現場での体育・スポーツ指導に携わる教師たちの資質が問われると同時に

そのような「暴力的」体質を改革できることなく学校現場に送り出している多くの体育系大学の教育、とりわけ教員養成課程が問われるということになります。

　ここでも断っておきますが、一方では部活指導に従事している多くの体育教師たちは他教科教師の嫌がる部活をある意味では自己犠牲的に引き受けている側面があることも承知しておく必要があります。なぜなら現行学習指導要領では中学・高校共に「生徒の自主的、自発的な参加により行われる部活動」は、「学校教育の一環として教育課程との関連が図られるよう留意すること」が定められており、全教員の教育的課題であり、生徒指導上重要な位置づけがなされているにも関わらず、実際には体育教師に物理的・経済的負担を負わせ、過大な責任を担わせているという実態があるからです。

　それは公立学校における「部活動の指導に当たった場合の手当の現状」を見るだけでも明白でしょう。「一般的に、土・日曜日等（勤務を要しない日）に4時間程度、部活動指導業務に従事した場合に支給される」部活動指導手当は、「国の義務教育費国庫負担金上は、日額2400円」であり、「対外運動競技等引率指導手当」は、宿泊を伴うもの又は土・日曜日等に行うもの（8時間程度業務に従事）については、「国の義務教育費国庫負担金上は、日額3400円」と算定されることになっています（具体的な支給要件や支給額は、地方公共団体の条例等において定められる）（運動部活動の在り方に関する調査研究協力者会議「運動部活動の在り方に関する調査研究報告書」文部科学省、2013年5月27日）。

　私が高校教員現役だった頃は他教科教師たちからよく言われたものです。「金にもならん部活なぞよくやるよ。俺たちみたいに家庭教師でもやって稼いでいる方がなんぼかましや（当時は多くの教師は家庭教師や塾講師をアルバイト代わりによくやっていました。今は公然とはできないでしょうが）。その代わりお前ら体育教師は好きなスポーツをやって食っていけてるのだから、まあお相子ちゅうことやな」。こういう言葉に反発しながら時には意地になって部活に勤しんだものです。

　また多くの学校現場では部活・体育教師に生徒指導・補導係を担わせ、学校の秩序維持・生徒管理、おまけに管理職の御用達係までさせられていました。屈辱的な処遇にもめげず多くの部活・体育教師たちは今なお部活に励み、ひたすらこれが部活・体育教師の使命だと信じているというところにある種の悲哀があり、同時に差別への抵抗感を内に抑え込んでいるという悲しさを感じます。ですから先にも書いたように彼らにとってはますます部活が「いきがい」となり、「やりがい」となっていくというサイクル、あるいはシステムが温存されていくことになります。

　そして一方では「特色のある学校づくり」などと称されて公立・私立を問わず学校経営や学校の宣伝媒体として部活が利用され、いつしか部活教師たちは自己実現のための部活のはずが行き着く先は勝利至上主義・部活優先主義へと追い込まれていきます。その結果として過大な「期待」を自ら背負い込み、その「重圧」を跳ね返すべく「必勝」「必死」の部活がやがては生徒・選手たちへの「暴力・体罰」となって問題化してきたということも忘れてはならないでしょう（この点は森川貞夫編『日本のスポーツ界は暴力を克服できるか』かもがわ出版、2013年、参照）。

スポーツ指導者養成機関としての体育教員養成課程

　すでに書いてきたように「スポーツにおける暴力・体罰」問題を引き起こしてきた部活指導者の多くが体育教師たちでしたが、教育職員免許法（1949年法律第147号、後に改正）によって規定されているように教育職員免許状普通免許状（専修免許状と一種免許状、二種免許状があり、正式には中学・高校共に科目名は保健体育）取得者たちがその任に当たります。ここでは話を分かりやすくするために中学・高校一種免許状取得（大学卒業程度）に限定して書いていきますが、それでも全国で国公私立大学を含めて140大学で中学・高校の一種免許状（保健体育）を出しています（文科省HPより）。定員だけを加算するとなんとその数23,091人（高校教員だけの養成課程を設けている2大学2学科の155人を含む）に達しています。もちろんこれらの課程に在籍する学生すべてが教員免許状を取得するわけではありませんし、また実際に教職についているわけでもありませんが、体育・スポーツ指導者の潜在的人材の規模はかなりのものがあると考えていいでしょう。

　ところで中学・高校での保健体育という教科の免許状取得（普通免許一種に限定）には教育職員免許法および同施行規則では以下の要件を満たすことが定められています。

　まず「基礎資格」は「学士の資格を有すること」（第5条別表第1）、さらに中学校教諭第一種免許状は「教科に関する科目」20単位、「教職に関する科目」31単位、「教科又は教職に関する科目」8単位の修得が必須要件であり、高校は同じく「教科に関する科目」20単位、「教職に関する科目」23単位、「教科又は教職に関する科目」16単位となっています。そして「教科に関する科目」としては保健体育の場合は中学・高校共に「体育実技」「体育原理、体育心理学、体育経営管理学、体育社会学、体育史及び運動学（運動方法学を含む）」「生理学（運動生理学を含む）」「衛生学及び公衆衛生学」「学校保健（小児保健、精神保健、学校安全及び救急処置を含む）」という科目指定が定められています（教職免許法施行規則第4条には1単位以上20単位）。

　また「教職に関する科目」の単位取得にも最低取得単位数（同施行規則第6条）の定めがあり、内容は「教職の意義等に関する科目」2単位、「教職の基礎理論」6単位、「教育課程及び指導法に関する科目」は中学校教諭第一種免許は12単位、高校教諭第一種免許は6単位、「生徒指導、教育相談及び進路指導等に関する科目」は中学・高校共に4単位の計24単位（中学）、18単位（高校）、それに「教育実習」5単位（中学）、3単位（高校）、「教職実践演習」2単位と定められています。念のために部活に関わる科目は「教育課程及び指導法に関する科目」の中に特定されている「特別活動の指導法」ということになります。

　ややこしい話ですが、第66条の6　免許法　別表第1備考第4号には文部科学省令で定める科目の単位にはさらに「日本国憲法2単位、体育2単位、外国語コミュニケーション2単位及び情報機器の操作2単位とする」という規定があり、実際にはそれぞれの大学で具体的なカリキュラム編成において教科目名・単位数、さらに担当教員を定め、あらかじめ文科省への申請・届出の段

階で「指導助言」を受けることになります。

　一つの事例として日本で最古にして最大の体育専科大学における中学校教諭一種免許状・高等学校教諭一種免許状（保健体育）の取得要件科目と単位数、必修・選択の区別、開講年次（履修学年）は以下のとおりです（なおカッコ内は実際の科目名）。

(1) 施行規則第66条の6に基づく科目（8単位）		
日本国憲法（法学に日本国憲法を含む）	2単位	1年次
外国語コミュニケーション（英語コミュニケーションⅠ）	1単位	2年次
（同上　　Ⅱ）	1単位	2年次
体育（運動方法・水泳）	1単位	1年次
（運動方法・体づくり運動（体操））	1単位	1年次
情報機器の操作（情報処理（情報機器の操作を含む））	2単位	1年次

(2) 教科に関する科目（23単位以上）		
1) 体育実技		
運動方法・陸上競技	1単位	1年次
運動方法・器械運動	1単位	1年次
運動方法・ソフトボール（野球を含む）	1単位	1年次
運動方法・武道（柔道、剣道、相撲）から選択	1単位以上	1年次
運動方法・ダンス（フォークダンスを含む）	1単位	1年次
2) 体育原理、体育心理学、体育経営管理学、体育社会学、体育史及び運動学（運動方法学を含む）		
スポーツ哲学	2単位	1年次
スポーツ心理学	2単位	3年次
スポーツ経営管理学	2単位	3年次
スポーツ社会学	2単位	3年次
トレーニング学	2単位	2年次
3) 生理学（運動生理学を含む）		
スポーツ生理学	2単位	2年次
4) 衛生学及び公衆衛生学		
衛生学・公衆衛生学（運動衛生学を含む）	2単位	1年次
5) 学校保健（小児保健、精神保健、学校安全及び救急処置を含む）		
学校保健（小児保健・精神保健を含む）	2単位	2年次
学校安全（救急処置を含む）	2単位	3年次

(3) 教科又は教職に関する科目 (12単位以上)

科目	単位	年次
スポーツ史	2単位	2年次
スポーツ医学	2単位	2年次
発育発達論	2単位	1年次
機能解剖学	2単位	1年次
人権教育	2単位	3年次
スポーツ栄養学（食品学を含む）	2単位	2年次
道徳教育の研究（高校のみ）	2単位	2年次

(4) 教職に関する科目 (31単位以上)

科目	単位	年次
1）教職の意義等に関する科目		
教師論	2単位	3年次
2）教育の基礎理論		
教育原理	2単位	1年次
教育心理学	2単位	2年次
教育経営	2単位	3年次
教育課程論	2単位	3年次
体育科教育法	2単位	2年次
保健科教育法	2単位	2年次
3）教育課程及び指導法に関する科目		
体育科教育実践法（選択）	1単位	3年次
保健科教育実践法（選択）	1単位	3年次
道徳教育の研究（中学のみ）	2単位	2年次
特別活動の研究	2単位	2年次
学習指導論	2単位	3年次
4）生徒指導、教育相談及び進路指導等に関する科目		
教育カウンセリング	2単位	3年次
5）教育実習		
教育実習	4単位	4年次
事前事後の指導	1単位	4年次
6）教職実践演習		
教職実践演習	2単位	4年次

　以上、74単位以上という計算になります。さすが体育専科大学ということになりますが、今日問題となっている「スポーツにおける暴力・体罰」あるいは「部活」問題に関する直接的な科目としては「特別活動の研究」（2単位）、「人権教育」（2単位）ということになります。他の保健体育

教員養成課程を持つ大学のカリキュラムも似たりよったりでしょうが、これだけの教職関連科目や体育・スポーツ指導に関する専門科目を履修してもなぜこうも問題が起きるのか、その課題を明らかにする必要があります。

おわりに〜問題解決のための方向性

　先の教職免許取得に必要な科目・単位数、加えて実際の体育専攻学生の関連科目等の取得単位・科目数を見るとかなりの「知識・技能・能力」を育てられているように錯覚する向きもあると思いますが、もう少し実際を見ていくと講義科目等は2単位で年間半期の講義・15回（多くの大学は1回当たりの授業時間は90分）、実技・演習等は1単位で半期分・15回というのはかなりの時間数に思えるでしょうが、実際にやってみると学生に伝えるべき内容もシラバス（授業計画等を書いたもの）で公開されている手前、どうしてもメリハリをつけることも難しく網羅主義に陥りやすく、結果として実技で言えば技術習得に比重が置かれて、子ども・生徒たちへの指導を念頭に授業が展開されるというわけにはいきません。したがって実例として挙げた大学でも実技に限ってみても教職科目に指定されている実技単位数（5）だけでは中学・高校の学習指導要領に必修として配分されている種目をカバーしきれないので実際には学部・学科選択実技でさらに加算されています（この大学では「選択実技」と称してさらに学科によって違いがありますが、体育学科スポーツ教育コースではさらに実技を2単位ずつ計6単位以上、「スポーツ実践指導法」として種目別に選択して2単位ずつ計9単位以上を取得する）。

　実際の実技指導のイメージを持ってもらうために一例を挙げれば、バスケットボールでもなんでもいいのですが、実技1単位半期15回だと基礎的技術の習得と簡単なゲーム形式の練習でその授業15回分は終わってしまいます。理論系の講義も2単位15回程度でその専門領域を学びきれるものではないでしょう。したがって大学在籍中に実際の体育・スポーツ指導に求められる能力・知識・技能を習得することは至難の業ということになります。したがって部活教師の技術指導能力等の多くは総じて自分の経験した部活で身につけたということになります。そうなると教員養成課程を超えた問題ということになりそうです（だから大学の教育改革がどうでもいいというわけではありません。データは少々古いですが、教員養成系大学・学部における保健体育科のカリキュラム改革に取り組んだ大学は55％を超えており、その改革の理由は「教員採用率低下」や「教員以外の体育・スポーツ指導者養成のため」に対応するためですが、同時に「過密カリキュラムの解消」「教員のノルマの軽減」の理由が多く、次いで「新課程に対応させるため」となっています。小川宏・黒須充「教員養成系大学・学部における保健体育科のカリキュラム改革状況について」『福島大学教育実践研究紀要』1997年）。

　部活指導に当たる教員の資質が現実には中学・高校での部活経験、さらに大学での経験を通して培われていく方がより大きな影響力を持っているということになると教員養成課程ではどのよう

な授業を展開すればいいかということになります。したがってそのことをどれだけ意識して、さらには実際の部活の問題を認識した上でそれを乗り越えていく、あるいは活かしていく専門実技・講義を大学教員が実践し得るかどうかにかかっていると言わざるを得ない状況にあることは間違いありません。

　ここからは一般論はさておくとして私自身が経験した体育専攻学生及び高校教員生活、さらに38年間の体育大学における教員生活の中で感じていることを最後にまとめて終わりにしたいと思います。

　第一は、体育・スポーツ指導にとって大事なことは「できる」「分かる」「伝える（教える）」の3つのバランスです。「できる」は文字どおりスポーツの技術ができる・できないから身体を自由に操作する能力の問題、「分かる」はスポーツの技術や体のしくみ・働きなどを理解することに加えて勝敗・作戦等を含む戦略・戦術等を知っているかどうか、「伝える」はそれらを指導対象である生徒たちにきちんと伝える能力・技術のことだと考えてください。体育・スポーツ指導者にとっては「できる」に越したことはありませんが、より重要なことは「分かる」と「伝える」ことです。教員養成課程だけではなく体育・スポーツ指導現場では「できる」ことが優先され、「分かる」「伝える」が疎かにされてきた歴史があります。その証拠に過去の「実績至上主義」（このメダルが見えないか！）が残存しています。かつてのトップアスリートたちがいかに大きな顔をしているか、幅を利かしているかは日本のスポーツ界を見るだけで十分でしょう。

　そのことの弱点は教員養成課程にもあります。実技の授業に今なお多く見える光景ですが、指導者が生徒たちの前で鮮やかに「示範」を見せて「さあ、やってみろ」と言わんばかりの授業形態はなかなか改善されません。教育実践では「教材研究」と呼ばれますが、体育系大学での実技科目ではもっとていねいに生徒・子どもに即した技術指導の体系の確立とその極意をきちんと教える必要があります。その際に役に立つのは子どもの身体的・精神的あるいは心理的発達に熟知しているかどうか、子どもに「寄り添う」指導かどうかが課題になります。

　次に重要なことは指導する者と指導される者との人間関係です。生徒・子どもたちが「できない」「分からない」ということを自由に口に出して指導者に言える、「もっとできるように、分かるように教えてください」と要求できる雰囲気、いわば民主的人間関係と、そのことを学習集団である生徒・子ども集団で支持され励まされるような集団が形成されているかどうか、同時に指導者はそのような集団作りに心をくだいているかどうかが問われます。このことがスポーツにおける民主主義や基本的人権の問題としてどれだけ自覚的に実際の体育・スポーツの場で実践され、実を結ぶかが今後の課題でしょう。したがってスポーツ指導の場に即した「人権教育」の徹底とその深化、どの子も差別されることなく大事にされることが求められます。

　指導には「これでいい」ということはあり得ません。どこまでも高みに向かって進んでいくものです。そのためには指導者たちのスポーツ技術指導の進化・発展の問題と同時に教える・指導する者としての知的・人間的成長が期待されるところです。それも一人孤高で「わが道を行く」とい

うよりは仲間・集団と共に一歩ずつ高まっていくべきものだと思いませんか。

（付記）「はじめに」で書いたように体育・スポーツ指導者には近年部活指導に導入されつつある「外部指導員」、その他部活にも関わる日体協のスポーツ指導者資格取得者等の問題もありますが、紙数の関係で割愛しました。基本は体育教員養成問題に準じて論じられるものだと思いますので以下の参考文献をご参照ください。

≪参考文献≫
森川貞夫「多様化するクラブ活動の現状と課題」『体育科教育』大修館書店 1979 年 8 月号
森川貞夫「期待される部活の指導者像」『体育科教育』大修館書店 1988 年 3 月号
森川貞夫「スポーツ『部活』と体育教師」『体育科教育』大修館書店 1989 年 7 月号
森川貞夫「『子どもの権利条約』とスポーツ『部活』」『体育科教育』大修館書店 1995 年 12 月号
森川貞夫「子どもの権利条約とスポーツの楽しさ―スポーツ指導における『体罰』―」『学校体育』日本体育社 1997 年 11 月号
森川貞夫・遠藤節昭編著『必携 スポーツ部活ハンドブック』大修館書店、1989 年
森川貞夫編『必携・地域スポーツ活動入門』大修館書店、1988 年

The Paper About A Sport

部活動指導者の研鑽・研修の在り方
──「甲子園塾」次代を担う指導者育成事業

公益財団法人日本高等学校野球連盟理事
田名部 和裕

田名部 和裕（たなべ かずひろ）●プロフィール
　1969年、日本高等学校野球連盟第6代事務局長に就任。佐伯達夫氏に始まり、牧野直隆氏、脇村春夫氏、奥島孝康氏と4代の会長を支えてきた。1995年の阪神淡路大震災で選抜大会の開催が危ぶまれた際には、牧野会長を助けて開会にこぎつけた。2007年に表面化した特待生問題では、脇村会長を支え解決に尽力。春夏甲子園の大会運営、他のアマ野球団体との連携業務などを担当。2010年より理事に就任。

「甲子園塾」創設の背景

　「甲子園塾」は、2008年に設けられた。その前年は、西武球団の裏金問題に端を発し、高校野球の特待生制度が社会問題となるなど、高校野球にとって大きな転機を迎えた。

　この特待生問題が契機となって、2008年6月から日本学生野球協会で、日本学生野球憲章の見直し作業が始まった。学生野球憲章は、その後2年近く専門委員会の審議を経て2010年2月に全面的に改正された。

　改正学生野球憲章では、学生野球は学生の教育を受ける権利を前提として、経済的な対価を求めず、心と身体を鍛える場であり、「教育の一環としての学生野球」を改めて規定した。

　戦後、野球統制令の廃止を受け、学生野球の自治のもとに健全な発展を目指し、様々な規定や措置をその都度取り決めて運営してきた。

　しかし、21世紀を迎え、学生野球を取り巻く環境も多様化し、さらに時代の変化も早くなり、かつてのような全国連盟からの統制的な仕組みやトップダウン方式では学生野球としての本来の目的が十分に達せられなくなってきた。

　その顕著な例は、生徒間のいじめ問題や相変わらず起きる指導者の体罰問題であった。

　改正学生野球憲章で謳われた「学生の教育を受ける権利」を前提とした日々の健全な学生野球の活動を実現するためには、あくまで現場の指導者が十分そのことを認識、自覚し、下から上へと積み上げられるものでなければ定着しない。

　日本高校野球連盟では、高校野球の健全な発展を期すため、これまで都道府県連盟の会長、理事長などとの協議、研修や審判員の技術研修、講習会といった大会運営面に力を注いできた。

　指導者を対象にしたものは、2003年から指導歴20年以上の功労者表彰制度を実施、各都道府県連盟の推薦を受け、育成功労者の表彰を行ってきた。各地で模範となる指導者を顕彰し、若手指導者の目標となってもらう意図を込めたものであった。

　しかし、もっと積極的に全国の若手指導者への啓発が必要と思われた。

　来年の2015年で、全国高等学校野球選手権大会の前身である全国中等学校優勝野球大会が創設されて100年を迎える。第二次世界大戦の中断があったが、1世紀の長きにわたって全国の多くのファンから支持されてきた高校野球の中核をなしているのは、全国大会出場校にとどまらず、甲子園を目指して黙々と努力している野球部員であり、野球部である。毎年のように甲子園から素晴らしい選手が生まれ、その後、日本のプロ野球のみならず米国・ＭＬＢでも活躍する選手が出ている。彼らの傑出した活躍は確かに多くの高校野球ファンを魅了するが、でも本当の高校野球の素晴らしさは、"甲子園"を目標にひたすら努力し、ストイックな生活をしている球児の姿に青春の無限の可能性を感じ、感動を呼んでいることが要因ではないか。そのことは、都道府県の選手権大会予選でも毎年多くのファンを集めていることでも分かる。

高校在籍中の実質2年5ヵ月のうちで、教育の一環としての高校野球をしっかり根づかせるためには、全国の若手の指導者に具体的な目標を持ってもらい、自分なりに日々の活動を工夫する力を養ってもらうことが必要になる。
　だが、こうした若手の指導者にとって一般的に甲子園は遠い存在であり、かつ日本高校野球連盟という組織もまさにかけ離れた存在で、年間を通じて様々な方針を伝えてもなかなか個々の指導者の心に届かないきらいがあると感じられた。
　そこでこれからの高校野球を担う若手の指導者研修会を創設、「甲子園塾」と名づけた。

「甲子園塾」のコンセプト

　「甲子園塾」設置の目的は、次代の高校野球を担う指導者の育成にある。朝日新聞社と日本高校野球連盟では、5年ごとに全国の加盟校の実態調査をしている。（資料1）
　2013年度の加盟校数は4,032校で、現在、監督として登録されている92.8％に当たる3,743人がその学校の教員である。また、「いつから将来高校野球の監督になろうと思ったか」の問いには、53.1％に当たる2,022人が高校時代に決意したと答えている。その多くが高校又は、大学を通じて野球を体験しており、基礎的な知識や意欲は恐らく他競技の指導者に比べて高いものと推量される。
　この指導意欲の高い若手の指導者は、35歳以下で1,089人がおり、およそ3割を占める。この年齢層に対して「甲子園塾」をどのように設定するかを考えた。
　まず重点としたのは指導者の体罰がなぜいけないのか、をしっかり心に刻んでもらうこと。次にいじめの防止には新入生の数ヵ月期間にしっかり指導することが重要であること、の二つを設定した。これらの重点課題とともに、相変わらず増え続ける部員の不祥事について、その傾向や処分の取り扱いなどを十分理解してもらうことなどを日程編成上の柱とした。
　これとは別に若手指導者は、自分の技術指導がこれでよいのかという不安もあり、技術面への研修も当然必須になる。技術指導は、全国大会で実績のある指導者を順次招聘して指導に当たってもらうこととした。依頼した講師は、長年の指導体験から単に技術だけでなく、部員といかにコミュニケーションを取るか、心の指導に熱弁を振るってくれた。
　先の高校野球実態調査で、現場の監督たちが持つ悩みを聞いたところ、38.6％の監督が精神面、心理面の指導が難しいと感じており、さらにその解決方法は、「自己研鑽に努める」が41.2％と「先輩の助言を仰ぐ」の18.9％を大きく引き離し、「監督仲間などと意見を交換する」はわずかに15.1％にしか過ぎない。
　同じ県内の監督仲間ではライバル意識もあり、なかなか悩みの相談ができる環境にないのかもしれない。基礎知識もあり意欲もある指導者同士がもっと考えや意見をぶつけ合ってよりよき指導者を目指す環境作りが大切だと感じた。

資料1・第95回全国高等学校野球選手権記念大会高校野球実態調査

質問 / 回答項目	2013年度 [第95回調査結果] 回答校:4,032校 加盟校:4,032校 回答率:100.0% %	校数	2008年度 [第90回調査結果] 回答校:4,050校 加盟校:4,128校 回答率:98.1% %	校数	2003年度 [第85回調査結果] 回答校:4,147校 加盟校:4,235校 回答率:97.9% %	校数	1998年度 [第80回調査結果] 回答校:3,994校 加盟校:4,158校 回答率:96.0% %	校数
1. 学校の設立母体は何ですか。								
① 国立	(1.9)	75	(1.9)	76	(1.8)	74	(1.6)	63
② 都道府県立	(73.7)	2,973	(75.0)	3,038	(76.1)	3,156	(77.3)	3,086
③ 市町村立	(3.9)	156	(4.0)	160	(4.1)	169	(4.3)	172
④ 私立	(20.5)	828	(19.0)	770	(17.9)	742	(16.7)	667
⑤ その他	-	-	(0.1)	6	(0.1)	6	(0.2)	6
32. 監督ご自身についてお尋ねします。年齢は何歳ですか。（2013年4月1日現在）								
① 25歳未満	(2.5)	100	(2.7)	110	(3.8)	157	(4.3)	171
② 30歳未満	(9.8)	396	(10.1)	408	(11.8)	488	(13.1)	524
③ 35歳未満	(14.7)	593	(15.6)	631	(17.2)	713	(25.1)	1,002
④ 40歳未満	(16.2)	654	(17.4)	703	(23.2)	964	(23.7)	946
⑤ 45歳未満	(16.3)	656	(20.5)	829	(20.9)	868	(14.7)	587
⑥ 50歳未満	(17.7)	714	(17.8)	722	(11.1)	460	(8.5)	339
⑦ 55歳未満	(13.3)	537	(8.8)	357	(6.5)	269	(6.3)	252
⑧ 60歳未満	(6.4)	257	(4.2)	170	(3.8)	156	(3.0)	118
⑨ 60歳以上	(2.7)	109	(2.4)	98	(1.6)	65	(1.0)	38
非該当	(0.4)	16	(0.5)	22	(0.2)	7	(0.4)	17
34. 高校、大学、社会人で硬式野球の部活動経験はありますか。								
① ある	(94.5)	3,811	(90.8)	3,676	(88.6)	3,674	(83.8)	3,347
② サークル同好会でしていた	(0.2)	7	(0.9)	36	(0.2)	10	(0.5)	19
③ 軟式野球ならある	(1.2)	49	(1.9)	75	(2.7)	110	(3.8)	152
④ 準硬式野球ならある	(0.6)	25	(1.1)	44	(1.1)	46	(1.5)	61
⑤ ソフトボールならある	(0.3)	12	(0.6)	24	(0.6)	23	(0.6)	24
⑥ 経験はない	(3.1)	126	(4.5)	184	(6.7)	277	(9.4)	375
非該当	(0.0)	2	(0.3)	11	(0.2)	7	(0.4)	16
36.（第34問で「① ある」と答えた方にお尋ねします）いつから高校野球の監督になりたいと思いましたか。								
① 高校時代から	(53.1)	2,022	(50.7)	1,862	(48.0)	1,763	(45.3)	1,516
② 大学時代から	(27.1)	1,032	(27.7)	1,017	(29.8)	1,096	(30.0)	1,003
③ 社会人時代から	(5.8)	221	(5.9)	218	(5.4)	199	(6.4)	214
④ 監督を依頼されるまで思っていなかった	(12.9)	493	(14.5)	532	(16.3)	599	(17.5)	587
非該当	(1.1)	43	(1.3)	47	(0.5)	17	(0.8)	27

研修期間中、受講者は講師と深夜まで車座になって自分の考えを質したり、バスで移動中や休憩時間でも受講者同士の会話が盛んに行われていた。
　このような各テーマを踏まえ、「甲子園塾」の日程を次のとおりとした。

〔第1日〕（講座間の10分程度の休憩時間を含む）

13：00〜	開講式、日程説明、講師紹介、受講者自己紹介	
13：30〜	座学Ⅰ	都道府県連盟の役割
14：20〜	座学Ⅱ	保護者、OB会への対応について
15：00〜	座学Ⅲ	指導者としての基本的な考え方　技術指導講師①
15：55〜	同	技術指導講師②
16：50〜	座学Ⅳ	部員とのコミュニケーションのとり方
18：00〜	夕食	
19：00〜	班別討議	①新入生の指導について
20：20〜	各班の報告、全体討議	
20：50〜	座学Ⅴ	日本の野球史
21：30	終了	

〔第2日〕

6：30	起床	
7：00	朝食	
8：00〜	座学Ⅵ	部活動の役割と課題
8：50〜	実技会場へ移動（バス）	
9：30〜	実技Ⅰ	キャッチボール、トスバッティング、バント練習
11：30〜	昼食	
12：15〜	実技Ⅱ	内野ノック、外野ノック、内外野連携プレイ
14：15〜	実技Ⅲ	打撃の基本
15：15〜	実技Ⅳ	投手の育成
16：15〜	移動（バス）野球会館へ	
17：10〜	座学Ⅶ	不祥事件の取り扱いと防止について
18：10〜	班別討議	②体罰についてどう考えるか
19：00〜	各班の報告、全体討議、講師からの助言	
19：45〜	夕食、終了	

〔第3日〕

6：30	起床
7：00	朝食

資料1・第95回全国高等学校野球選手権記念大会高校野球実態調査（続き）

質問 回答項目	2013年度 〔第95回調査結果〕 回答校：4,032校 加盟校：4,032校 回答率：100.0% %	校数	2008年度 〔第90回調査結果〕 回答校：4,050校 加盟校：4,128校 回答率：98.1% %	校数	2003年度 〔第85回調査結果〕 回答校：4,147校 加盟校：4,235校 回答率：97.9% %	校数	1998年度 〔第80回調査結果〕 回答校：3,994校 加盟校：4,158校 回答率：96.0% %	校数
38. 監督経験は通算何年になりますか。（前任校を含む）								
① 1年未満	(9.1)	368	(9.0)	366	(9.9)	409	(10.3)	413
② 3年未満	(12.1)	486	(12.1)	491	(13.3)	552	(14.6)	585
③ 5年未満	(10.3)	416	(11.3)	457	(11.9)	495	(12.8)	511
④ 10年未満	(19.6)	791	(20.1)	813	(22.2)	922	(24.4)	975
⑤ 15年未満	(15.3)	615	(16.8)	682	(17.4)	723	(16.8)	672
⑥ 20年未満	(12.8)	517	(13.1)	529	(12.0)	499	(9.6)	385
⑦ 25年未満	(10.7)	430	(9.1)	367	(7.1)	295	(5.3)	212
⑧ 25年以上	(9.9)	401	(7.9)	319	(5.5)	227	(4.9)	197
非該当	(0.2)	8	(0.6)	26	(0.6)	25	(1.1)	44
40. ご職業を教えてください。								
① 教諭、講師など教員	(92.8)	3,743	(90.5)	3,666	(88.9)	3,688	(88.6)	3,540
② 学校の事務職員	(3.2)	129	(3.0)	121	(3.9)	160	(3.1)	125
③ 高校生	-	-	-	-	-	-	(0.1)	2
④ 大学生、専門学校生	(0.2)	10	(0.9)	35	(1.3)	54	(1.1)	42
⑤ 公務員	(0.4)	16	(0.6)	25	(0.5)	22	(0.9)	36
⑥ 会社員	(0.9)	36	(1.7)	67	(1.7)	71	(2.0)	80
⑦ 自営業	(1.0)	41	(1.3)	52	(2.0)	81	(2.2)	88
⑧ その他	(1.4)	55	(1.8)	71	(1.3)	53	(1.1)	42
非該当	(0.0)	2	(0.3)	13	(0.4)	18	(1.0)	39
43.（第42問で「①ある」と答えた方にお尋ねします）それは何ですか。順位をつけて3つまでお選びください。【1位】								
① 技術面での指導	(19.9)	719	(19.2)	706	(18.8)	656	(16.4)	604
② 精神・心理面の指導	(38.6)	1,394	(39.0)	1,430	(33.7)	1,176	(33.3)	1,226
③ 学業との両立	(6.8)	245	(7.3)	268	(9.1)	318	(10.0)	367
④ 部員不足	(15.5)	560	(14.4)	529	(19.2)	669	(24.2)	893
⑤ 保護者会との関係	(3.8)	139	(3.5)	128	(2.8)	97	(2.5)	92
⑥ 施設や財政面	(9.7)	350	(10.8)	397	(13.3)	464	(10.8)	398
⑦ その他	(5.6)	204	(5.8)	213	(3.2)	113	(2.8)	105
44.（第42問で「①ある」と答えた方にお尋ねします）どのように解決していますか。順位をつけて3つまでお選びください。【1位】								
① 自己研鑽に努める	(41.2)	1,475	(42.4)	1,541	(39.6)	1,400	(38.6)	1,423
② 野球の指導経験豊富な先輩の助言を仰ぐ	(18.9)	677	(18.1)	657	(15.7)	554	(16.4)	603
③ 監督仲間と意見を交換する	(15.1)	542	(13.9)	504	(14.9)	526	(14.5)	535
④ 職場の同僚（校内）に相談する	(10.6)	380	(9.7)	351	(10.9)	384	(10.7)	395
⑤ 部員と話し合う	(9.3)	335	(10.1)	368	(13.7)	484	(15.0)	554
⑥ その他	(4.9)	175	(5.9)	216	(5.4)	190	(4.7)	175

8：00～	移動（バス）	
9：00～	座学Ⅷ	チーム、個人の用具の管理
9：30～	実技Ⅴ	走塁の基本
11：10～	実技Ⅵ	ノックの実践練習
12：20～	質疑応答	
12：30～	昼食	
13：00～	閉講式	

以上少々強行日程だが、熱心な受講生にとってはあっという間に終わってしまったと毎回感想を寄せられている。会場は、日本高校野球連盟の本部がある大阪市西区の中澤佐伯記念野球会館で、受講生、講師とも全員が宿泊できる。実技会場は大阪府と兵庫県の加盟校から近隣校に毎回協力してもらっている。

講師陣の選任

　この事業計画は、技術・振興委員会が担当する。設立当初は同委員長の元和歌山県・箕島高校監督の尾藤公氏が甲子園塾塾長となり全般を指導、技術指導部門では元石川県・星稜高校監督の山下智茂氏（2011年、尾藤氏逝去の後現在は塾長）のほか、毎回全国大会で実績のある監督を2人招聘している。また、座学部門のうち不祥事防止は西岡宏堂審議委員長が担当、事務局長らが一部座学を受け持つ。

　これとは別に都道府県の理事長に順次参加してもらい、若手指導者に対し全国的な視点に立って講義を担当してもらっている。通常、都道府県連盟の会合には、加盟校の責任教師が出席、理事長が監督に直接語りかける機会はあまり多くない。その点で、都道府県連盟の理事長に参画してもらったことは、この「甲子園塾」を都道府県レベルの目線でしっかり捉えていくことに効果が期待された。次のテーマで語ってもらっている。

〈都道府県連盟理事長の講義項目〉（一例）
（1）都道府県連盟の主な業務
（2）責任教師と監督の役割
（3）他の運動部顧問との連携と相互理解
（4）大会運営上連盟が苦労していること
（5）マスコミ対応の留意点

「甲子園塾」参加資格と事前研修

　「甲子園塾」受講者は、教員資格を持つ指導経験10年未満を対象とした。2泊3日の研修を11月〜12月で2回開催。北海道、千葉、東京、神奈川、愛知、大阪、兵庫の7都道府県は2人派遣とし、合計54人の半分の27人が1回の参加人員としている。

　受講者は、都道府県連盟が将来有望な若手指導者から順次推薦する形をとっている。指名された受講者は「都道府県を代表する監督」として参加するので極めて高い意識を持って「甲子園塾」に臨んでいる。

　各都道府県の受講者は9月中に決定してもらい、受講者には以下のテーマについてそれぞれ自身の考えを事前レポートとして提出してもらう。日本高校野球連盟事務局では受講者から寄せられたレポートをまとめた冊子を作成し、受講前に再び受講者と講師に配布し、それぞれがどのような考えを持って臨んでいるか把握してもらうことにしている。こうした準備により、「甲子園塾」開催本番では一過性に終わらない、踏み込んだ議論ができる舞台を作っている。

〈事前提出のレポート項目〉（各項目400字程度記載のこと）
(1) ご自身の指導者としての基本的な考え方についてお書きください。
(2) 新入部員に対する指導で、どのようなことに気をつけていますか。
(3) 保護者との対応でどのようなことに気をつけていますか。
(4) 体罰は厳禁ですが、あなたの心構えは。
(5) 講習中の班別討議で、テーマとして希望されるものはどのようなものですか。

班別討議

　班別討議は受講者を3班に分け9人1組で討議する。1日目の班別討議のテーマは新入生の指導、2日目には体罰問題を取り上げている。班別討議は受講生だけの討議とし、講師は介入しない。講師は、討議後の全体討議で各班の報告を受けて講評を行うようにしている。

　受講生の事前レポートで、新入生の指導では「日頃から感性を磨く取り組みに重要性を置いている。感性を磨けば、気配り、気遣い、心配りなど相手を思いやることができる」「個々のリーダーシップを高めるために学校行事では中心的な役割をすること、人としてどうあるべきかという観点で指導する」などが挙げられている。

　一方体罰では、「体罰に及ぶのは指導力が不足しているからで、自分自身の心が弱く、周囲の評

価を気にしているから」「自分の心をコントロールできない人間は、生徒を冷静に指導はできない」などの意見が挙げられている。

班別討議では、事前に参加者の考えも明らかにしているので、各班のまとめも比較的スムーズに行われている。

全体討議の報告で、ある受講者は体罰について「『甲子園塾』に参加するまでは頭で分かっていたが、なかなか腹の底まで意識できていなかった。ここで議論するうちに絶対やってはいけないという強い気持ちが持てた」と感想を話していたのが印象に残った。

各班の報告を聞いた当時の尾藤塾長は、「生徒を育てるということは作物を育てるのと同じこと。種をまいて肥やしをやって、雑草を抜いて、毎日毎日変わらず手をかけなければ育たない。大事な作物を足で踏みにじるようなことをやってはいけない」と語りかけ、講座の締めくくりに自身が体罰に及んだ時の失敗談を吐露し、目に涙を浮かべて「絶対に手をかけてはいけない。心してほしい」と話し、受講者も胸を打たれ、忘れられない講座になった。その後の甲子園塾でも講師が熱い思いを語り継ぐことが慣例となっている。

実技講座

実技講座のハイライトは、現山下塾長の「速射砲ノック」である。2日目の午後、内野ノックのところで、まず山下塾長がモデルチームの部員たちをマウンドに集めて「誰か俺のノックを受けるものはいないか?」と問いかけると、著名な監督のノックを試しに受けてみたいと大勢の部員がにこやかに手を挙げる。「よし、ではキャプテン! 俺のノックを受けてみるか」「はい、やります」「では何本受ける? 10本か、20本か?」「20本お願いします」「よっしゃいくぞ」と応じ、塁間よりやや短めでノックが始まる。

山下塾長の速射ノックは正確無比で定評がある。次々に打球が繰り出され、3本目まではどうにか捕ったが、左右に繰り出される打球は緩いが、その後はわずかにグラブが届かず、膝をつき最後は息も絶え絶えになって両手も付いてしまう。

「お〜い! どうした。まだ3本しか捕っとらんぞ!」「よし、集合」。

全員を再びマウンド付近に集めて問いかける。「キャプテン! 20本受けますと言ったがどうした?」息が上がった主将は答えられない。「みんな、甲子園に行きたくないのか」「行きたいです」と他の部員。「ではどうしたらよいのや?」と一人ひとりに聞く山下塾長。するとある部員が「皆でもっとキャプテンを励まします」と答えた。

「さっきは皆どうしていた? しっかり励ましていたか? キャプテン、今この仲間が励まますと言っているがどうする? もう一度やるか」。息が戻った主将は「はい! やります」。「では行け! もう一度いくぞ〜」。

再び速射砲が始まる。後ろを取り巻く部員が大きな声を上げ、主将を励ます。2本、3本、4本

目も捕った。主将の動きが軽やかにボールを掴む。さらに声が大きくなる。

　実は山下塾長の打球は微妙に変わっている。ぎりぎりだが僅か10cmほど先ほどより内側に打たれている。足がもつれそうになるが、ついに20本を捕りきった。

　「集合！」再び山下塾長の声。「みんなで励ましたらキャプテンはボールを捕れただろう！　どうして最初からやらんのか。甲子園へ行きたくないのか。行きたいならいつもこうしてやれ」。一気にモデルチームの意気が上がる。それからの練習の雰囲気は一変する。

　この間のやりとりに、受講生たちは圧倒され、部員たちとのコミュニケーションの取り方を心に刻んでいた。（資料写真▼）

まとめ

　受講生には修了後感想文を寄せてもらっている。もちろん例外なく大きな感銘を受けている。西岡委員長からは「この研修で得たものを自分だけのものにせず郷里に戻ったら仲間の指導者にぜひ伝えてほしい」と講評をする。

　「甲子園塾」ではもう一つ仕掛けがある。受講生の携帯電話一覧表を配布する。今後は「甲子園塾」同期生として何か悩みがあれば互いに相談し合い仲間となるためである。

　その後、情報交換をし合ったり、遠方でも練習試合の計画を組んだりと、その後の輪が広がっ

ている。都道府県では何とか次回は派遣してほしいと若い指導者が順番を心待ちにしている。閉講式の修了証は甲子園球場をモチーフにしたもので、感激の面持ちで受け取る場面が毎回見受けられる。（資料写真▼）

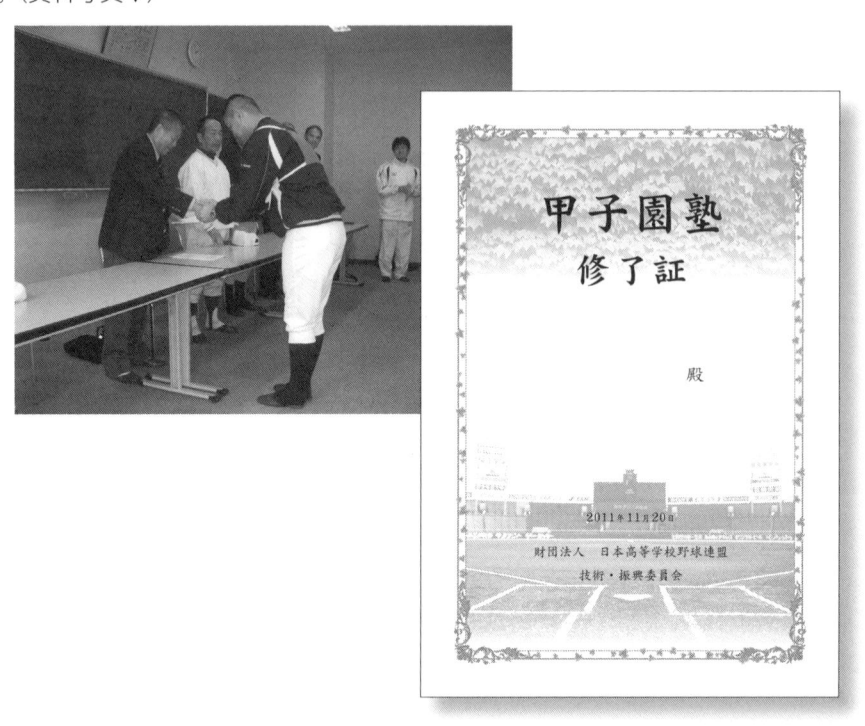

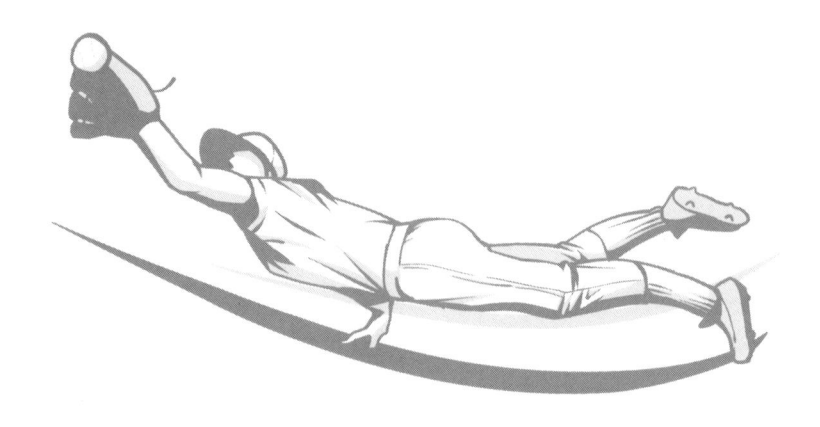

column

スポーツ指導者養成のあるべきカリキュラム

　スポーツ指導における暴力が社会問題となり、文部科学省は2013年スポーツ指導者の資質能力向上のための有識者会議を設置し、同年7月「私たちは未来から「スポーツ」を託されている―新しい時代にふさわしいコーチング―」との報告書をまとめた。

　全国体育系大学学長・学部長会教育の質保証委員会が、2011年10月に、「体育・スポーツ学分野における教育の質保証―参照基準と教育関連調査結果―」を提言しているが、文部科学省は、有識者会議の報告を実現するための委託事業を実施している。

　その一つが、「コーチ育成のためのモデル・コア・カリキュラム作成」（日本体育協会への委託事業）である。2016年をゴールに検討が開始された。この事業は、全国の体育大学や体育学部を有する大学・短期大学だけでなく、教員養成系大学、スポーツ系専門学校に学ぶ学生が卒業後の進路においてスポーツ指導の場（コーチングの場）に立った際、新しい時代にふさわしいコーチングができるよう、すべての学校で導入されることを目指す「コーチ育成のためのモデル・コア・カリキュラム」を作成しようというものである。さらに、スポーツ指導者（コーチ）に求められる基本的資質とモデル・コア・カリキュラムは、わが国スポーツ界全体におけるスポーツ指導者（コーチ）育成の共通認識として定着させ、日本体育協会公認スポーツ指導者養成講習会共通科目カリキュラムについてもモデル・コア・カリキュラムに基づく内容に改訂することが予定されている。

　具体的な内容としては、スポーツの意義と価値、オリンピズム、スポーツ指導者（コーチ）としてのモラル（哲学や倫理）、スポーツ指導者（コーチ）の役割と使命、コミュニケーションスキル、身体の仕組みと働き、発育発達、救急処置、指導計画、スポーツと法、スポーツ組織の運営、リスクマネジメント、スポーツキャリアなどが検討の対象とされている。

　学校における運動部指導中の暴力、スポーツ部活動中の生徒間での暴力・いじめが広範に存在している事実は、コーチ育成のカリキュラムを改善する必要があることは言うまでもない。

　日本体育協会の指導者養成プログラムにスポーツと法の講座が加えられたのは2005年。大学においては、現在でもスポーツと法の講座がないところもある。日本スポーツ法学会も、スポーツ法学教育の在り方を検討している。

　実技だけに偏重することなく、コーチング力豊かな指導者を育成するために、叡智を集めたカリキュラムの策定が期待されている。

虎ノ門協同法律事務所
望月 浩一郎

特別支援学校における部活動の問題点と課題（視覚障害の場合）

日本大学大学院
木村 敬一

筑波大学附属視覚特別支援学校 体育科教諭
寺西 真人

木村 敬一（きむら けいいち）●プロフィール
　生まれつきの全盲で、１０歳から水泳を始める。2008年、北京パラリンピック出場。12年、ロンドンパラリンピック出場。100m平泳ぎで銀メダル、100mバタフライで銅メダル獲得。16年のリオデジャネイロパラリンピックに向けて練習を積んでいる。

寺西 真人（てらにし まさと）●プロフィール
　日本体育大学を卒業後、筑波大学附属高等学校非常勤講師として勤務。1989年より現職に就く。水泳部、ゴールボール部を立ち上げ、それぞれ25年間、20年間顧問を務める。
　河合純一、秋山里奈、木村敬一など多くの視覚障害水泳選手、ゴールボール選手を育てている。

はじめに

　特別支援学校においても、健常者が通う学校（通常の学校）と同様に多くの運動系クラブが存在する。

　そこでは障害を持つ生徒たちが、これもまた健常の生徒たち同様にスポーツに打ち込み、仲間の大切さ、あるいは継続することの素晴らしさなど多くを学びながら全力を尽くしている。もちろん、競技力の向上を目指す生徒の中には、地域の学校対抗試合から、全国大会、さらには世界を目標に戦う者もいる。

　私自身も、中学・高校では水泳部に所属し、パラリンピック（障害者のための世界一のスポーツの祭典）に出場することができた。この経験は、私の人生において大変貴重な経験となり、私自身を作ってくれたと言っても過言ではない。このように、通常の学校となんら変わらない活気が、当然特別支援学校にも存在するのである。むしろ、スポーツで世界の舞台を目指すために、特別支援学校の部活動が重要な役割を果たしている現在、通常の学校以上の活気があると言ってもいいかもしれない。

　また、スポーツの経験は、その後の社会参加にも影響を与えると私は考えている。校内での縦のつながりだけでなく、卒業後もその競技を通して、多くの仲間と知り合い、関わっていくことができる。私も特別支援学校を卒業後、大学に進学して水泳を継続したが、そこで知り合った仲間は、かけがえのない財産となった。そのような点からも、特別支援学校において、部活動の機会を提供することは大切である。

　しかし、特別支援学校における部活動には、多くの課題がある。その多くは、やはり世界の舞台を目指すがゆえに深刻となっているものである。ここでは、その実態と課題を、特に盲学校の場合について、私の経験も踏まえながら書いていくこととする。

特別支援学校における部活動・スポーツ

　特別支援学校の部活動には、水泳や陸上のように、多少の工夫を加えるだけで健常者と同じように競技できるものと、その障害特有の競技とが存在する。特有のスポーツには、例えば視覚障害の場合以下のようなものがある。

＊フロアバレーボール
　バレーボールを基にしており、ボールはバレーボール用だが、ネットの下をくぐらせて、ゴロでボールのやりとりをする。

＊グランドソフトボール
　ソフトボールを基にしており、ハンドボール用のボールを用いて、地面を転がしてゲームする。

*サウンドテーブルテニス
　卓球を基にしており、ボールの中には小さな鉛の玉を複数入れて音が鳴るようにし、ネットの下をくぐらせて打ち合う。

*ゴールボール
　バレーボールのコートを使用し、すずの入ったボールを転がし合い、相手ゴールを目指す。プレイヤーは1チーム3人。

　どの競技も、地方ごとに学校対抗の大会が開催されている。またグランドソフトボールに関しては全国大会もあり、地方大会を勝ち抜いた学校が進出することができる。

　そのほかにも、全国障害者スポーツ大会（障害者国体）や日本選手権など、学校対抗ではなく社会人のクラブチームも加わった大会が多数開催されている。そして、全国規模の大会で好成績を収めることで、世界への道も開けていく。特別支援学校の部活動でも、生徒と顧問の教員が一丸となり、それぞれが目標とする大会を目指して練習に励む。

特別支援学校における部活動の現状

1）顧問・指導者の不足

　しかし、高いレベルの大会を目指すためには、生徒と顧問だけでは困難である。遠征への引率や、顧問の教員が抜けた際の授業の穴埋めなど、学校としてのサポートが欠かせない。にもかかわらず、遠征などの引率などの点においては、人員不足が深刻な問題となっているのが現状である。

　視覚障害者の移動には手引き（介助者）が必要であり顧問一人では困難なことが多い。特に宿泊を伴う際などには、男性女性の両方が引率できることが望ましい。しかし、すべての大会が引率と認められているわけではない。そのため、時間と金銭面で持ち出しが非常に多いという現状もあると聞いている。金銭の持ち出しが多く、休日手当もない。代休も認められておらず、時間だけはとられてしまう。

　このような大会に、それでもやりがいを感じて、ボランティアで協力してくれる教員が多数いるわけでもなく、結局負担が一部の顧問に集中してしまう傾向もある。また、海外への遠征のために、1週間単位で職場から離れる際などは、他の教員に大きな負担をかけてしまうことになる。

　そのため、大切な試合であっても、職場を離れづらい雰囲気も多いと聞いている。学校側も、日頃のクラブ活動や大会参加など、もう少し配慮していかなければ、スポーツに関わってくれる教員が増えることはない。その結果、新しい指導者が現れない可能性があるのではないかと危惧している。障害者スポーツに対して、障害者を対象としている特別支援学校が協力的でないという現状は、大変残念である。

　この問題は、部活動としてだけではなく、選手の育成や、今後の障害者スポーツ発展においても関わってくる。障害者スポーツの指導者は、一般のスポーツ以上に育成に時間がかかる。先にも

書いたように、障害者が行う競技は、その競技がそれぞれに工夫や改良がなされているものが多い。そのため指導者は、競技のルールや練習方法、技術や戦略、さらには障害の特性や安全管理の方法などを熟知していなければならない。そのような厳しい条件が重なっており、指導者の絶対数がもともと不足している。

　私が卒業した筑波大学附属視覚特別支援学校は、教員の異動がまれであるため、それぞれの部活動を長年担当してきた教員が、その蓄積されたノウハウで熱心に指導に当たることができていた。

　しかし、このようなことが可能な特別支援学校は、非常にまれなケースである。都道府県・市立の特別支援学校では、当然教員の異動がある。障害者スポーツを見たこともない教員が、赴任していきなり部活動を担当することとなり、数年後軌道に乗り始めたころ、また異動でその学校を去らなければならないということもしばしば起きてしまうのである。そういった状況では指導に限界があり、生徒の競技レベルが一定以上から向上することはない。その競技をさらに楽しみ、強くなり、全国、そして世界を目指していくためには不十分なのである。

　パラリンピックを目指すためのきっかけが、特別支援学校における部活動となるケースは多い。もちろん、私もその中の一人である。私は、小学校までは地元のスイミングスクールに通っていたが、中学からは水泳部で練習を行っていた。水泳部の先輩や卒業生の中には、パラリンピックでメダルを獲得した選手もいた。そして、彼らを指導してきた寺西真人先生から、私も6年間指導を受けることができた。

　視覚障害者にとって最大の課題は、他者の動きを見て真似ることや、映像を撮っても自分の動きを確認することができず、効率のよいフォームや身体の使い方を習得することが困難であることだ。そこで視覚障害者を指導するためには、指導者は基本的には選手の身体を持って動かし、文字どおり手取り足取り身体が動きを覚えるまで教え込む必要がある。もちろん、言葉による指導も必要であるため、動きを言語化するという高い表現力も求められる。

　生まれつきの全盲であり、人が泳いでいる者も、自分の泳ぎも見たことのない私が、パラリンピックに出場し、メダルを獲得することまでできたのは、ほかでもない寺西先生の20年を超える指導経験の蓄積と、粘り強い指導のおかげであった。休日の練習や大会に引率してもらったのはもちろん、先生の家に泊まり込んでの合宿も行った。学校を卒業し、主な練習拠点が大学になってからも、寺西先生には指導や引率でお世話になり続けた。あらゆる面で大変な苦労をかけていることは言うまでもない。そして、先生の家族の理解と、他の体育の先生方の協力も忘れてはならない。

2）練習場所の制約

　また、学校の体育施設の現状についても課題が挙げられる。特別支援学校にも、校庭や体育館、プールなどの体育施設は整備されており、体育の授業や部活動で使用されている。しかし、これらもパラリンピックを目指すためにトレーニングを行おうとすると、十分な施設とはいえない。例えば、先にも書いた、指導技術が充実している私の母校も、校庭はトラックが1周100mで直線で

50mを確保するのがやっとである。プールも12m、3コースしかなく、当然屋外である。これでは満足な練習を行うことは難しい。

　そこで、学校の外にある他の施設に練習をしに出かけることになる。練習場所としては、自治体が運営する障害者スポーツセンターがある。障害者であれば無料で利用できる施設である。私も、中学・高校の時には何度もここのプールに通った経験がある。ただし、この施設は私たち選手がトレーニングを行うためだけの施設ではない。当然そのほかにも、リハビリやリフレッシュを目的に利用する障害者は大勢いる。施設の規模には限りがあり、どうしてもお互いに譲り合いながら利用しなければならないので、ここでも満足なトレーニングが積めるというわけではないのである。

　一般のプールも、コースを貸し切らなければ、衝突などで他の利用者とのトラブルのもととなってしまう。さらに、利用できる施設があったとしても、顧問は毎回学校外の施設に生徒を引率しなければならず、非常に大きな負担がかかることになる。このような点から、外部の施設を利用するにも限界があるのである。

　もちろん、通常の学校においても、十分なトレーニングが積める施設がある学校ばかりではない。校庭や体育館は複数の部活動が譲り合って利用しているし、プールのない学校もある。しかし、パラリンピックという舞台を目指すきっかけと、世界で戦える選手の育成において、特別支援学校の部活動が担っている役割は間違いなく大きい。その面から考えると、特別支援学校の体育施設は、体育の授業や部活動を何とか行える程度のものでは不十分なのである。

3）時間的制約の中での指導・練習

　さらに、練習時間にも制約がある。特別支援学校は、必ずしも生徒の自宅近くにあるわけではない。そのため、通学に時間がかかってしまい、十分な練習時間を確保することができない。また、私もそうであったのだが、実家が遠方にある多くの生徒は寄宿舎に入って生活をしている。寄宿舎は学校の敷地内にあるため、通学に時間がかかることはないのだが、その代わりに、食事や入浴の時間が決まっていたり、門限があったりと、集団生活という制約を受けることになる。学校でのクラブ活動は、通常下校の時間程度である。しかし、学校外の施設を利用して練習を行う場合は、寄宿舎の生活リズムに合わせたり、顧問の校務の関係などから、夕方に出発して、夜戻ってくるというスタイルが基本になる。これでは生徒も顧問も、帰宅が遅れてしまうことは避けられない。

　そして、何よりもっとも集中してトレーニングに取り組むことのできる長期休みには、生徒がそれぞれ帰省してしまい、部活動を行うことができない。本来もっとも力をつけることのできる時期に、練習に取り組めないというのは大きな問題である。

　そこで、学校での練習ができない長期休みには、校外の施設を借りて合宿を行うこともある。私が所属していた水泳部は、寺西先生を中心に卒業生も加わって合宿を行ってきた。世代を超えた交流ができるという貴重な機会であった。しかしその一方で、どうしても費用はかさんでしまう。当然引率は寺西先生一人で、しかもすべて自費参加である。

新たな指導者・選手の誕生のために

　これらの問題を解決するためには、何よりもまず障害者スポーツを、一般の人たちにも広く認知してもらうことが大切であろう。体験教室や研修会を開催し、指導者の養成が急務である。それぞれの地域で、その競技の指導者が育ってくれば、地方の特別支援学校でも、充実した部活動を行うことができるはずである。

　さらには、日本国内での競技人口の拡大と、レベルの底上げにもつながり、今後の発展が期待できる。社会での認知度が高まり、スポーツの価値が上がってくれば、必然的に、学校でのサポート体制も充実してくるのではないだろうか。もし仮に学校の協力が得られなかったとしても、障害者スポーツの指導にやりがいを感じてのめりこんでくれる教員が増えるかもしれない。

　いずれにせよ、現在第一線で活躍している指導者の引退後、それを引き継ぐ人材が必要である。言うまでもないが、指導者だけではなく、新しい選手の誕生のためにも、このような取り組みが必要となる。

　また、施設に関しては、もちろん特別支援学校の体育施設が、さらに充実することが何よりも求められる。長期休みにも寄宿舎を常時利用できるような体制が整えばなおよい。それが難しければ、一般の施設を貸し切れるだけの予算の確保も、一つの方法であろう。

おわりに

　2020年のパラリンピック東京開催が決まった今、特別支援学校の部活動にも、もっと予算をつけるべきである。繰り返しになるが、パラリンピック選手を誕生させ、育成していくために、特別支援学校の部活動はどうしても必要であり、指導者、そして施設ともに十分な環境が整備されなければならない。

　そして、現在の中学・高校生は、間違いなく2020年に日本を背負って戦うエースになる。そんな彼らが、充実したトレーニングを積むことができるよう、最善の準備が必要なのである。指導者や練習環境に恵まれなかったがために、才能があってもそれを開花させることなく、あるいは自分の才能にさえ気づかずに終わってしまう生徒が、特別支援学校に入るかもしれない。彼らを見つけ出し、そして世界の舞台へ立たせることができるかどうかは、今後の特別支援学校の部活動の発展にかかっている。

　中学・高校生にとって、部活動は学校生活をより充実させるためになくてはならないものである。それだけではなく、部活動が生きがい、あるいはアイデンティティとなっている生徒も少なくない。それは、障害の有無とは関係のないことだ。

　もちろん、目標が高ければ高いほど、それに注がれる情熱も増していく。未来のパラリンピック選手のためにも、特別支援学校の部活動が、今以上に広がり、発展していくことを強く願っている。今日もまた、生徒たちは目標に向かって汗を流し、青春の1ページを刻んでいることだろう。

The Paper About A Sport

スポーツ部活動の事故と安全対策
──指導者はいかに行動すべきか

虎ノ門協同法律事務所
大橋 卓生

Field-R 法律事務所
松本 泰介

大橋 卓生（おおはし たかお）●プロフィール
　弁護士（第一東京弁護士会、2004 年登録）、日本スポーツ法学会事務局次長（2010 年〜）、第一東京弁護士会総合法律研究所スポーツ法研究部会部会長（2010 年〜）、公益財団法人日本体育協会国体参加資格に関する第三者委員会（2010 〜 2011 年）、金沢工業大学虎ノ門大学院准教授（2012 年〜）。

松本泰介（まつもと たいすけ）●プロフィール
　弁護士（第二東京弁護士会、2005 年登録）、日本スポーツ法学会スポーツ基本法検討専門委員会事務局、日本スポーツ仲裁機構スポーツ界のガバナンスに関する委員会委員（2011 年。ガバナンスガイドブック作成者）など。

はじめに

1　本章の目的

　スポーツ部活動は、スポーツに興味と関心を持つ同好の生徒の自主的、自発的な参加により、顧問の教員等の指導の下にスポーツを行うものである[*1]。中学及び高校においては、学習指導要領において教育の一環として位置づけられている。

　このように教育活動の一環と解されているスポーツ部活動において、その指導者である顧問の教員や学校は、生徒に事故が生じないよう注意すべき義務を負っている。この点は、大学においても同様と解されている[*2]。

　しかしながら、正課の授業として行う活動とは違い、スポーツ部活動が自主的な活動であることを踏まえ、「課外のクラブ活動が本来生徒の自主性を尊重すべきものであることに鑑みれば、何らかの事故の発生する危険性を具体的に予見することが可能であるような特段の事情のある場合は格別、そうでない限り、個々の活動に常時立会い、監督指導すべき義務までを負うものではない」と判示している[*3]。

　とはいえ、これだけでは、スポーツ部活動の指導者がいかに行動すべきか明らかにならない。

　殊にスポーツ基本法が成立し、すべての人々がスポーツ権を有すること、及びかかるスポーツ権を実現するために、スポーツを行う者の心身の健康の保持増進及び安全を確保すべきことが基本理念の一つとして明確にされた。さらにスポーツ基本法第14条では、国及び地方公共団体に対し、「スポーツ事故その他スポーツによって生じる外傷、障害等の防止及びこれらの軽減に資するため、指導者等の研修、スポーツ施設の整備、スポーツにおける心身の健康の保持増進及び安全の確保に関する知識（スポーツ用具の適切な使用に係る知識を含む）の普及その他の必要な措置を講ずるよう努めなければならない」と努力義務が課せられた。

　こうしたスポーツ権を前提とする安全等の確保を実現するために、スポーツ部活動の指導者や学校においても、かかるスポーツ基本法の趣旨を踏まえた安全対策を講じる必要が生じている。

　しかしながら、現状、事故情報を集中的に把握・管理し、その安全対策の検討を提案するような官公庁はない。事故や傷病に対する安全対策を打ち出している競技団体もあるが、多くは個別の事故や傷病への対策であり、網羅的な安全対策を示している団体は少数といえる。ただし、学校のスポーツ部活動にまで指導できる体制を構築できている競技団体は、後述する公益財団法人日本学生野球協会くらいである。

　かかる現状から、スポーツ部活動の指導者が、担当するスポーツの事故対策をしっかり行うためには、自ら情報を収集しなければならないことが多いと推測される。

　そこで、本章では、スポーツ部活動の指導者が、留意すべきスポーツ事故の安全対策に関する各種情報へのアクセスを容易にして、安全対策に関する知識を取得する方法を整理することを目的とする。

以下、中学及び高校で死亡・重傷の事故が多いスポーツ部活動のうち柔道・野球・ラグビー・サッカーを取り上げる。他のスポーツでも同様のアプローチで情報にアクセスし、安全対策を把握できるので参考にされたい。

2　整理の方法

事故防止・安全対策の知識及び考え方の整理は、大きく次の2つの視点による。
　(1)事故の原因を知ること
　(2)原因に応じた安全対策を講じること

(1)事故の原因を知ること

事故の安全対策を考えるに当たっては、まず、事故がどのような原因で生じたかを把握する必要がある。

自己の体験や自己の指導者から、担当スポーツについて、どのような事故が生じるか学ぶことができるし、ほとんどの指導者がこのような手段で事故の原因を把握した経験があろう。しかし、個々の体験には限りがあり、十分ではない。

広く事故に関する情報を取得する方法として、大きく4つの方法がある。

①データベースの利用

スポーツ部活動の事故事例のデータベースとして、独立行政法人日本スポーツ振興センターのウェブサイト上で公開されている「学校事故事例検索データベース」が存在する。

このデータベースは、日本スポーツ振興センターが実施する学校管理下事故を対象として給付される災害共済給付制度下で、給付金を支給した死亡及び障害事例のデータベースである。

日本スポーツ振興センターの災害共済給付制度は、小学校、中学校、中等教育学校、高等学校、高等専門学校、特別支援学校、幼稚園または保育所を対象とする。小学校から高校までほとんどの学校が加入している[*4]。

②裁判例の利用

過去のスポーツ事故に関する裁判例は、裁判所のウェブサイト（無料）、有料の各種裁判例データベース、裁判例の情報誌『判例タイムズ』や『判例時報』等から入手できる。

かかるウェブサイトやデータベース等に掲載されている裁判例は、判決に至ったものであり、事故の争点及びそれに対する裁判所の判断（指導者の責任の有無、責任ありとした場合にその理由）が明記されており、スポーツ事故原因の把握のみならず、安全対策を検討するうえでも有用である。

③専門書の利用

スポーツ事故に関する専門書は多数発刊されている。これら書籍は過去の裁判例を取り上げて、分析し、安全対策を提言するものであり、スポーツ事故原因の把握のみならず、安全対策を検討

するうえでも有用である。

④新聞等ニュースの利用

新聞やテレビなどマスメディアのスポーツ事故報道からもスポーツ事故の原因を把握することができる。しかしながら、例えば、サッカーゴールが倒れて下敷きになって死亡や重傷を負う事故は過去に多く発生しており、2013 年だけでも複数の全国紙で 3 件報道されている。新聞等を読んでいれば、どのような事故が生じたか把握できるのであるが、あまり意識されていないようである。

マスメディアのスポーツ事故報道からもどのようなことが原因で事故が発生するか把握できることを認識する必要があろう。

(2)原因に応じた安全対策を講じること

事故の原因が把握できれば、当該原因を除去したり、発生を極力防ぐべく努力することが可能となる。

自ら考えることも大切であるが、これも限界があるし、我流の安全対策が必ずしも万全であるとは限らない。自己の学校で発生したスポーツ事故は他所でも発生し、あるいは発生しうるものであるから、安全対策についても当該競技の統括団体や社会一般の知見を極力利用すべきである。

①都道府県教育委員会のガイドライン

都道府県教育委員会のうちいくつかの教育委員会は、部活動事故防止のためのガイドラインを発行しているので、活用すべきである。

②国内競技団体（NF）及び国際競技団体（IF）等のガイドライン

スポーツ部活動を前提とするものではないが、当該競技を統括する NF や IF が提示する事故防止や症病対策等のガイドラインは、スポーツ部活動にも該当するものがほとんどであり、活用すべきである。

日本スポーツ振興センターは、前述の災害給付事例をまとめ、分析した結果を、毎年度、報告書『学校の管理下の災害』として公表しており、活用すべきである。

③裁判例や専門書

前記のとおり、裁判例や専門書から安全対策を知ることができ、活用すべきである。

3　基本姿勢

スポーツ部活動中の事故の安全対策については、以上のような情報源からの情報を整理することで、信頼性のある安全対策を講じることが可能となる。

かかる情報は、自然に集まってくるものではなく、指導者が積極的に収集しなければならない。

このため、指導者の基本姿勢として、次の 2 点を肝に銘じておかなければならない。

①過去の失敗例から学ぶこと

②他所で生じた事故は他人事と考えず、自分のところでも生じるかもしれないと考えること

　スポーツ事故の安全対策は、危機管理の一種である。危機管理一般において指摘されることであるが、「事故は起きてはならない（起こしてはならない）」と考えると、いつの間にか「事故はありえない」と考えるようになってしまうものである。

　しかしながら、多かれ少なかれ、スポーツで事故が生じるのは不可避であり、このことを踏まえて、極力その発生を防ぎ、発生した場合に損失を小さくなるように努力する、という姿勢こそが大切である。

柔　道

1　事故の原因を知る

(1) 日本スポーツ振興センター学校安全Web／学校の管理下の災害〔2013年版〕

- 災害共済給付がなされたものに限定されているものの、スポーツ部活動事故の事故データとしては、日本でもっとも充実しているデータ、分析結果である。毎年度版が発行されており、最新の事故データとともに、事故対策例なども掲載されている。ホームページからの無料ダウンロードも可能であり、配付資料としても利用しやすい。
- 2012年度における柔道部活動中の死亡事故0件、障害事故2件となっている。

(2) 日本スポーツ振興センター学校安全Web／学校事故事例検索データベース

- 災害共済給付がなされたものに限定されているものの、スポーツ部活動事故の事故データとしては、日本でもっとも充実しているデータベースである。「課外指導」「体育的部活動」「柔道」で検索すると、柔道部活動における事故データが閲覧できる。
- 上記の検索を実施すると、2005年から2012年までの、70件の柔道部活動における事故データが表示される。

(3) 裁判所ウェブサイト／裁判例情報

- 無料で利用できる裁判所が公表している裁判例情報である。実際発生したすべての裁判例が掲載されているわけではないが、「柔道部」「事故」などと検索すると、柔道部活動の事故における裁判例が閲覧できる。
- なお、裁判例情報としては、各種判例検索サービス（有料）により、さらに多くの裁判例情報を手に入れることも可能である。
- 主な裁判例は20件（スポーツ事故の法務掲載19件、長野地裁松本支部判2011年3月16日『判例時報』2155号75頁）。

(4) 公益財団法人全日本柔道連盟ウェブサイト／柔道の安全指導5頁

⑸ **専門書**

伊藤堯『スポーツアクシデント 改訂五版』体育施設出版、2007 年

小笠原正・諏訪伸夫『スポーツのリスクマネジメント』ぎょうせい、2009 年

内田良『柔道事故』河出書房新社、2013 年

日本弁護士連合会弁護士業務改革委員会・スポーツエンターテインメント法促進 PT『スポーツ事故の法務』創耕舎、2013 年

⑹ **マスメディアの報道など**

▶ 重大な結果が生じた事故については、全国紙で報道されており、報道からも十分に事故原因を把握することができる。

⑺ **全国柔道被害者の会ウェブサイト**

▶ 名古屋大学大学院・内田良准教授の研究により、1983～2011 年までの 28 年間で中学・高校における柔道の死亡事故だけでも 119 件に上っていたことが明らかとなり、有効な安全対策が講じられないまま放置されてきたことが指摘された。かかる状況下で、2010 年 3 月に全国柔道事故被害者の会が組織され、それまで個別に訴訟対応等していた被害者が結束し、安全対策の提言等を行っている。

2　安全対策（一般）

⑴ **文部科学省ウェブサイト／柔道指導の手引き（三訂版）164 頁**

▶ 中学・高校の教科体育のために、まとめられた手引きである。安全に配慮した指導方法等がまとめられている。

⑵ **各都道府県教育委員会の部活動事故防止ガイドライン（柔道項目あり）**

▶ 行政機関が発行している安全対策としては、各都道府県教育委員会においては、スポーツ部活動事故防止ガイドラインを制作しており、教育委員会の研修会などで利用されていることもある。著名なガイドラインとしては、以下の 2 つが存在する。いずれもウェブサイトで公開されている。

　㋐東京都教育委員会／部活動中の重大事故防止のためのガイドライン 20 頁

　㋑神奈川県教育委員会／部活動における事故防止ガイドライン 30 頁

⑶ **全日本柔道連盟ウェブサイト／柔道の安全指導 18 頁**

3　安全対策（個別）

⑴ **脳しんとうを含む頭部外傷**

日本スポーツ振興センターウェブサイト／学校の管理下における体育活動中の事故の傾向と事故防止に関する調査研究 75 頁　第 3 編第 3 章 II（東京都教職員研修センター教授佐藤幸夫、東京都立井草高等学校教諭柳浦康宏）

全国柔道被害者の会ウェブサイト／脳振盪の怖さ─脳振盪対応マニュアル─
全国柔道被害者の会ウェブサイト／「柔道は安全」と言われるために
早稲田大学スポーツ科学学術院運動器スポーツ医学研究室（公開は、全日本柔道被害者の会ウェブサイト）／スポーツ現場における安全管理の講習会─頭部外傷に注目して─
全日本柔道連盟ウェブサイト／「柔道の安全指導」34 頁〜

⑵ **熱中症**
全国柔道被害者の会ウェブサイト／「柔道は安全」と言われるために

⑶ **皮膚真菌症**
全日本柔道連盟ウェブサイト／「皮膚真菌症（感染症）について」Q&A

野 球

1　事故の原因を知る

⑴ **日本スポーツ振興センター学校安全 Web ／学校の管理下の災害〔2013 年版〕**
▶ 災害共済給付がなされたものに限定されているものの、スポーツ部活動事故の事故データとしては、日本でもっとも充実しているデータ、分析結果である。毎年度版が発行されており、最新の事故データとともに、事故対策例なども掲載されている。ホームページからの無料ダウンロードも可能であり、配付資料としても利用しやすい。
▶ 2012 年度における野球部活動中の死亡事故 1 件、障害事故 58 件となっている。

⑵ **日本スポーツ振興センター学校安全 Web ／学校事故事例検索データベース**
▶ 災害共済給付がなされたものに限定されているものの、スポーツ部活動事故の事故データとしては、日本でもっとも充実しているデータベースである。「課外指導」「体育的部活動」「野球」で検索すると、野球部活動における事故データが閲覧できる。
▶ 上記の検索を実施すると、2005 年から 2012 年までの、521 件の野球部活動における事故データが表示される。

⑶ **裁判所ウェブサイト／裁判例情報**
▶ 実際発生したすべての裁判例が掲載されているわけではないが、裁判所が公表している裁判例情報である。「野球部」「事故」などと検索すると、野球部活動の事故における裁判例が閲覧できる。
▶ なお、裁判例情報としては、各種判例検索サービス（有料）により、さらに多くの裁判例情報を手に入れることも可能である。

⑷ **専門書**
伊藤堯『スポーツアクシデント　改訂五版』体育施設出版、2007 年

小笠原正・諏訪伸夫『スポーツのリスクマネジメント』ぎょうせい、2009年

日本弁護士連合会弁護士業務改革委員会・スポーツエンターテインメント法促進PT『スポーツ事故の法務』創耕舎、2013年

(5) マスメディアの報道

▶ 野球は、日本の国技と言われるとおり、社会的に関心の高いスポーツであり、野球に関する事故は報道の対象となるため、報道からも十分に事故原因を把握することができる。

2 安全対策（一般）

(1) 各都道府県教育委員会の部活動事故防止ガイドライン（野球項目あり）

▶ 行政機関が発行している安全対策としては、各都道府県教育委員会においては、スポーツ部活動事故防止ガイドラインを制作しており、教育委員会の研修会などで利用されていることもある。ウェブサイトに公開されている著名なガイドラインとしては、以下の2つが存在する。

(ア) 東京都教育委員会／部活動中の重大事故防止のためのガイドライン 14頁

(イ) 神奈川県教育委員会／部活動における事故防止ガイドライン 58頁

(2) 公益財団法人日本学生野球協会／学生野球憲章第10条

▶ 学校教育と野球部の活動との調和のため、学校に対し、野球部の活動の時期、時間、場所、内容などについて配慮することを義務づけ、原則として1週間につき最低1日は野球部としての活動を行わない日を設けることとしている。これは、学生の教育及び健康に配慮した規定であるが、練習が連続することにより精神が弛緩して事故につながる可能性もあり、安全対策の一つの指針となっている。

(3) 日本スポーツ振興センター学校安全Web／学校の管理下における体育活動中の事故の傾向と事故防止に関する調査研究 83頁 第3編第3章Ⅲ野球

▶ 公益財団法人日本高等学校野球連盟理事田名部和裕氏による安全対策の解説が掲載されている。

3 安全対策（個別）

従前から、日本高等学校野球連盟が個別の症状に対する安全対策を実施している。主な個別の安全対策は以下のとおり。

(1) 頭頸部外傷

▶ 上述の日本スポーツ振興センター／学校の管理下における体育活動中の事故の傾向と事故防止に関する調査研究 83頁 第3編第3章Ⅲ野球

(2) 落雷事故防止

▶ 日本高等学校野球連盟が各都道府県連盟に対し「落雷事故防止対策について」通達（2009年）。

(3) 心臓しんとう事故防止

▶ 日本高等学校野球連盟が都道府県連盟を通じて、大会で使用する球場施設管理者にAED

設置要望書を提出するとともに、各連盟役員、審判員、指導者への救急救命講習会受講の要望を行った（2005年）。

(4)ファウルボール事故対策

▶ ファウルボール事故発生を受け、日本高等学校野球連盟が都道府県連盟に、スタンドへの注意喚起とブラスバンド部員を擁護するため補助野球部員を立たせるなど対策を通達した（2001年）。また、同年の選抜大会及び選手権大会の全試合で飛球状況調査を行い、危険地域への注意喚起を行った。

サッカー

1 事故の原因を知る

(1)日本スポーツ振興センター学校安全Web／学校の管理下の災害〔2013年版〕

▶ 災害共済給付がなされたものに限定されているものの、スポーツ部活動事故の事故データとしては、日本でもっとも充実しているデータ、分析結果である。毎年度版が発行されており、最新の事故データとともに、事故対策例なども掲載されている。ホームページからの無料ダウンロードも可能であり、配付資料としても利用しやすい。

▶ 2012年度におけるサッカー部（フットサル含む）部活動中の死亡事故2件、障害事故19件となっている。

(2)日本スポーツ振興センター学校安全Web／学校事故事例検索データベース

▶ 災害共済給付がなされたものに限定されているものの、スポーツ部活動事故の事故データとしては、日本でもっとも充実しているデータベースである。「課外指導」「体育的部活動」「サッカー」で検索すると、サッカー部活動における事故データが閲覧できる。

▶ 上記の検索を実施すると、2005年から2012年までの、153件のサッカー部活動における事故データが表示される。

(3)裁判所ウェブサイト／裁判例情報

▶ 実際発生したすべての裁判例が掲載されているわけではないが、裁判所が公表している裁判例情報である。「サッカー部」「事故」などと検索すると、サッカー部活動の事故における裁判例が閲覧できる。

▶ なお、裁判例情報としては、各種判例検索サービス（有料）により、さらに多くの裁判例情報を手に入れることも可能である。

▶ 主な裁判例は、16件（スポーツ事故の法務掲載＋大阪高判2012年6月7日）

(4)マスメディアの報道など

▶ 重大な結果が生じた事故については、全国紙で報道されており、報道からも十分に事故原因

を把握することができる。

2　安全対策（一般）

(1)各都道府県教育委員会の部活動事故防止ガイドライン（サッカー項目あり）

▶ 行政機関が発行している安全対策としては、各都道府県教育委員会においては、スポーツ部活動事故防止ガイドラインを制作しており、教育委員会の研修会などで利用されていることもある。ウェブサイトに公開されている著名なガイドラインとしては、以下の2つが存在する。

(ア)東京都教育委員会／部活動中の重大事故防止のためのガイドライン 26 頁

(イ)神奈川県教育委員会／部活動における事故防止ガイドライン 21 頁

(2)日本サッカー協会（JFA）

▶ 日本サッカー協会は、安全対策として、ウェブサイトにて以下の情報提供を行っている。

(ア)メディカルコーナー

(イ)コーチとプレーヤーのためのサッカー医学テキスト

(3)国際サッカー連盟／FIFA 医学評価研究センター（F-MARC）サッカー医学マニュアル

▶ 日本語版も発行されており、FIFA の研究に基づいた、サッカーにまつわる膨大な傷害、疾患、予防について触れられている。サッカー医学のバイブルである。日本サッカー協会のウェブサイトに公開されている。

(4)日本スポーツ振興センターウェブサイト「課外指導における事故防止対策調査研究報告書」／競技型別事故防止の留意点ゴール型（ラグビー、サッカー、ハンドボール、バスケットボール）

▶ 日本スポーツ振興センターより、2010 年 3 月に発表された報告書である。ウェブサイトに公開されている事故データは上記日本スポーツ振興センター／学校事故事例検索データベースであるが、競技型別事故防止の留意点がまとめられている点に特異性がある。

(5)専門書

小笠原正・諏訪伸夫著『スポーツのリスクマネジメント』ぎょうせい、2009 年 304 頁／サッカーにおけるリスクマネジメント（環太平洋大学サッカー部監督桂秀樹／環太平洋大学サッカー部コーチ降屋丞）

日本弁護士連合会弁護士業務改革委員会・スポーツエンターテインメント法促進 PT『スポーツ事故の法務』創耕社、2013 年 45 頁／サッカーにおける注意義務（弁護士桂充弘）

3　安全対策（個別）

(1)熱中症関連

▶ 学校の管理下における熱中症死亡事例で、サッカーは 2012 年までに 13 件発生している。これは、37 件発生している野球、17 件発生しているラグビー、15 件発生している柔道に次いで 4 位であり、重点的に対策を考える必要がある。

- ▶ この熱中症の安全対策としては、ウェブサイトに公開されている以下の文書が参考になる。
  - (ｱ)日本スポーツ振興センター／学校における突然死予防必携
  - (ｲ)日本スポーツ振興センター／熱中症予防のための啓発資料「熱中症を予防しよう―知って防ごう熱中症―」

(2)頭頚部外傷

- ▶ 続いて、サッカーにおいても、頭頚部外傷を見逃すことができず、こちらも重点的に安全対策を講じる必要がある。ウェブサイトに公開されているこちらの症状を重点的に解説したものとしては、以下の報告書が存在する。
  日本スポーツ振興センター／「学校の管理下における体育活動中の事故の傾向と事故防止に関する調査研究」－体育活動における頭頚部外傷の傾向と事故防止の留意点－調査研究報告書

(3)脳しんとう

- ▶ 脳しんとうに関しては、日本サッカー協会がウェブサイトにおいて以下の指針を出している。
  日本サッカー協会／Ｊリーグにおける脳振盪に対する指針

(4)歯、口

- ▶ 最後に、事例数が多いわけではないものの、サッカーへの指摘がある症状として、歯や口のけががある。ウェブサイトに公開されているこちらに関する資料としては、以下の文書がある。
  日本スポーツ振興センター／学校の管理下における　歯・口のけが防止必携

ラグビー

1　事故の原因を知る

(1)日本スポーツ振興センター学校安全Web／学校の管理下の災害〔2013年版〕

- ▶ 災害共済給付がなされたものに限定されているものの、スポーツ部活動事故の事故データとしては、日本でもっとも充実しているデータ、分析結果である。毎年度版が発行されており、最新の事故データとともに、事故対策例なども掲載されている。ホームページからの無料ダウンロードも可能であり、配付資料としても利用しやすい。
- ▶ 2012年度におけるラグビー部部活動中の死亡事故1件、障害事故5件となっている。

(2)日本スポーツ振興センター学校安全Web／学校事故事例検索データベース

- ▶ 災害共済給付がなされたものに限定されているものの、スポーツ部活動事故の事故データとしては、日本でもっとも充実しているデータベースである。「課外指導」「体育的部活動」「ラグビー」で検索すると、ラグビー部活動における事故データが閲覧できる。
- ▶ 上記の検索を実施すると、2005年から2012年までの、53件のラグビー部活動における事故データが表示される。

⑶ 裁判所ウェブサイト／裁判例情報

- 実際発生したすべての裁判例が掲載されているわけではないが、裁判所が公表している裁判例情報である。「ラグビー部」「事故」などと検索すると、ラグビー部活動の事故における裁判例が閲覧できる。
- なお、裁判例情報としては、各種判例検索サービス（有料）により、さらに多くの裁判例情報を手に入れることも可能である。
- 主な裁判例は、6件（スポーツ事故の法務掲載4件＋熱中症2件神戸地裁2003年6月30日及び佐賀地裁2005年9月16日）

⑷ 学校リスク研究所（名古屋大学准教授内田良）ウェブサイト／ラグビー事故

- スポーツ事故統計研究者のサイト。事故データは上記日本スポーツ振興センター／学校事故事例検索データベースを参照しているが、スポーツ事故統計の研究者としては第一人者である。

⑸ 国際ラグビーボード（IRB）ウェブサイト／Junior World Championship Injury Epidemiology Results: 2008 to 2013

- 学校事故に限られないものの、ジュニア期の大会における事故分析結果もあり、参考になる。

⑹ 日本ラグビーフットボール協会（JRFU）ウェブサイト

- なお、日本ラグビーフットボール協会（JRFU）は、登録者見舞金制度を実施し、また、重傷事故報告制度を実施しているため、学校管理下におけるラグビー事故に関する情報蓄積があると思われるが、その内容は公開されていない。

⑺ マスメディアの報道など

- 重大な結果が生じた事故については、全国紙で報道されており、報道からも十分に事故原因を把握することができる。

2　安全対策（一般）

⑴ 文部科学省ウェブサイト「学校における体育活動中の事故防止について（報告書）」40頁

- まず、行政機関が発行している安全対策としては、文部科学省に設置されていた「体育活動中の事故防止に関する調査研究協力者会議」から、2012年7月に発表された「学校における体育活動中の事故防止について（報告書）」がある。あくまで体育活動中の事故を対策にしたものであるが、スポーツ部活動中の事故に関する安全対策としても参考になる。

⑵ 各都道府県教育委員会の部活動事故防止ガイドライン（ラグビー項目あり）

- また、各都道府県教育委員会においては、スポーツ部活動事故防止ガイドラインを制作しており、教育委員会の研修会などで利用されていることもある。ウェブサイトに公開されている著名なガイドラインとしては、以下の2つが存在する。
    - ㋐東京都教育委員会／部活動中の重大事故防止のためのガイドライン 28頁
    - ㋑神奈川県教育委員会／部活動における事故防止ガイドライン 20頁

(3) 日本ラグビーフットボール協会（JRFU）ウェブサイト／ラグビー外傷・障害対応マニュアル
- ▶ また、日本ラグビーフットボール協会（JRFU）は、2011年に「ラグビー外傷・障害対応マニュアル」を発刊している。これは、「安全対策について、指導者をはじめとするラグビー関係者が正しい知識を持ち、かつ正しい処置法を身につけておく」ことを目的とするもので、1冊300円（税込）にて販売されている。

(4) 国際ラグビーボード（IRB）ウェブサイト／IRB Medical Guideline
- ▶ 英語版のみであるが、国際的な情報集約に基づくガイドラインである。もっとも、国際的なガイドラインであるため、日本への導入に当たっては、その国民性、年齢などに注意が必要である。

(5) 国際ラグビーボード（IRB）ウェブサイト／IRB Rugby Ready
- ▶ 同じ、IRBの資料であるが、こちらは日本語版もあり、初心者向けの安全対策導入モジュールとなっている。親しみやすい内容であり、導入のハードルも低い。

(6) 日本スポーツ振興センターウェブサイト「課外指導における事故防止対策調査研究報告書」／競技型別
事故防止の留意点ゴール型（ラグビー、サッカー、ハンドボール、バスケットボール）
- ▶ 日本スポーツ振興センターより、2010年3月に発表された報告書である。事故データは上記日本スポーツ振興センター／学校事故事例検索データベースであるが、競技型別事故防止の留意点がまとめられている点に特異性がある。

(7) 専門書
　小笠原正・諏訪伸夫著『スポーツのリスクマネジメント』ぎょうせい、2009年261頁／ラグビー競技におけるリスクマネジメント（環太平洋大学ラグビー部監督西口聡）
　日本弁護士連合会弁護士業務改革委員会・スポーツエンターテインメント法促進PT『スポーツ事故の法務』創耕社、2013年55頁／ラグビーにおける注意義務（弁護士桂充弘）

(8) 内田良（名古屋大学准教授）「ラグビー事故——競技人口の拡大に備えた実態分析——（学校安全の死角（5））」
- ▶ 前述のスポーツ事故統計の研究者としては第一人者が執筆した論文である。ウェブサイト上に公開されている。

3　安全対策（個別）

(1) 熱中症関連
- ▶ 学校の管理下における熱中症死亡事例について、ラグビーは2012年までに17件発生している。これは、37件発生している野球に次いで2位であり、熱中症については、重点的に対策を考える必要がある。
- ▶ この熱中症の安全対策としては、ウェブサイトにて公開されている以下の文書が参考になる。

㋐日本スポーツ振興センター／学校における突然死予防必携
　㋑日本スポーツ振興センター／熱中症予防のための啓発資料「熱中症を予防しよう―知って防ごう熱中症―」

(2)頭頸部外傷

▸ 続いて、頭頸部外傷については、ラグビーにおいて、特に死亡あるいは重度障害が発生する重大事故につながる可能性が高いため、こちらも重点的に安全対策を講じる必要がある。こちらの症状を重点的に解説したものとしては、ウェブサイトにて公開されている以下の報告書が存在する。
　日本スポーツ振興センター／「学校の管理下における体育活動中の事故の傾向と事故防止に関する調査研究」―体育活動における頭頸部外傷の傾向と事故防止の留意点―調査研究報告書

(3)脳しんとう

▸ 現在、脳しんとうに関しては、日本ラグビーフットボール協会（JRFU）のホームページに資料が充実している。JRFU では、2011 年に、「脳しんとう及び脳しんとうの疑いの取扱い」との報告を発表し、また、国際ラグビーボード（IRB）が発行した脳振盪 ガイドライン等の和訳を掲載している。
　㋐日本ラグビーフットボール協会（JRFU）／「脳しんとう及び脳しんとうの疑いの取扱い」
　㋑日本ラグビーフットボール協会（JRFU）／脳振盪 ガイドライン等について

(4)歯、口

▸ 最後に、事例数が多いわけではないものの、ラグビーへの指摘がある症状として、歯や口のけががある。ウェブサイトに公開されているこちらに関する資料としては、以下の文書がある。
　日本スポーツ振興センター／学校の管理下における　歯・口のけが防止必携

さいごに

　本章では、スポーツ部活動中の事故と安全対策というテーマで、中学及び高校で死亡・重傷の事故が多いスポーツ部活動のうち、柔道・野球・ラグビー・サッカーを取り上げた。

　しかしながら、スポーツ事故も、著名なハインリッヒの法則にあるとおり、このような死亡、重傷などの重大事故の背後には、少し軽微な事故、そして、大量のヒヤリとする瞬間があるのであり、重大事故を防ぐためには、このようなヒヤリとする瞬間に対して、どのような安全対策を取っていくのかが非常に重要になる。

　この点、上記に掲げた、事故データや安全対策に関して講習会などを行うことも一つの有効な手段だと考えるが、筆者として、さらにお勧めしたい方法がある。指導者同士で集まった中で、事故データにある重大事故事案をテーマとして、指導者が自分の身の回りで起こった類似の重大事故、

軽微な事故、ヒヤリとした瞬間について、お互いに発表の上、専門家を交えて、対策を議論してもらう方法である。これには3つの効用がある。

まず1つ目の効用は、単に講習会などで話を聞くだけでなく、自らの指導現場を振り返ることで、ヒヤリとする瞬間について、自分で考える機会を持てることである。指導者が自らの生徒たちをどう守るかは、自ら考え、施策を講じなければならない。講習会等で話を聞くだけではなかなか十分に考える時間を持てないが、指導者同士の議論の中では、お互いに考える時間を持つことができる。

2つ目の効用は、自分の身の回りで起こっていることを議論の題材とすることで、強い現実感のある議論ができる、ということである。自らが経験していない事例から学ぶことも重要であるが、上記の重大事故についても、関わったことのない人間からすれば、なかなか現実感を持つことは難しい。一方で、自分自身が経験したヒヤリとした瞬間というのは、もっとも現実感のある場面であり、具体的にどのような形の安全対策をすればいいのか現実的に考えることができるもっともよい素材なのである。その意味では、是非、近しい指導者と一緒に、ご自身が感じたケースを出し合って議論を深めていただきたい。

さらに、3つ目の効用は、同じ立場の指導者同士で議論する、というところである。指導者同士は、日々同じような立場の悩みを抱えておられるものの、お一人お一人だけではなかなか事例を集約するわけではない。一方的な講習会では、講師と聴衆の間で悩みを共有することもいささか難しい。その中で、同じ立場の指導者同士であれば、近しい悩みを共有しながら、現実的な対策を打てるのである。中に、専門家がおられれば、なお実効性のある対策を議論できることになる。

このような指導者同士の勉強会は、指導者の身の回りで発生する可能性が高いスポーツ事故を防ぐにはもっとも効果的な方法であり、下手な講習会を実施するより、実践的な取り組みが期待できる。安全対策も自ら考えた現実的な方法が実施できるのである。

筆者も安全講習会などでお話しさせていただくこともあるが、よく「私の指導現場で事故が起こることなどない」、と豪語される指導者の方もおられる。その指導者が、適切な安全対策に常に気を配っておられるのであればそうなのかもしれないが、このようなことをおっしゃる方の根拠は、自分の指導現場で事故が起こったことがないだけで、何ら安全対策を取っておられない指導者も多い。筆者は、このような現場では、必ず大きな事故が発生する、と断言する。安全対策を取っていないのであるから、事故が発生するのは当たり前である。

指導者は、日々、スポーツを行う生徒から慕われ、生徒の安全を守られなければならない、このような生徒に重大事故が発生しないよう安全対策を取らなければならないのである。少子化の中で、スポーツ間の競争が激しくなり、重大事故が発生するスポーツを行う子供はますます少なくなるだろう。筆者は、読者の指導者の皆様と、スポーツ事故をゼロにするため、今後も尽力していきたい。

*1　2013年5月27日付「運動部活動の在り方に関する調査研究報告書」（運動部活動の在り方に関する調査研究協力者会議）参照
*2　南川和宣「課外活動中の事故と大学の責任（一）」修道法学26巻2号273頁
*3　最高裁1983年2月18日判決『判例タイムズ』492号175頁
*4　「2012年度災害共済給付状況」（日本スポーツ振興センター）によれば、2012年度の加入状況は、小学校99.9％、中学校、99.9％、高校98.1％である。

column

学校事故が起こった時、何が求められているのか

　学校での事故や不祥事のリスク管理、スポーツ団体での事故や紛争のリスク管理、病院や介護施設での転倒・転落・誤嚥・誤飲事故や紛争のリスク管理等のテーマで講演を依頼される機会が増えている。

　学校事故対応については、文部科学省も、2014年度に「学校事故対応に関する調査研究」有識者会議を立ち上げて、本格的な検討を開始している。

　現場で実際のトラブルを現認している者としては、紛争化を回避できる事故を、事故後の対応が適切でないことで紛争化させている事例に心が痛む。

　事故が生じた時に誠意ある対応というのは、謝罪の文言を重ねることではない。大事なのは、第一に事実関係の詳細についての解明（隠蔽はもちろん、不十分な調査は紛争を拡大する）、第二に事故が生じた原因の分析、第三に事故を繰り返さないための再発防止策の提案と実行、第四に被災者とその家族の痛みと辛さに対する共感、第五に適切公正な補償である。

　紛争化している事例を見ると上記の第一ないし第四の対応が十分でない（あるいは欠けている）事案が多い。

　昨年、日本のトップスイマーを育てた実績のあるスイミングスクールで、中学1年生の選手コースに在籍していた生徒がスタートダッシュの練習中に水底に頭部が衝突したため、第6頸椎圧迫骨折を負ったが、奇跡的に頸髄の損傷を免れたという事故があった。私は、生徒の両親から相談を受けた。私もよく知っているスイミングスクールでの事故であり、変則的ではあったが、両親の了解を得て、スイミングスクールに事故報告書を作成させ、説明会を開催すること、スイミングスクールの事故報告書の作成を私が援助することとなった。

　スイミングスクールの担当者は、3週間かけて（その間に私の助言で4度の推敲あり）、上記5点について詳細に記述した15頁の報告書を完成させて、スイミングスクールに両親を招いて説明会を行った。説明会後の被災者の両親の最初の一言は、「最初から、こうしてもらえれば、望月弁護士のところに行かなかったのに…」だった。この事件は、円満に解決し、被災した子どもは、スイミングスクールへ復帰した。

　知人の弔問に行く時に、「この人がな亡くなったのは私の責任ではありません」という弔問をする人はいないが、学校での事故の際は、こんな対応が時として見られる。

　事故が直ちに紛争になるのではない。事故後の対応が十分でないことで、事故を紛争へと拡大してしまう。初期対応の重要性を理解してもらいたい。

虎ノ門協同法律事務所
望月　浩一郎

スポーツ部活動から暴力をなくすために何が必要か？

虎ノ門協同法律事務所
望月 浩一郎

望月 浩一郎（もちづき こういちろう）●プロフィール
　弁護士（東京弁護士会、1984年登録）、ジュニアスポーツ法律アドバイザー（日本体育協会スポーツ少年団）、日本学生野球協会審査室委員、文部科学省：スポーツ部活動の在り方に関する調査研究会議副座長（2013年）、スポーツ界における暴力根絶に向けた宣言文作成委員会委員（日本体育協会など5団体、2013年）、日本スポーツ法学会会長（2014年〜）など。

スポーツ部活動における暴力の実態

　大阪桜宮高校で監督から暴力を受けたバスケットボール部員が自殺した事件を契機にスポーツ部活動中の指導者の暴力・暴言・威圧・脅迫・無視・セクシュアルハラスメント・パワーハラスメントなどの問題（以下「暴力等」という。）が大きな問題となった。

　文部科学省は、2013年8月、2012年度の全国の学校での体罰実態調査の結果を明らかにした。6,721件の暴力等があり、中学・高校での暴力等が5,077件と全体の約76％を占めており、その中で部活動中の暴力等が2,021件・40％、運動場・体育館で生じている暴力等は2,100件・41％とスポーツ部活動中の暴力等が、全体の4割程度を占めていると推測される。暴力等による懲戒件数は、2011年度の404件から2012年度は2,253件と5倍に増加した。この事実は、これまでも、学校における暴力等は広く存在していたが、隠蔽されていたことを示している。

　笹川スポーツ財団の調査[*1]では、桜宮高校事件、柔道女子日本代表監督の暴力・暴言事件が発覚した後である2013年は2012年に比して、スポーツ部活動中に指導者から暴力等を受けた生徒は下のグラフのとおり減少はしている。しかし、これだけ社会的に大きな問題となっているにもかかわらず、未だ暴力等を行っている指導者が少なからず存在していることは、異常な事態である。さらに、現在スポーツ部活動中の指導者の暴力等が減少している事実が今後も続くかという点も引き続き注視が必要である。指導者の中には、「強い選手を育てるには愛のムチは必要だ」「暴力がダメだなどというのは今だけ」「しばらくすれば元に戻る」などと発言をしている人もおり、一時的な現象でしかない可能性がある。

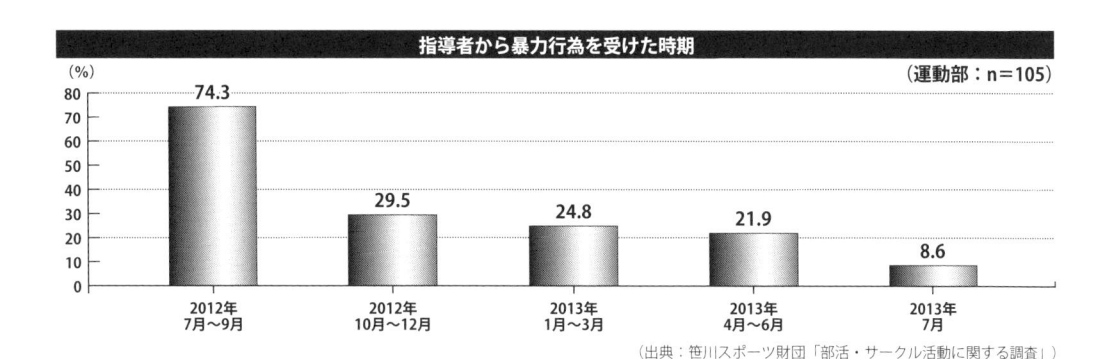

指導者から暴力行為を受けた時期　（運動部：n＝105）

時期	%
2012年 7月～9月	74.3
2012年 10月～12月	29.5
2013年 1月～3月	24.8
2013年 4月～6月	21.9
2013年 7月	8.6

（出典：笹川スポーツ財団「部活・サークル活動に関する調査」）

体罰と暴力の違い

　「体罰」の用語が誤って使用されているため、この点を最初に整理する。NHKが2013年2月全国大会に出場した高校を対象にしたアンケートでは、全体の39％ 41校で暴力等が問題となっている。暴力等をした理由は、63％の高校が指導のため、37％が生徒に違反行為があったため、32％

が士気を高めるためであった。「体罰」は学校教育法上の概念である。「校長及び教員は、教育上必要があると認めるときは、文部科学大臣の定めるところにより、児童、生徒及び学生に懲戒を加えることができる。ただし、体罰を加えることはできない」(学校教育法第11条)。したがって、「生徒に違反行為があった」場合の懲戒行為としての暴力等は体罰であるが、「指導のため」、「士気を高めるため」に用いられた暴力等は、懲戒行為ではなく、単なる暴力である。まして教員でない外部指導員の暴力等を「体罰」と評価する余地はなく、単なる「暴力等」の行使でしかない。文部科学省自身が、この点で正しい用語の用い方をせずに、一括して「体罰」としているように、誤った用いられ方が広く存在しているが、早急に是正されるべきである。

スポーツ部活動指導で愛のムチは許されているのか

　暴力等は、暴行罪（刑法第208条）、傷害罪（刑法第204条）、強制わいせつ罪（刑法第176条）、強姦罪（刑法第177条）、脅迫罪（刑法第223条）、強要罪（刑法第224条）等の刑法に該当する行為であり、刑罰をもって禁じられており、同時に、「故意又は過失によって他人の権利又は法律上保護される利益を侵害」する場合には、「これによって生じた損害を賠償する責任を負う」（民法709条）と定められ、民事上も違法とされていることは明らかである。にもかかわらず、スポーツ部活動では、刑事上も民事上も違法であることが明らかな暴力等が繰り返されている。この原因を突き詰めて、対策を講じることが必要である。

スポーツ部活動指導における暴力等の4パターン

指導者の暴力行為の4パターン	
確信犯型	暴力等をふるうことを誤りだとは思わず、有益で必要だと信じている。
指導方法わからず型	暴力等をふるうことは禁止されていることは理解しているが、暴力等に頼る以外の指導方法を知らない。
感情爆発型	暴力等をふるうことは禁止されていることは理解しているが、感情のコントロールを失って暴力等をふるう。
暴力行為好き型	自分のウップンばらしやストレス解消のため、暴力等をふるい、暴力等をふるうことを楽しむ。

スポーツ部活動指導における暴力等が行使された原因を、指導者の側から類型化すると4つのパターンに大別できる。この4つのパターンの中で、「感情爆発型」と「暴力行為好き型」が誤っていることは、比較的合意を得られやすい。

　問題は、「確信犯型」、「指導方法わからず型」である。「確信犯型」は積極的に暴力等を有効な指導方法と考えており、「指導方法わからず型」も消極的にではあるが、暴力等を有効な指導方法の一つとしている点で共通している。この2つのパターンは、〈強い選手・チームを育てるには愛のムチが有効だ〉という認識が基礎となっている。スポーツにおいて勝利を目指すことがその本質的要素の一つである以上、基礎にある〈強い選手・チームを育てるには愛のムチが有効だ〉という認識を維持したままでは、スポーツでの暴力等を根絶させるたたかいで勝利を得ることができない。

これまでの暴力等とのたたかいにおける弱点

　桜宮高校や柔道日本女子代表監督の事件に注目が集まる以前において、スポーツにおける暴力等をなくすための取り組みがなかったわけではない。しかし、大きなうねりにはならなかった。日本体育協会等5団体の「スポーツ界における暴力行為根絶宣言」は、「これまで、我が国のスポーツ界において、暴力等を根絶しようとする取組が行われなかったわけではない。しかし、それらの取組が十分であったとは言い難い。本宣言は、これまでの強い反省に立ち、我が国のスポーツ界が抱えてきた暴力等の事実を直視し、強固な意志を持って、いかなる暴力等とも決別する決意を示すものです」と宣言し、従前の暴力等根絶のためのスポーツ界の取り組みが十分でなかったことを率直に認め、今後の取り組みを強化することを目指している。

　これまでどうして暴力等をなくすための取り組みで勝利を得られなかったのだろうか。その理由は、第一にスポーツにおける暴力等を肯定する人々が多数派であるという点に、第二に暴力等をなくすための取り組みにおいて、指導者が暴力等に頼る原因を正しく把握していなかったという点での弱点にあった。

暴力等を支持する広範な人々の存在

　スポーツにおける暴力等を肯定する人々＝暴力等が競技力を向上させると考える人々は、スポーツをするアスリートの中でも、指導者の中でも、また、保護者やスポーツを支える市民の中でも多数を占めている。

　元プロ野球選手の桑田真澄氏が行った、プロ野球選手と東京六大学の野球部員の計約550人へのアンケートで、指導者や先輩からの暴力等を受けた体験についての回答は次頁の表のとおりである。さらに、「体罰は必要」、「ときとして必要」との回答は83％と圧倒的多数である[*2]。

桑田氏による 2009 年のアンケート	中学	高校
指導者からの暴力を受けた経験	45%	46%
先輩からの暴力を受けた経験	36%	51%

プロ野球選手と東京六大学の野球部員の計約550人

　新聞社が、2013年5月、3大学の協力を得て運動部所属の510人にアンケートしたところ、体罰はあっていいかとの問いに対して、「そう思う」「どちらかと言えばそう思う」は57〜73%あり、体罰の影響（複数回答可）については、「気持ちが引き締まった」（60%）、「指導者が本当に自分のことを考えていると感じた」（46%）と肯定的な回答が多く寄せられ、「スポーツを教える側になったとして体罰を使うか」の問いに対して、「使うと思う」「時と場合によって使うと思う」は45〜54%を占めている[3]。

　このようなアスリートがスポーツ部活動指導において暴力等を容認している現状を変えない限り、暴力等を容認する指導者は再生産されていく。

　「あるとき、気を抜いた練習をとがめられて、ボコボコに殴られた。『殴る監督の目に涙があった。それを見たとき、私はこの監督について行く決心をした』」[4]「選手が練習の中で越えられない壁を自分で作ってしまっているのを何とかしたかった。暴力等の意識はなかった」（全日本柔道連盟元代表監督）[5]、「指導の一環だった」（松江市の市立学校空手柔道部外部指導者）[6]、「生徒の態度が不真面目だった。反省しているが、体罰との認識はなかった」（京都府立網野高校レスリング部顧問）[7]、「体罰と訴えられた監督がいたとして、専門部の調査により、必要な鉄拳であって本人も保護者も『当然です』と納得しているケースなら、専門部がその監督の正当性をアピールして守ってやる」（高体連レスリング専門部理事長）[8]、「行きすぎた体罰はよくないが、人を成長させるためには必要じゃないかと思う」[9]と、暴力等が競技力向上のために「有益」であるという認識が指導者の中には根強く存在する。

　市民を対象として2013年2月に実施された新聞社のアンケートでは、「体罰を『一切認めるべきでない』との回答が53%と半数を超えたが、『一定の範囲で認めてもよい』との一部容認派も42%を占めている。男女別にみると、男性の『認めてもよい』は54%で、『認めるべきでない』（43%）を上回っている。（略）年代別では20代と30代で『認めてもよい』が、『認めるべきでない』より多かった。」[10]と報じられている。

　保護者の中でも、〈強い選手・チームを育てるには愛のムチが有効だ〉との意見は少なくない。保護者は、「感情的なものでなく、叱咤激励の意味を込めた愛の体罰であれば問題ないように思う」

（大阪府の会社経営の男性）、「体育系特有の理不尽な負荷が社会に出てから役に立った。折れない気持ちを得ることができた」「監督に50発以上連続して叩かれた経験があるが、すべて納得し、今でも感謝している。愛情のこもった厳しい指導のおかげで、今の基礎ができ、社会に対応できる精神が身についた」（高校でアメリカンフットボール日本一を経験した男性）、ソフトテニス部に所属する中学生2人の娘を持つ母親は「（娘が）試合中にひっぱたかれることもあるが、親として指導方法に納得している」と語っている。

　このように、〈強い選手・チームを育てるには愛のムチが有効だ〉として、暴力等を容認する人々は現在でも多数である。スポーツにおける暴力等を根絶するためには、指導者に対する啓発活動はもちろんだが、アスリート自身、さらには、その保護者やアスリートを支える市民に対する啓発活動が欠かせない。

　これらの、暴力等を肯定する人々に共通するのは、自ら暴力を受けて育ってきた「勝ち組」の誤った成功体験が基礎にある。暴力による服従で選手を育てる方法では、真に強い選手・チームを育てることはできず、同時に多くのスポーツ嫌いを生み出す。桑田真澄さんは「殴られるのが嫌で、野球を辞めた仲間を何人も見ました。スポーツ界にとって大きな損失です」と述べている[*11]。

　暴力等に頼る指導は、医療に例えれば、手間はかからないが、10例手術して1例しか成功しないで9例は失敗する術式。多くはスポーツ嫌いとなっていく。たまたまうまくいった1例の「勝ち組」の人が、失敗例を顧みることなく、「愛のムチで立ち直った」「監督の厳しい指導で全国大会に出場できた」という誤った成功体験を語っている。暴力等がいやで途中でスポーツ嫌いとなって辞めていった人は、その後スポーツに関わることがなくなり、指導者となるケースも少数であるため、指導者の多くは、愛のムチを肯定する人により占められるという悪循環となっている。暴力に頼らない指導は、科学的な根拠に基づいた指導方法を選手とのコミュニケーションを確立して「選手自身に考えさせる」指導である。選手自らが理解して自主的に活動する過程には、指導者が命令して「ハイ」と言わせるよりは多少は手間がかかるかもしれない。しかし、その過程で、暴力等がいやで途中でスポーツ嫌いとなって辞めていく人はいない。10例手術して10例の成功を得られる術式である。

　1996年から4大会連続で夏季五輪に出場し、2008年の北京五輪では男子400mリレーで銅メダルを獲得した陸上選手の大阪ガス陸上部コーチ朝原宣治さんは、中学まではハンドボールの選手だった。全国大会にも出場する実力を有していた。しかし、高校に進学後は、ハンドボールから離れ、陸上部に入部した。その動機を次のとおり語っている。「中学のハンドボール部では、試合でミスがあると、先生から頭を小突かれました。練習中に水を飲めないのもきつかった。隠れて飲んだのがばれると、うさぎ跳びをやらされました。ハードな練習を3年間続け、全国大会にも出て自信がつきました。ただ、やり方に違和感がありました。僕には合わない、と。だから高校では自由な雰囲気の陸上部を選びました。それからは、自分で練習法を考え、試していくスタイルになりましたね」[*12]。朝原選手は、陸上競技でスポーツを継続し、日本全体のスポーツ界とし

ては、たぐいまれな人材を失うことはなかったが、暴力等による指導、非科学的な指導により、ハンドボールという競技としては逸材を失っている。

　誤った「成功体験」を持っている選手・指導者・保護者を説得する作業が必要である。

「勝利主義」「競技志向」が原因という限り、暴力等には勝利できない

　スポーツにおける暴力等が蔓延する原因として、「勝利主義」「競技志向」を指摘する人が少なくない。スポーツの弊害として、「勝利至上主義」、過度の「競技志向」を原因とする問題があり、これらが是正されるべきという点については異論はない。

　「勝利主義」「競技志向」をスポーツにおける暴力等の主原因と主張する立場は、実は、〈強い選手・チームを育てるには愛のムチが有効だ〉という暴力等を肯定する人々と同じく、誤った立場に立っている。〈強い選手・チームを育てるには愛のムチが有効だ〉という誤りをさらに増幅するという要因として「勝利主義」「競技志向」が影響を与えてはいるが、「勝利主義」「競技志向」が暴力等の主原因ではない。

　この暴力等の原因に対する誤った認識が、これまでスポーツ界における暴力をなくすための取り組みで十分な成功を収めなかった要因の一つである。

　暴力等の原因を「勝利主義」「競技志向」と捉えることは、暴力等による強制と服従では、真に競技力の高い強い選手・チームを育てることはできないことを、アスリート、指導者そして保護者等のスポーツを支援する人々のすべてに理解してもらう取り組みにおいて、無益であるだけでなく、克服すべき対象を覆い隠してしまうという点で有害であった。

　スポーツ界における暴力等を根絶させるためのたたかいで、もう一つ有害な議論がある。学校教育下におけるスポーツ部活動におけるスポーツでの暴力等をなくすための議論において、一つは、学校教育下におけるスポーツ部活動における暴力等の原因を、「学校でのスポーツ部活動を教育の一環と捉える視点が弱いことにある」とする意見であり、もう一つは、この意見と180度反対だが、「学校におけるスポーツ部活動を、スポーツではなく『体育』として捉えている点で、道徳教育の影響があり、これが、学校でのスポーツ部活動の暴力等の要因である」という意見である。

　学校教育下におけるスポーツ部活動の本質を議論するという点では、それぞれの意見の価値を否定するつもりはない。しかしながら、スポーツ部活動における暴力等を根絶するというたたかいの上では、全く不要な議論である。スポーツ部活動は、教育の一環でもあるし、スポーツでもある。教育の原理からも暴力等は許されないし、スポーツの原理からも暴力等は許されない。暴力等を根絶させるたたかいにおいて、スポーツ部活動の性格の軸足をスポーツに置くのか、教育に置くのかという議論は、無益なだけでなく、議論を混乱させる意味で有害である。

　さらに、最近接した意見の中には、スポーツ部活動において暴力等が許されないのは、学校教

育法で体罰が禁止されているからであり、愛のムチを認めたかったら、法律を変えればよいという意見があった。学校教育法に体罰を禁止する規定が仮になかったとしても、教育とスポーツの理念に基づき、スポーツ部活動において暴力は許されない。「禁止されているから許されない」という上からの押しつけでは暴力の根絶はできない。一人ひとりのアスリート・指導者・保護者が、どうして暴力等に頼る指導がダメなのか、この点の納得を得る取り組みが必要である。

教育界・スポーツ界は本当に暴力等とたたかってきたのか？

　前橋地方裁判所は、2012年2月17日、県立高校の女子バレー部元監督の部員への暴力を認めて、群馬県に慰謝料など143万円の支払いを命じる判決を言い渡した。

　判決は、部活動の顧問である元監督が部員に対して、他の部員やその保護者等の面前で、複数回にわたり、時には竹刀まで用いた暴行をした事実、部員が、中学校在学中から、ジュニアオリンピック群馬県代表選手などに選出されるほどのバレーの実力を有していたにもかかわらず、本件暴行が一因となって、バレー部を退部し、神経性食思不振症、うつ状態、心因反応及び不眠症と診断され、登校できなくなり、ひいては転学するに至った事実を認めた。

　群馬県及び元監督は、元監督が部員を竹刀や平手で叩いたことなどは認めたものの、違法性を否定した。「長年にわたり部員の保護者の面前においても、平手や竹刀で叩いて指導を行ってきたが、部員やその保護者から苦情はなかった。したがって、被害者である部員及びその保護者の黙示の承諾があり、違法性が阻却される」。これが群馬県の訴訟における主張だった。

　桜宮高校でバスケットボール部員が自殺した年に判決言い渡しがあった裁判で、地方公共団体である群馬県が、堂々と暴力等を正当だと主張したのが現実である。

　これまで、教育関係機関も競技団体も、暴力等と正面から向き合ってたたかってきていないことが、スポーツ部活動において暴力等が容認され、指導者の選手に対する暴力等、あるいは、上級生の下級生に対する暴力等が広範に、かつ、根強く存在している要因となり、桜宮高校をはじめとする多くの悲劇を招いている。

　スポーツ界における暴力行為根絶宣言は、スポーツにおいては暴力等が許されるものでないことを宣言しているだけでなく、同時に、スポーツの場に暴力等が生じやすいために、常に暴力等をなくすためのたたかいが必要であることを示している。

　暴力等をなくすためには、第一にすべてのスポーツ部活動において暴力等を許さない態度を明確にし、第二に学校、教育委員会及び競技団体が一致して暴力等を許さないとの毅然とした行動をすること、第三に暴力等に頼ろうとする指導者への指導方法の啓発活動、第四に学校、教育委員会及び競技団体が暴力等を隠蔽しない対応である。

暴力等に頼らない指導のために何が必要か

　教育関係者・スポーツ関係者が、暴力等に毅然とした対応を取ることで、指導者が「確信犯型」となることを防ぎ、かつ、指導者に対する適切な啓発活動を通じて、暴力に頼らず競技力の向上ができるように、「指導方法わからず型」から脱却させることである。

　暴力等が広範に、かつ、根強く存在している要因の一つに、1964年東京オリンピックの「東洋の魔女」の負の遺産、その後1970年代前半までの『サインはV!』などのスポ根マンガ（スポーツ根性のマンガ）の影響が指摘されている。実際、1970年代前半のバレーボールやバスケットボールの高校選手権大会で、監督が選手に手を上げている映像が全国放送されても、放映しているテレビ会社に苦情の電話の1本もなかった時期があったと語られている。

　このような体験を持っている指導者には正しい指導方法を語る必要がある。日本高野連は、2008年から「甲子園塾」を行っている。ここでは、指導者の間で、体罰の是非についても、夜中まで話し合い、子どもたちをどう導くかを話し合っている。指導者の指導力を高める、指導者を対象とした教育的な配慮が必要である。

　優れた指導者は、暴力等では選手の競技力を高めることはできない、「選手自身に考えさせる」指導が大事だという声を上げている。元プロ野球選手の桑田真澄氏は、野球で三振した子を殴って叱ると、何とかバットにボールを当てようとスイングが縮こまってしまうので、「タイミングが合ってないよ。他の選手のプレーを見て勉強してごらん」と、前向きな形で指導するのが本当の指導だと言っている。柔道の五輪金メダリスト古賀稔彦氏は、今の日本柔道界には「選手自ら考えて柔道する力が足りない、これが世界の強豪との違いだ」と言い、「叩く、体罰からは生まれない」と指摘している。

　2012年夏の高校野球選手権大会の優勝校、前橋育英高校監督の荒井直樹監督は次のとおり語る[13]。ミスが起きて監督が改善策を示した際、選手が「はい」の返事で終わるようでは進歩はない。順番待ちなど寸暇を惜しんで努力することが成功への一本道との指導をしている。空き時間を無為に過ごさせないのは、選手に考える癖をつけさせる狙いもある。頭と体をフルに使って打球方向の勘を養った選手たちには、もはや試合で守備位置を細かく指示する必要はない。「監督がああだ、こうだとやると選手はロボットになってしまう。指示待ちの人間は作りたくない」。

　2011年高校選手権で全国優勝の兵庫県の滝川第二高校のサッカー部栫裕保監督は、教師と生徒という主従関係ではなく、共に勝利を目指すチームメートだということを確認するために一人ひとりの生徒と握手をしてから練習を始め、生徒自ら考えて動く『自主性』を尊重した指導をしている。栫監督は、「指導者が力で従わせる必要はない。子どもたちは楽しいから勝ちたくなるし、頑張りたくなる」と語る[14]。

　慶應高校野球部の上田誠監督は、「うちの選手は理論武装が好き。学問的に教えると自分たち

で実践し始める。彼らは研究者気質なのだ」と語る。上田監督は生徒の心をくすぐり、野球の能力を高めようとしている[*15]。

今後は、これらの優れた指導者の経験に学び、暴力に頼らず「選手自身に考えさせる」ことで強い選手・強いチームを育てることが大事である。

```
*1   http://www.ssf.or.jp/research/sldata/data_club_01.html
*2   桑田真澄他『野球を学問する』株式会社新潮社、2010 年、88 ～ 89 頁
*3   朝日新聞他各紙 2013 年 3 月 19 日
*4   浜田昭八 日本経済新聞 2008 年 8 月 15 日　この記事は、誤った成功体験の紹介である。
*5   読売新聞他各紙 2013 年 2 月 1 日
*6   産経新聞他各紙 2013 年 1 月 23 日
*7   産経新聞他各紙 2013 年 2 月 5 日
*8   日本レスリング協会公式サイト、ニュース欄
     「高校スポーツ界の体罰問題…中根和広・高体連専門部理事長に聞く」2013 年 2 月 9 日
*9   スポーツ報知「【柔道】吉田監督、園田前監督思いやる　体罰問題で持論展開」2013 年 6 月 4 日
*10  毎日新聞 2013 年 2 月 8 日
*11  朝日新聞 2013 年 1 月 23 日
*12  読売新聞 2013 年 2 月 6 日
*13  産経新聞 2013 年 10 月 7 日
*14  NHK 2013 年 2 月 12 日
*15  日経産業新聞 2014 年 3 月 7 日
```

column

アメリカのスポーツ事情──体罰「大学部活動の内部告発」

　現在、日本でも体罰に関する問題が続々と明るみに出ているが、アメリカでも過度な体罰に対する世間の注目度は高い。ここ数年でもっとも注目を集めたケースの一つとして、ニュージャージー州にあるラトガース大学の名門バスケットボール部の体罰問題を挙げてみたいと思う。

　事の発端は、ラトガース大学の男子バスケットボール部のヘッドコーチであるマイク・ライスが、練習中に選手に差別的な罵声を浴びせたり、選手に物やボールを投げつけたりする暴行の様子がアメリカのスポーツ専門チャンネルであるESPNで放映され、全米中で大いに注目を集めたことに始まる。ESPNでの放映後、あまりの注目の大きさに、翌日ライスは謝罪の上でバスケットボール部の監督を解雇されることとなり、その数日後には、アスレティックディレクターも責任を取り、辞職を余儀なくされた。特に大学スポーツが盛んなアメリカにおいて、有名な大学の体育会の不祥事は、大学の価値を落とすことに直結するため、事件が明るみに出てからの大学側の対応の迅速さには毎回驚かされる。

　学校側の謝罪や、監督や体育会部長の退任だけでは終わらないのがアメリカである。その番組によって事件が明るみに出たことをきっかけに、同大学のある選手が、コーチ陣や大学に対して訴訟を提起したのが以下の事件である。31ページにも及ぶ訴状には、12個もの訴因が挙げられており、ラトガース大学バスケットボール部で起きていた非常事態を垣間みることができる。

Randall v. Rutger[1]

　2011年、高校時から様々な大学から有望視されていたバスケットボール選手のデリック・ランダル (Derrick Randall) は、複数あったチョイスの中からラトガース大学を選び、そのバスケットボール部に入部することを決めた。

　彼には幼少時から精神的障害があり、ラトガース大学のバスケットボール部はそれを理解の上で彼を受け入れ、入部の際に、彼の障害に対しては特別な配慮をすることを、ランダルの親にも約束をしていた。

　しかしながら、いざ入部してみると、特別な配慮があるどころか、監督は、ランダルに対し、故意に蹴ったり殴ったりと過度な暴力を振るい、侮辱的な差別用語を過度に発したりと、監督から彼に向けての態度は度を越しており、ランダルはすっかり自信を失ってしまう（ビデオを見ると、ランダルに対してだけではなく、他の選手に対しても、ライス氏の体罰や暴言は目に余るものがある）。

　2012年11月、当時バスケットボール部のアシスタントコーチであったエリック・マードック (Erick Murdock) は、部内で行われている体罰のあまりのひどさに目をつぶっていられず、部内での様子を大学側に内部告発し、暴行が行われている練習中のビデオを提出した。大学側は弁護士も含めた特別委員会を設置して対処にあたり、内部告発から1ヵ月後に特別委員会は報告書を大学側に提出した。報告書には、許しがたい暴言の数々と、数名の特定の選手に対して非道な暴行が行われていたことが明記されていた。にもかかわらず、大学側からライスへの処罰は3試合の出場停止と、5万ドルの罰金に留まり、それが公になることはなかった。処罰が行われてからも、監督の態度が改心されることもなく、引き続き体罰や暴言は続いて行われていた（その後、内部告発したマードックは大学から解雇されることとなる）。

　マードックの告発から約5ヵ月後の2013年4月、先述のESPNでの放送により、部内の体罰や罵声の事実が公になり、ようやく大学側が本事件に対して真剣に動き出し、監督や大学側が正式に謝

罪を行うに至った。

　入学時に約束された、障害に対する特別な配慮もなく、エスカレートする体罰や罵声にしびれを切らしたランデルは、ESPNの放映を機に訴訟を提起する運びとなる。

　ランデルは裁判で、(1)ライス本人も、大学側も、体罰の事実を知っていたにも関わらず、何も対処せずに事実を隠蔽しようとしたことに起因する過失、(2)選手を蹴ったり、ボールを投げつけたりしたことに起因する暴行、(3)障害者として差別的な扱いを受けたことに起因する障害医者保護法違反、の3点を中心とした主張を行った。

　ラトガース大学も批准する全米大学体育協会（NCAA）の規則には、大学がコーチと選手がポジティブな関係を築けるような環境を作る責任があるとし[*2]、バスケットボール・コーチ協会の規約には、コーチ陣が最上級の公正さと誠実さを持って選手に接すること、すべての選手に対し尊敬の念を払い、フェアプレーの精神を教えるようにとの明記もある。また、コーチは選手の健康や安全を第一に考えるとある[*3]。

　放映されたビデオを見る限り、暴行を知り得ていた大学の対応や、監督の選手への対応は、上記のルールを遵守していたものとは思えず、暴行と共に、過失を疑うのも無理はないであろう。

　試合中に興奮して、コーチも選手も汚い言葉を口にしてしまう場合もあるだろう。勢い余って選手を叩いて喜びを表してしまうことはこともあるだろう。ただ、本件はそういう場合とは違い、繰り返し行われていた意図的な体罰や暴言である。選手といえど本分は学生であり、指導者としては学生スポーツを通して優れた人間を形成するという役割を忘れてはならない。教育機関として君臨する大学が、内部告発により行われていることを認識していた暴行に対して、改善策を打たなかった責任も重い。ちなみに問題の発端になった映像は、インターネットで検索すればすぐに見ることができる。ヘッドコーチがどのような態度で選手に接していたかを是非ご自身の目で確かめて頂きたい。

　本事件は現在も係争中であるが、大学のバスケットボール選手として限られた時間しかないランデルは、この訴えの後、他大学に籍を移し、新天地でのプレーを選択した。

　日本であれば、他校への移籍自体が難しい問題だが、アメリカでは転校してから1年間はプレーできない等一定の規制の基で、他校へのセカンドチャンスを求めることが可能なシステムが確立されている[*4]。今回のランデルの場合は、特別な事情があったと配慮され、例外的に移籍後すぐにプレーできる資格を与えられた。

　日本においては、選手やスタッフから大学側への内部告発のシステムが確立していないことに加え、アメリカのように在学中の転校が難しい現状があり、内部告発をしようとする選手は、学生選手としての資格を捨てるも同然で告発を行わなければならず、実際は難しいところであろう。アメリカのように、意見を主張した選手の後のキャリアがうまくいくような配慮も必要なのかもしれない。

　ちなみにせっかく新たなチャンスを与えられたランデルだが、2014年に入り、規制薬物使用と所持、飲酒運転などで逮捕され、現時点では無期限の試合出場停止の処分となっている。不思議なことに、捕まった場所が、過去に辛い思い出のあるラトガース大学だそうで、なんとも因縁深い土地となってしまったようである。

　体罰問題とともに、逮捕された選手をどう対処していくかも含め、今後注目のケースと言えるのではないであろうか。

ニューヨーク州 弁護士
中村さつき

[*1]　Randall v. Rutger, No.3:13-cv-07354, (D.N.J. Filed Dec. 6, 2013)
[*2]　National Collegiate Athletic Association, 2012-2013 Division 1 Manual, 2.2.4
[*3]　The Code of Ethics of the National Association of Basketball Coaches, 1, 3, 6
[*4]　NCAA Transfer Guide - 2013-14

スポーツ団体（中央競技団体）の ガバナンス構築に向けて

四谷番町法律事務所
境田 正樹

境田正樹（さかいだ まさき）●プロフィール
　弁護士（第二東京弁護士会）、日本スポーツ法学会スポーツ基本法立法専門委員会事務局長（2010年～）、超党派スポーツ議員連盟「今後のスポーツ政策のあり方検討とスポーツ庁創設に向けたＰＴ」有識者委員（2014年～）、文部科学省委託事業「スポーツ団体のガバナンスに関する協力者会議」委員（2014年～）、日本フェンシング協会「JSC委託金不適切な経理処理に関する第三者委員会」第三者委員会委員長など。

はじめに

　2015年のスポーツ庁創設に向けて、2013年10月以降、超党派スポーツ議員連盟（座長：麻生太郎衆議院議員）及び同スポーツ議員連盟のもとに設置された「今後のスポーツ政策のあり方検討とスポーツ庁創設に向けたＰＴ」（座長：遠藤利明衆議院議員）、さらに同ＰＴの下に設置された「ＰＴ有識者会議」において、今後のスポーツ政策の在り方及びスポーツ庁の設置に向けた課題に関する議論が重ねられてきた。

　筆者は、同ＰＴ有識者会議の委員として、これまで上記諸課題、特にスポーツ団体のガバナンスに関する課題について提言させていただく機会を得た。

　そこで、本稿では、2015年のスポーツ庁設置に向けて、さらには2020年東京オリンピック・パラリンピック開催に向けて、スポーツ団体、特にわが国の特定競技の統括団体である中央競技団体の抱える諸課題について分析を行うとともに、同課題の克服・解決に向けた方策等について考察を試みることとする。

中央競技団体の抱える課題

1. 昨今の中央競技団体における不祥事

　中央競技団体とは、特定の競技の強化・普及・振興のための事業をすることを主たる目的とし、選手強化予算の配分権や代表選手選考権限、登録会員等に対する調査・処分権限などの権限を独占的に付与された国内唯一の統括団体のことをいう。

　当然のことながら、中央競技団体は、上記のとおり高い公共性、公益性、そして独立性を有する団体である以上、その運営においては、公平性、透明性、そして公正性が求められることとなる。

　しかしながら、昨今の中央競技団体においては、公的資金の不正受給事件や不適切な経理処理案件、監督やコーチ等による暴力問題やセクハラ問題、団体役員間の内部抗争、八百長問題などスポーツ団体の根幹を揺るがしかねないような不祥事が頻発している。

　特に深刻であると思われるのは、昨年、新公益法人制度が施行されて以降、内閣府から出された5件の「勧告」がすべて中央競技団体であるという事実である。（新公益法人制度における「勧告」とは、公益認定を受けた法人において、たとえば、経理的基礎を欠く、もしくは技術的能力を欠くなど、公益認定基準に適合しなくなったと疑われるような場合などに、監督官庁である行政庁から当該公益法人に対し、当該状態を改善するために、必要な措置をとることを求めて出されるものである）。

　そこから推察されるのは、他の公益法人と異なり、特に中央競技団体においては、不祥事の温床となるようなスポーツ団体特有の問題があるのではないか、ということである。

そこで、次項では、過去に内閣府から出された「勧告」案件についての分析・検討を行い、そのうえで中央競技団体に共通する課題について考察する。

2．内閣府から中央競技団体に対し勧告が出された事案について
https://www.koeki-info.go.jp/pictis_portal/other/important.html

（1）公益財団法人全日本柔道連盟のケース

2013年7月23日、内閣府は、公益財団法人全日本柔道連盟に対し、（ⅰ）暴力問題に関し、現場の選手の声を受け止め、組織の問題として対処する仕組みが存在しなかったこと、また、助成金問題に関し、助成金の受給資格及び「強化留保金」への拠出について不透明・不適切な慣行を問題視せず放置していたこと、（ⅱ）一連の問題について、法人の執行部、理事会、監事、評議員会がそれぞれの責務を果たさず、一般法人法に定められた職務上の義務に違反している疑いがあることを理由に勧告を行った。

また、内閣府は、「勧告において求める措置」として、全柔連に対し以下の対応を求めた。

（ⅰ）全柔連の公益目的事業である「柔道の普及・振興」（特に「競技者・指導者の育成」等）の実施に当たり、「技術的能力」（暴力等の不当行為に依存することなく競技者等を適正に育成することを組織的に実施し得る能力）及び「経理的基礎」（必要な費用を適切に計上し、透明性をもって管理すること及び助成金等を受け入れる場合のコンプライアンスを徹底すること）を回復し、確立すること。

（ⅱ）問題の認められた助成金6,055万円について、（独）日本スポーツ振興センターとの協議が整い次第速やかに返還すること。返還により全柔連に生じた損害について責任の所在に応じた賠償請求等を検討すること。「強化留保金」は直ちに廃止し、再発防止策を徹底すること。

（ⅲ）一連の事態について、執行部（会長、専務理事、事務局長）、理事会、監事、評議員会の各機関における責任の所在を明らかにし、これに応じた適切な措置を講ずること。あわせて、各機関が期待される責務を適切に果たし、法人としての自己規律を発揮することにより、公益認定を受けた法人として事業を適正に実施し得る体制を再構築すること。

この中でも着目すべきは、上記（ⅱ）において、内閣府が、全柔連に生じた損害について、全柔連の役員個人の賠償責任を求めたことであろう。

株式会社の場合は、取締役等が任務懈怠等により会社に損害を与えた場合に、株主代表訴訟等により、取締役が個人賠償責任を求められるケースがあるが、これまで、公益法人の役員が個人賠償責任を求められるケースは稀であった。これは、公益法人の役員は、一般的に非常勤、無報酬であることが多く、また、宛て職として当該役員職を兼務しているに過ぎなかったり、また、ボランティア的に労務や資金を提供していることも多いという実態があるので、仮に何か不祥事が

起きたとしても、役員に対する責任追及などすべきではない、という暗黙の共通理解のようなものが法人内にあったからではないかと推察される。

しかしながら、本案件において、内閣府は、公益法人の役員の地位にある限り、たとえ無報酬、非常勤であったとしても、その任務を怠ったときは、これによって法人に生じた損害について賠償する責任を負うべきである（一般社団法人法 111 条 1 項、198 条）、という、極めて厳しい判断を示したわけである。

今後、公益社団法人、公益財団法人の役員の地位にある者は、役員の個人賠償責任のリスクを回避するための実効的な防止策、たとえば法務・コンプライアンス部門やリスクマネジメント部門に専門人材を登用すること、その分野の専門家を役員に招へいすること、さらには万一に備え、役員賠償責任へ加入することなどについても早急に検討すべきであろう。

また、さらに着目すべきは、上記（ⅲ）において、内閣府が、全柔連の執行部（会長、専務理事、事務局長）、理事会、評議員会の責任についても言及したことである。

本来、法人内部で不祥事が起きた場合には、当該法人自ら、関係者の処分（懲戒処分、辞職勧告、更迭等）を行うなど適切な対応を行うべきであるが、全柔連においては、実質的にガバナンスが十分に機能していない、つまり自己規律が発揮されず、自浄作用が働いていない状態にあると判断されたため、内閣府自らが、全柔連の執行部等の責任を追及することを求めるという異例の厳しい判断を示したわけである。

公益法人の自立性を損なわないためにも執行部、理事、監事、事務局長その他の関係者は、公益法人として自己規律が発揮できる環境を整備すること、そして適正なガバナンス体制を構築することが喫緊の課題であることを銘記すべきであろう。

（2）公益社団法人日本アイスホッケー連盟のケース

2013 年 11 月 19 日、内閣府は、公益社団法人日本アイスホッケー連盟に対し、役員選任決議が行われ、旧役員から新役員に体制が変更したにも関わらず業務引き継ぎが行われないことを理由に勧告を行った。

また、「勧告」のなかで、同連盟については、評議員会における役員の選任に関する一般法人法の規定に違反していること、理事については、忠実義務に抵触している疑いがあること等が指摘されている。

（3）公益社団法人全日本テコンドー協会のケース

2013 年 12 月 10 日、内閣府は、公益社団法人全日本テコンドー協会に対し、社員総会の議決権行使が妨害されていることを理由に勧告を行った。
また、2014 年 4 月 16 日には、再び、全日本テコンドー協会に対し、簿外資金が存すること、代表理事の財布と法人の会計が明確に区分されていないこと、理事及び監事も簿外の資金を承知し

ながら是正のための行動をしていないことなどを理由に勧告を行った。

　しかしながら、全日本テコンドー協会は、上記勧告が指摘した事項に対応した改善措置を完了していない段階で、2014年5月15日、公益認定の取消し申請を行ったため、内閣府は、この申請を受け同協会の公益認定を取り消した。

　全日本テコンドー協会によるこれら一連の対応について、内閣府は、「勧告が指摘した事項について法人が自主的に改善措置を完了する前に、当の法人から公益認定の取消しの申請がされたことは、異例の事態である。民による公益の増進の担い手として、社会的存在としての責務を自覚しつつ、関係法令の規定を守りつつ、高い志を持って公益活動を継続しておこなっていただくことができなかったことは、残念である」と述べている。

　一般社団法人に移行後は、これまでのように、監督機関（内閣府）がなくなるわけであるが、同協会は、中央競技団体として公共性、公益性、公正性、公平性、透明性が求められていることを十分に自覚したうえで、上記の勧告に対し真摯に対応すべきである。

　付言すれば、これまで同協会が内閣府からの2度の勧告において指摘されている事項は、いずれも、法人を構成する社員の資格の取扱いや、法人の代表者個人やその関連会社の財布と法人会計の分離など、そもそも一般社団法人としての法人格が成り立つうえでの前提に関わる問題であるため、同協会が一般社団法人に移行した後においても、早急に改善措置を講じるよう努めるべきであろう。

（4）公益社団法人日本プロゴルフ協会のケース

　2014年4月1日、内閣府は、公益社団法人日本プロゴルフ協会に対し、理事及び副会長が指定暴力団会長等と交際していた問題が発覚したこと、及び発覚後も暴力団排除に向けた対応が徹底されていないこと等を理由に勧告を行った。

　公益認定法は、公益法人の理事及び監事から暴力団員等を排除するとともに、公益法人を事業活動が暴力団員等によって支配されることを排除しているが、日本プロゴルフ協会においては、理事及び副会長が長年にわたって暴力団会長等と交際していたことが発覚した後も、客観的かつ徹底した事実解明と再発防止策を講じてこなかったこと、また厳正な対処も行ってこなかったことなど、協会としてのガバナンス体制が十分に機能していないことを重く見たものである。

（5）まとめ

　上記の内閣府から出された5件の「勧告」案件から読み取れることは、内閣府は、ある不祥事が起きたことのみをもって「勧告」を出しているのではないということである。

　つまり、内閣府は、「勧告」を出すに当たっては、公益法人の各機関において本来的に求められているガバナンスが機能しているか、例えば執行部（会長、専務理事等）、理事会、監事、評議員会、社員総会等、公益法人を構成する各機関が、各々、一般社団法人及び一般財団法人に関す

る法律、並びに公益社団法人及び公益財団法人の認定等に関する法律によって求められる各職責を適正に果たしているか、等について詳細に検討を重ねたうえで、ガバナンスが適正に機能していないと判断した場合に、「勧告」を出しているということである。

このように、上記5件の「勧告」案件では、中央競技団体において、つまりガバナンスが適正に機能していないという共通課題が認められたわけであるが、それでは、ガバナンスが適正に機能しなかったそもそもの原因は何であるのか、さらには、その原因の除去及び再発防止に向けて、不祥事を起こしやすくする中央競技団体固有の問題が何であるのか、そしてそれらの問題に対し、いかなる対策を講じるべきかについて、以下、考察を試みる。

中央競技団体において不祥事が起きる原因とその対策について

1. 中央競技団体の抱える膨大な業務と人材難

(1) 中央競技団体で様々な不祥事が起きる主な原因の一つは、中央競技団体の業務が多種多様で複雑にわたり、またその業務量も膨大であるにも関わらず、多くの団体において、それを担う人材が著しく不足しているため、本来的に求められる業務が適正、適切に遂行されていないことではないかと推察される。

別紙「業務一覧表」をご覧頂ければ明らかなように、中央競技団体の抱える業務は膨大であり、これら全業務を適正かつ迅速に遂行するためには、各団体すべて、最低でも10名程度の専門的スキルのある常勤職員を雇用する必要があろう。

ところが、笹川スポーツ財団「中央競技団体現況調査」の調査報告によれば、国内統括団体（71団体）の正規雇用者数は、24団体が1人～4人で、全体を平均しても6.6人程度であり、正規雇用者のいない団体もおよそ2割（14団体）に上る。

そして71団体中48団体の収支差額はゼロか支出超過であり、また日本サッカー協会を除く70団体の年間の管理費は平均して約5千万円に過ぎない。

これでは専門的スキルのある常勤職員を新たに相当数雇用することは難しいであろう。

2020年東京オリンピック・パラリンピックに向けて、今後、各中央競技団体には、新たに様々な業務が発生し、その結果、団体の事務局には、これまで以上に膨大な作業が発生するものと思われるが、現状の事務局体制のままでは、多くの団体において、事務局が機能不全に陥ることは火を見るより明らかであり、事務局の人材確保に関する問題は、極めて重要かつ喫緊の課題である。

(2) 2012年3月30日付文部科学省「スポーツ基本計画」p.47「スポーツ団体のガバナンス強化と透明性の向上に向けた取組の推進」には、「小規模なスポーツ団体におけるガバナンス強化に向けた一方策として、例えば団体間の連携を図りつつ、共通する事務を協働で処理するための取組等を通じ、組織マネジメントの強化を図る」ことが述べられているが、この計画案の実現のための方策を早急に検討すべきであろう。

(3) また、多くの中央競技団体において、選手の海外派遣費用等については、国（JOCやJSC等）からある程度手厚く助成されているものの、団体の運営経費が圧倒的に不足している現状に照らせば、この運営基盤費用についての国庫助成についても検討されるべきであろう。

(4) さらに重要であるのは、団体の事務作業やマネジメントを行うための専門人材の育成と教育である。

　補助金や委託金など公金の使途に対する世間の目が厳しくなるにつれ、補助金や委託金を受ける団体の側の事務作業量は年々増加し、また事務手続きの内容も年々煩雑化しているが、この作業を担う人材が圧倒的に不足しているのが現状であり、その人材の育成・教育は急務である。

(5) また、中央競技団体の業務範囲が上記のとおり多種多様である以上、中央競技団体の役員においても各種業務に精通した人材を登用することが求められるが、実際は、そのような人材を得られていない団体もかなり存する。

　したがって今後は、中央競技団体の役員向けの研修会や勉強会なども必要であろうし、役員向けガバナンス教育のためのプログラムを策定することも必要であろう。

(6)　さらに、別紙「業務一覧表」のとおり、中央競技団体の事務的業務は、ほぼ共通していることから、上記各課題については、中央競技団体間で可能な限り、有益な情報をシェアし、連携・協働を図りながら課題の克服に取り組むことが肝要である。

2．補助金・委託金制度について

　オリンピックに関連した競技力強化のための中央競技団体への公的資金については、独立行政法人日本スポーツ振興センター（JSC）と公益財団法人日本オリンピック委員会（JOC）の二つの出元があり、これら二つの出元から、国費による委託事業費、国費によるJOCへの補助金、国費からJSCへの運営費交付金による助成金、JSCによるスポーツ振興基金による助成金、JSCによるスポーツ振興くじによる助成金について中央競技団体等に配分されている。

　以上の結果、中央競技団体は、上記事業ごとに、国、JSCおよびJOCのそれぞれからヒアリングを受けることが求められ、また、事業毎に各々申請を行うこと、そして各事業終了後には、各々報告書を提出することが求められている。

　これらの業務が中央競技団体にとり大きな負担となっていることに照らせば、政府の側でスポーツ予算にかかる補助金関連業務については、例えば事業費を一本化する、各事業費に関する手続内容を同一にするなど、手続面の簡素化を図ることも検討すべきであろう。

3．中央競技団体の自己負担問題

　トップスポーツの競技力強化のための公的資金は、国庫補助金、委託事業費、運営費交付金、スポーツ振興基金助成金等の複数の財源が充てられている。

　このうち、国庫補助金によるJOC選手強化事業の補助率は3分の2であり、残り3分の1は受

給団体（競技団体）の自己負担である。

また、JSCの運営費交付金やスポーツ振興基金助成金による競技力強化関連事業助成の助成率は、助成対象経費の3分の2から4分の3であり、残りは受給団体の自己負担である。

財政基盤の弱い中央競技団体においては、これら自己負担分が大きな財政負担となっているという実情があることに照らし、上記自己負担分を0％にすることも検討すべきであろう。

中央競技団体（NF）業務一覧表

分野	業務内容	NF固有業務	専門委託可能業務	共同事務可能業務
選手強化	競技力強化及び競技普及のための情報収集及び戦略立案（コーチングプログラム含む）	○		
	国際大会への選手団派遣			
	代表選手や強化指定選手の選考（規程の作成は法務）		△	
	JOC、IOC、JSC、JPSA等との連絡や連携			
	トップアスリート養成のための外国人監督、コーチの招聘			
	JOC、JSCなどへの事業報告、各種申請、その他関連事務			
	NTCの活用			
	その他			
事業・マーケティング	マーケティング、スポンサーの獲得、契約交渉		○ ＊他団体との競合	
	団体の商標、著作権等知的財産権の管理、選手のパブリシティ管理、契約交渉		○ ＊他団体との競合	
	競技のブランディング		○ ＊他団体との競合	
	その他			
普及	選手の登録・管理業務及び加盟団体の登録・管理業務			○
	会員資格制度構築、ライセンス発行	○		
	普及制度の企画立案、普及イベントの実施		△	
	その他			
運営	国内大会・国際大会等競技会の開催（イベント開催に伴う会場手配、選手募集、リスクマネジメント含む）		○ ＊NF固有業務との関連 ＊他団体との競合	
	その他			
国際	国際大会の開催を含む、国際競技団体との連絡など		○ ＊語学関連。NF固有業務との関連	
	IFでの地位向上、他国のNFとの連絡			
	国際ルールへの対応			
	障害者特別ルールの習得、専門スタッフの育成			
	国際会議、研究会の開催			
	その他			
競技	審判の育成、派遣			
	指導者資格制度の整備、指導者の育成、研修			
	競技ルールの検討、普及（規程の作成は法務）	○	△	
	施設用具の検討／公認検定業務			
	競技用具の開発			
	スポーツ医学、専門医の設置、選手の健康管理			
	アンチドーピング活動の実践			
	その他			
総務	国内及び海外合宿・遠征の手配（航空券やホテル予約等）			
	海外・国内遠征の際の選手や所属団体への委嘱状の送付、負担金の指示と支払確認			●

中央競技団体（NF）業務一覧表（続き）

分類	業務内容			
（総務）	JOCやJSC（基金、くじ助成、MPA等）に対する補助金・委託金等の申請や報告書の作成業務			●
	理事会、評議員会、社員総会の招集通知の作成、同会議のための資料作成及び運営サポート、議事録作成など、会議全体運営		○ ＊NF固有業務との関連	●
	練習場の確保やその費用の支払い			
	選手会の設立及び運営支援、選手のセカンドキャリア支援		○ ＊専門性	
	職員の採用及び教育、役員に対する研修、労務管理		○ ＊専門性	●
	銃所持許可の推薦（銃刀法関係）など、専門種支援			
	健常者NFとの連携（特に障害者スポーツ）			●
	法人運営、事務局管理等			
	その他			
広報	ホームページの作成、更新		○ ＊専門性	●
	機関紙の発行、その他ルールブックなど出版物の発行	○		
	年史作成、ミュージアム運営			
	メディアその他取材対応（広報）			●
	その他			
経理・税務	経理業務及び税務申告業務		○ ＊専門性	●
	（公益法人の場合）事業計画書、収支予算書及び資金調達及び設備投資の見込みを記載した書類の作成及び行政庁への提出（毎事業年度の開始の前日まで）		○ ＊専門性	
	（公益法人の場合）財産目録、役員名簿等、役員等の報酬の支給の基準を記載した書類、キャッシュフロー計算書、運営組織及び事業活動の状況の概要及びこれらに関する数値のうち重要なものを記載した書類、社員名簿並びに計算書類等の作成及び行政庁への提出（毎事業年度経過後3ヵ月以内に行政庁に提出）		○ ＊専門性	●
	その他			
財務	寄付金や協賛金増を目的とした財務向上		○ ＊専門性	
	銀行等からの借り入れ対応など資金繰り調整			
	その他			
法務	暴力事案やセクハラ案件の相談窓口など、内部通報窓口設置		○ ＊専門性	
	暴力・セクハラ事件を含む、処分手続の規則策定及び委員会（裁定委員会、事実調査委員会、処分審査委員会）の設置		○ ＊専門性	
	各種組織運営規定の整備（旅費規程、日当規程、就業規則、退職金支給規定、利益相反規程、コンプライアンス規程、会計規定、給与規程、理事会規程、職務権限規定、文書管理規定、印章管理規程、経理規程、育児介護休業規程、通勤交通費支給規程等）		○ ＊専門性	●
	代表選考規程やその他スポーツ団体特有の運営ルールの規定の整備		○ ＊専門性	●
	利益相反取引規定などの整備		○ ＊専門性	●
	各種契約書の作成		○ ＊専門性	●
	リスクマネジメント、コンプライアンスチェック		○ ＊専門性	
	保険対応（派遣選手・コーチ、イベント主催、登録会員、役員賠償など）		○ ＊専門性	
	個人情報の保護及び情報セキュリティの構築		○ ＊専門性	●
	その他			

column

スポーツ法に関する実務を支援・研究する団体ができました！
──日本スポーツ法支援・研究センター

　これまで日本におけるスポーツ法に関する学術的研究や政策研究は、日本スポーツ法学会や笹川スポーツ財団などの団体が担っており、ガバナンスの必要性や体罰の禁止を訴えるなど一定の成果をあげてきた。

　近年、スポーツ団体において不適切経理、内部の権力争いや指導者のアスリートに対する暴力問題など多くの不祥事が相次いで発生し、スポーツ界の負の部分がクローズアップされることとなった。ところが、先の研究成果の存在にもかかわらず、暴力の根絶に向けたアクションや組織運営の透明化を図るといった対応を、スポーツ団体自らが十分に行うことができなかった。こうした中、2012年12月に高校のスポーツ部活動において指導者の暴力を受けた生徒が命を落とした事件が発生し、次いで翌2013年1月に指導者による暴力を受けたトップアスリートらがこれを告発するに至った。これらの事件を契機に、スポーツ界からの暴力の根絶の必要性が大きく取り上げられた。そして、2013年9月に、2020年東京オリンピック・パラリンピックの開催が決定し、不祥事の続くスポーツ界においてスポーツ団体の組織運営の在り方が問題視され、2020年に向けてガバナンスの確立が喫緊の課題として取り上げられるに至った。

　アスリートが直接被害を被る暴力やハラスメントの問題はもとより、不適切経理や内部の権力争いなどスポーツ団体自身の問題が発生することで、もっとも不利益・迷惑を被るのはアスリート自身である。スポーツ団体の運営がしっかりしていなければ、十分な強化がなされなかったり、不透明な代表選考を甘受しなければならないということになりうる。最悪なケースは、代表選手を国際大会に派遣できない事態に陥るのである。

　本来、スポーツ団体は、団体自治（自治権）を有している。スポーツを広く普及させ、国際大会等にトップアスリートを派遣するスポーツ団体は、すべてのアスリートの権利を保護するために、その自治権を行使しなければならない（スポーツ基本法第5条第1項参照）。

　しかしながら、財政規模の小さいスポーツ団体などにおいては、事務を担う人員が不足し、ガバナンスの確立に着手できていない団体が少なからず存在する。

　暴力やハラスメントなどアスリートが直接的に被害を被る問題については、相談窓口を設けるスポーツ団体が増えており、また独立行政法人日本スポーツ振興センター内にも第三者相談・調査機関が設けられるに至った。もっとも、現状、すべての相談窓口を、スポーツ法の専門家が担当しているわけではなく、また相談窓口の存在について十分な告知もされておらず、十分に機能しているといえる状況にあるとは言い難い。他方、スポーツ団体のガバナンスの確立については、少なからず法務や会計など専門的な知識を要するため、専門家を雇う余裕のないスポーツ団体は着手しようにもできないというジレンマが生じている。

　このように、現在、スポーツ界が求めているのは、学術的理論ではなく、法務や会計など専門的な観点からの実務的支援である。

　こうした実務的支援を行う団体は、これまで日本には存在していなかった。そこで、専門的な見地からスポーツ法の実務支援・研究を行うことを目的として、日本スポーツ法学会の役員である弁護士・学者が中心となって、2014年8月、一般社団法人日本スポーツ法支援・研究センターを設立した。

　同センターでは、①スポーツに関する法律問題相談窓口の設置、②スポーツ団体の事実調査・処分審査の受託、③スポーツ事故の予防支援、④スポーツ団体のガバナンス支援、⑤スポーツ法に関する諸制度の5つの事業を柱に実務的支援を行うことを予定している。

虎ノ門協同法律事務所
大橋　卓生

The Paper About A Sport

スポーツ基本法逐条解説

新四谷法律事務所
伊東 卓

伊東 卓（いとう たかし）●プロフィール
　弁護士（第二東京弁護士会、1988年登録）、日本体育協会「国体参加資格第三者委員会」委員（2010年）、日本オリンピック委員会「第三者特別調査委員会」委員（2012年）、文部科学省・運動部活動の在り方に関する調査研究会委員（2013年）。

スポーツ基本法制定の経緯

　スポーツに関する施策の基本を定めた法律として、1961年にスポーツ振興法が定められた。スポーツ振興法は、1964年に開催された東京オリンピックの3年前に定められたもので、国際的な競技力強化を目指して、スポーツの振興に関する国及び地方公共団体の施策を定めたものであった。

　その後、スポーツ振興法の制定から50年が経過し、スポーツは広く国民に浸透し、スポーツを行う目的は多様化するに至った。また、地域スポーツクラブの成長や地域活性化におけるスポーツの役割の拡大、プロスポーツの発展と国際スポーツの役割の拡大、スポーツによる国際交流や貢献の活発化、スポーツ団体のガバナンスを強化する必要性の高まり、スポーツ仲裁及びドーピング防止活動の必要性の高まりなど、スポーツを巡る状況は大きく変化した。

　しかしながら、スポーツ振興法は、これらの変化には十分対応できていなかった。そこで、こうした状況を踏まえ、スポーツの推進のための基本的な法律として、2011年に議員立法により「スポーツ基本法」が制定された。

スポーツ基本法の概要

　スポーツ基本法（以下「基本法」という。）は、スポーツ振興法の改正として定められた。しかしながら、改正は多方面に及んでいる。改正の概要は、以下のとおりである。

① 新たに前文を置いた。前文では、「スポーツを通じて幸福で豊かな生活を営むことは、すべての人々の権利」と謳い、スポーツの価値、意義、役割を明らかにしている。

② スポーツに関する基本理念を定めた（第2条）。基本理念として、スポーツを通じて幸福で豊かな生活を営むことが人々の権利であることを定めたほか、青少年スポーツの意義、地域社会におけるスポーツの意義、スポーツの安全の推進、障害者スポーツの推進、競技水準の向上、国際交流の推進、スポーツ活動の公正適切な実施を掲げている。

③ スポーツに関する国及び地方公共団体の責務を定めただけでなく、スポーツ団体の努力義務（第5条）、スポーツ産業事業者との連携・協力（第18条）、企業及び大学等のスポーツへの支援（第28条）についても触れている。

④ スポーツに関する施策の中に、プロスポーツの推進が含まれることを明らかにした（第2条6項）。

⑤ 障害者スポーツの推進が明記され（第2条5項）、国体と並んで全国障害者スポーツ大会の実施と支援が盛り込まれた（第26条2項）。

⑥ スポーツ団体の努力義務として、スポーツを行う者の権利利益の保護、心身の健康の保持増

進と安全の確保、事業運営の透明性の確保、事業活動の基準の作成、スポーツに関する紛争の迅速適正な解決を掲げた（第5条）。
⑦ スポーツを行う者の権利利益の保護のため、スポーツに関する紛争の迅速かつ適正な解決に必要な施策を講じることとされた（第15条）。
⑧ 地域スポーツクラブなどの地域におけるスポーツ振興のための事業への支援が定められた（第21条）。
⑨ スポーツに係る国際的な交流及び貢献を推進することが定められた（第19条）。
⑩ 国際競技大会の招致・開催について、特別の措置を講ずることとされた（第27条）。
⑪ ドーピング防止活動を推進することが明記された（第29条）。
⑫ 附則において、スポーツ庁の設置について検討を加え、必要な措置を講じるものとされた（附則第2条）。

逐条解説

> **前文**
>
> スポーツは、世界共通の人類の文化である。
>
> スポーツは、心身の健全な発達、健康及び体力の保持増進、精神的な充足感の獲得、自律心その他の精神の涵（かん）養等のために個人又は集団で行われる運動競技その他の身体活動であり、今日、国民が生涯にわたり心身ともに健康で文化的な生活を営む上で不可欠のものとなっている。スポーツを通じて幸福で豊かな生活を営むことは、全ての人々の権利であり、全ての国民がその自発性の下に、各々の関心、適性等に応じて、安全かつ公正な環境の下で日常的にスポーツに親しみ、スポーツを楽しみ、又はスポーツを支える活動に参画することのできる機会が確保されなければならない。
>
> スポーツは、次代を担う青少年の体力を向上させるとともに、他者を尊重しこれと協同する精神、公正さと規律を尊ぶ態度や克己心を培い、実践的な思考力や判断力を育む等人格の形成に大きな影響を及ぼすものである。
>
> また、スポーツは、人と人との交流及び地域と地域との交流を促進し、地域の一体感や活力を醸成するものであり、人間関係の希薄化等の問題を抱える地域社会の再生に寄与するものである。さらに、スポーツは、心身の健康の保持増進にも重要な役割を果たすものであり、健康で活力に満ちた長寿社会の実現に不可欠である。
>
> スポーツ選手の不断の努力は、人間の可能性の極限を追求する有意義な営みであり、こうした努力に基づく国際競技大会における日本人選手の活躍は、国民に誇りと喜び、夢と感動を与え、国民のスポーツへの関心を高めるものである。これらを通じて、スポーツは、我が国社会に活力を生み出し、国民経済の発展に広く寄与するものである。また、スポーツの国際的な交流や貢献が、国際相互理解を促進し、国際平和に大きく貢献する

> など、スポーツは、我が国の国際的地位の向上にも極めて重要な役割を果たすものである。
> そして、地域におけるスポーツを推進する中から優れたスポーツ選手が育まれ、そのスポーツ選手が地域におけるスポーツの推進に寄与することは、スポーツに係る多様な主体の連携と協働による我が国のスポーツの発展を支える好循環をもたらすものである。
> このような国民生活における多面にわたるスポーツの果たす役割の重要性に鑑み、スポーツ立国を実現することは、二十一世紀の我が国の発展のために不可欠な重要課題である。
> ここに、スポーツ立国の実現を目指し、国家戦略として、スポーツに関する施策を総合的かつ計画的に推進するため、この法律を制定する。

前文では、スポーツの価値や意義、スポーツの果たす役割の重要性が示されている。前文は、スポーツの意義を以下のとおり指摘している。

① スポーツを通じて幸福で豊かな生活を営むことは、全ての人々の権利である。
② スポーツは、青少年の育成に大きな影響を及ぼす。
③ スポーツは、人や地域の交流を促進し、地域の一体感や活力を醸成して、地域社会の再生に寄与する。
④ スポーツは、心身の健康の保持増進に重要な役割を果たし、健康で活力に満ちた社会を実現する。
⑤ 国際競技大会における日本人選手の活躍は、国民に誇りと喜び、夢と感動を与え、これを通じて、スポーツは、社会に活力を生み出し、経済発展に寄与する。
⑥ スポーツの国際的な交流や貢献が、国際相互理解を促進し、国際平和に貢献し、スポーツは、我が国の国際的地位の向上に重要な役割を果たす。
⑦ 地域から優れたスポーツ選手が育まれ、そのスポーツ選手が地域におけるスポーツの推進に寄与することが、我が国のスポーツの発展を支える好循環をもたらす。

このようなスポーツの果たす役割の重要性に鑑み、スポーツ立国の実現を目指し、国家戦略としてスポーツに関する施策を総合的かつ計画的に推進することを明らかにしている。

第一章　総則

第1条（目的）

この法律は、スポーツに関し、基本理念を定め、並びに国及び地方公共団体の責務並びにスポーツ団体の努力等を明らかにするとともに、スポーツに関する施策の基本となる事項を定めることにより、スポーツに関する施策を総合的かつ計画的に推進し、もって国

> 民の心身の健全な発達、明るく豊かな国民生活の形成、活力ある社会の実現及び国際社会の調和ある発展に寄与することを目的とする。

第1条は、スポーツ基本法の目的を定めている。
スポーツ基本法の目的は、以下のとおりとされている。

---

① スポーツに関する基本理念を定める。
② スポーツに関する国及び地方公共団体の責務並びにスポーツ団体の努力等を明らかにする。
③ スポーツに関する施策の基本となる事項を定める。
④ スポーツに関する施策を総合的かつ計画的に推進する。
⑤ 国民の心身の健全な発達、明るく豊かな国民生活の形成、活力ある社会の実現及び国際社会の調和ある発展に寄与する。

旧法となるスポーツ振興法では、スポーツの振興に関する施策の基本を明らかにすること（前記③に相当）、国民の心身の健全な発達と明るく豊かな国民生活の形成に寄与すること（前記⑤の前半部分2つに相当）が目的とされており、スポーツ基本法における前記目的のうち、①②④と⑤の後半部分2つは、新たに加わったものである。これは、前文において指摘されているスポーツの意義、役割の拡大に伴うものである。

> **第2条（基本理念）**
> 　スポーツは、これを通じて幸福で豊かな生活を営むことが人々の権利であることに鑑み、国民が生涯にわたりあらゆる機会とあらゆる場所において、自主的かつ自律的にその適性及び健康状態に応じて行うことができるようにすることを旨として、推進されなければならない。
> 2　スポーツは、とりわけ心身の成長の過程にある青少年のスポーツが、体力を向上させ、公正さと規律を尊ぶ態度や克己心を培う等人格の形成に大きな影響を及ぼすものであり、国民の生涯にわたる健全な心と身体を培い、豊かな人間性を育む基礎となるものであるとの認識の下に、学校、スポーツ団体（スポーツの振興のための事業を行うことを主たる目的とする団体をいう。以下同じ。）、家庭及び地域における活動の相互の連携を図りながら推進されなければならない。
> 3　スポーツは、人々がその居住する地域において、主体的に協働することにより身近に親しむことができるようにするとともに、これを通じて、当該地域における全ての世代の人々の交流が促進され、かつ、地域間の交流の基盤が形成されるものとなるよう推進されなければならない。

> 4　スポーツは、スポーツを行う者の心身の健康の保持増進及び安全の確保が図られるよう推進されなければならない。
> 5　スポーツは、障害者が自主的かつ積極的にスポーツを行うことができるよう、障害の種類及び程度に応じ必要な配慮をしつつ推進されなければならない。
> 6　スポーツは、我が国のスポーツ選手（プロスポーツの選手を含む。以下同じ。）が国際競技大会（オリンピック競技大会、パラリンピック競技大会その他の国際的な規模のスポーツの競技会をいう。以下同じ。）又は全国的な規模のスポーツの競技会において優秀な成績を収めることができるよう、スポーツに関する競技水準（以下「競技水準」という。）の向上に資する諸施策相互の有機的な連携を図りつつ、効果的に推進されなければならない。
> 7　スポーツは、スポーツに係る国際的な交流及び貢献を推進することにより、国際相互理解の増進及び国際平和に寄与するものとなるよう推進されなければならない。
> 8　スポーツは、スポーツを行う者に対し、不当に差別的取扱いをせず、また、スポーツに関するあらゆる活動を公正かつ適切に実施することを旨として、ドーピングの防止の重要性に対する国民の認識を深めるなど、スポーツに対する国民の幅広い理解及び支援が得られるよう推進されなければならない。

第2条は、スポーツに関する基本理念を定めた。

基本理念として掲げられたものは、以下のとおりである。

(1) スポーツを通じて幸福で豊かな生活を営むことが人々の権利であることに鑑み、国民が生涯にわたりあらゆる機会と場所において、自主的・自律的に適性や健康状態に応じてスポーツを行うことができるようにすること（第1項）

　第1項では、まず、「スポーツを通じて幸福で豊かな生活を営むことが人々の権利であること」を明記した。この点は前文にも触れられているが、改めて基本理念としても繰り返されている。「スポーツがすべての人にとって基本的な権利である」ことは、国際的には、すでに、ユネスコ「体育及びスポーツに関する国際憲章」（1978年）や国際オリンピック委員会（IOC）のオリンピック憲章などで明らかにされている。したがって、このように定めることによって、国際標準にようやく一歩近づくこととなった。

　この「スポーツを行う権利」を実現することとは、具体的には、「国民が生涯にわたりあらゆる機会と場所において、スポーツを行うことができるようにすること」である。また、「自主的・自律的にスポーツを行うこと」及び「適性や健康状態に応じてスポーツを行うこと」も「スポーツを行う権利」に含まれることが示されている。

「スポーツを行う権利」との表現がなされているが、その権利の内容はなお抽象的なものにとどまっている。しかしながら、具体的な事案において法令解釈を補う基準となったり、価値判断の基準となったりすることはあり得るから、今後の事例の積み重ねによって、権利の内実が明らかにされていくことは考えられる。また、基本法の下に個別法が定められることによって、権利が明確化していくことも考えられる。

(2) 青少年のスポーツが国民の生涯にわたる健全な心と身体を培い、豊かな人間性を育む基礎となるものであるとの認識の下に、学校、スポーツ団体、家庭及び地域における活動を相互に連携すること (第2項)

第2項では、まず、青少年のスポーツについて、その意義を「生涯にわたる健全な心と身体を培い、豊かな人間性を育む基礎となる」こととした上で、青少年のスポーツについて、「学校、スポーツ団体、家庭及び地域における活動を相互に連携すること」を理念として掲げている。基本法は、前文にも見られるとおり、青少年の育成に及ぼすスポーツの影響力、役割を高く評価しており、このため、青少年のスポーツについて、学校における体育、スポーツ部活動、スポーツ団体における優秀な競技者や指導者の養成、家庭におけるスポーツに対する理解や支援あるいは食育、地域におけるスポーツクラブ活動などが相互に連携していくことを求めている。

この基本理念の具体化
▶第17条 (学校における体育の充実)

(3) 地域において、主体的に協働することによりスポーツを身近に親しむことができるようにするとともに、スポーツを通じて、地域のすべての世代の人々の交流を促進し、交流の基盤を形成すること (第3項)

第3項では、地域におけるスポーツについて、「スポーツを身近に親しむことができるようにすること」及び「スポーツを通じて地域の交流を促進すること」を理念として掲げている。基本法は、地域社会の活性化におけるスポーツの役割を高く評価しているが、そのことが基本理念にも盛り込まれている。

この基本理念の具体化
▶第21条 (地域におけるスポーツの振興のための事業への支援等)

(4) スポーツを行う者の心身の健康を保持増進し、安全を確保すること (第4項)

第4項では、スポーツを行うにあたっては、「スポーツを行う者の心身の健康の保持増進」と「安

全を確保すること」を理念として掲げた。スポーツ振興法では、この関連ではスポーツ事故の防止のみが取り上げられていたが、基本法は、これをより拡大して、「心身の健康の保持増進」「安全確保」を基本理念とし、スポーツを行うことによって、事故のみならず、オーバーユース、熱中症などによって心身や健康を傷つけることがないよう求めている。同様に、スポーツ部活動においても、健康保持と安全確保が求められることは明らかであろう。

この基本理念の具体化
▶第12条2項（スポーツ設備の整備等）、第14条（スポーツ事故の防止等）

(5) 障害者が自主的かつ積極的にスポーツを行うことができるよう、障害の種類及び程度に応じ必要な配慮をしつつ推進すること（第5項）

　第5項では、障害者スポーツについて、「障害者が自主的かつ積極的にスポーツを行うことができるよう」にすること及び「障害の種類及び程度に応じ必要な配慮をすること」を理念に掲げている。スポーツ振興法では、「ひろく国民があらゆる機会とあらゆる場所において自主的にその適性及び健康状態に応じてスポーツをすることができるような諸条件の整備に努めなければならない」とされているだけで、障害者スポーツは明記されていなかったが、基本法では、障害者スポーツがスポーツの中に明確に位置づけられることとなった。このように、基本法は、障害者スポーツの推進を定めているが、課題は多い。障害者スポーツの団体の活動は、極めて小規模で行われている。2020年のオリンピック・パラリンピック開催に向けて、支援の充実が期待されるところである。

この基本理念の具体化
▶第12条2項（スポーツ設備の整備等）、第26条2項（全国障害者スポーツ大会）

論点▶障害者とスポーツ部活動

　基本法第2条5項によって、学校におけるスポーツ部活動においても、障害者が障害の種類及び程度に応じてスポーツを行うことができるようにすることが求められる。視覚障害者、聴覚障害者、知的障害者、肢体不自由者または病弱者に対する教育機関として、特別支援学校が設けられており、特別支援学校においては、様々な工夫と努力でスポーツを支えている。しかし、その支援は脆弱なものといわざるを得ず、また、施設上あるいは指導上の問題から、卒業後にはスポーツ活動を続けることが困難な環境にあるといわれている。特別支援学校とその卒業後におけるスポーツ環境に対して、今後さらなる支援の充実が求められる。

(6) わが国のスポーツ選手（プロスポーツの選手を含む。）が国際競技大会等において優秀な成績を収めることができるよう、スポーツに関する競技水準の向上に資する諸施策相互の有機的

な連携を図りつつ、効果的に推進すること（第6項）

　　第6項では、「競技水準の向上」を理念として掲げた。わが国のスポーツ選手の活躍が、社会の活力を生み出すことは前文でも触れられているとおりである。オリンピック・パラリンピックなどの国際大会でわが国の選手が活躍できるよう、競技水準の向上に資する施策を推進するとされている。いわゆるトップアスリートへの支援を行うことを明記したものである。

　　なお、ここで基本法にいうスポーツ選手には、プロスポーツの選手を含むとされている。スポーツ振興法では、プロスポーツ選手の高度な競技技術の活用は取り上げられていたが、「営利のためのスポーツ」は振興の対象から除外されていた。スポーツ基本法では、プロスポーツの発展に伴い、プロスポーツを含めて競技力の向上を図ることとされた。

この基本理念の具体化
▶第16条（スポーツに関する科学的研究の推進等）、第18条（スポーツ産業の事業者との連携等）、第19条（スポーツに係る国際的な交流及び貢献の推進）、第25条（優秀なスポーツ選手の育成等）、第26条（国民体育大会及び全国障害者スポーツ大会）、第27条（国際競技大会の招致または開催等の支援）、第28条（企業、大学等によるスポーツへの支援）

(7) スポーツに係る国際的な交流及び貢献を推進することにより、国際相互理解の増進及び国際平和に寄与すること（第7項）

　　第7項は、「スポーツの国際的な交流や貢献を推進すること」を理念として掲げている。前文で、「スポーツの国際的な交流や貢献が、国際相互理解を促進し、国際平和に大きく貢献するなど、スポーツは、我が国の国際的地位の向上にも極めて重要な役割を果たす」と述べられているとおり、基本法は、スポーツの国際的な交流や貢献の意義を高く評価しており、スポーツの推進がわが国の国際的な地位の向上に結びついていることを明らかにしている。

この基本理念の具体化
▶第19条（スポーツに係る国際的な交流及び貢献の促進）、第27条（国際競技大会の招致または開催の支援等）

(8) スポーツを行う者に対する不当な差別的取扱いの禁止、スポーツに関するあらゆる活動を公正かつ適切に実施することを旨として、ドーピングの防止の重要性に対する国民の認識を深めるなど、スポーツに対する国民の幅広い理解及び支援が得られるよう推進すること（第8項）

　　第8項は、「スポーツ活動における公正」を理念として掲げており、具体的には、「スポーツを行う者に対する不当な差別的取扱いの禁止」「スポーツに関するあらゆる活動を公正かつ適切に実

施すること」「ドーピングの防止」が取り上げられている。スポーツ団体のガバナンスの強化や、スポーツ仲裁やドーピング防止の必要性が高まったことに対応して、このような基本理念が定められたものである。基本法がこれらを基本理念として取り上げていることは、その背景に、スポーツの価値を維持することのみならず、スポーツを行う者の権利利益の保護が念頭に置かれていることを示している。スポーツを行う者の権利利益の保護は、「差別的取扱いの禁止」「公正な活動の実施」「ドーピングの防止」に加えて、スポーツ仲裁への支援にもつながるものである。

> **この基本理念の具体化**
> ▶第5条（スポーツ団体の努力）、第15条（スポーツに関する紛争の迅速かつ適正な解決）、第29条（ドーピング防止活動の推進）

論点▶スポーツ部活動における公正（差別、暴力、セクハラの防止）

スポーツ部活動においても、差別的取扱いの禁止、公正かつ適正な活動、ドーピングの防止が求められることとなるが、差別に関しては性別や国籍による差別、公正な活動としては指導における暴力やセクハラ・パワハラの防止が問題となる。差別、暴力、セクハラ・パワハラ、ドーピングは、スポーツの価値を傷つけるものであり、その排除に向けて積極的に取り組むことが求められよう。特に、スポーツ部活動においては、指導における暴力、部員間の暴力が根強く残っているといわれているが、スポーツから暴力を排除することは、スポーツの価値を維持するために不可欠である（日本オリンピック委員会、日本体育協会、日本障害者スポーツ協会、日本高等学校体育連盟、日本中学校体育連盟が採択した「スポーツ界における暴力行為根絶宣言」参照）。暴力を徹底して排除することが、スポーツ部活動の現場に与えられた大きな課題となっている。

> **第3条（国の責務）**
> 　国は、前条の基本理念（以下「基本理念」という。）にのっとり、スポーツに関する施策を総合的に策定し、及び実施する責務を有する。

第3条は、スポーツに関する国の責務として、「基本理念にのっとった施策を総合的に策定し、実施する責務」があることを定めた。この責務に応じて、国は、第9条でスポーツ基本計画を定めることとされている。

> **第4条（地方公共団体の責務）**
> 　地方公共団体は、基本理念にのっとり、スポーツに関する施策に関し、国との連携を図りつつ、自主的かつ主体的に、その地域の特性に応じた施策を策定し、及び実施す

> る責務を有する。

　第4条は、スポーツに関する地方公共団体の責務として、「基本理念にのっとり地域の特性に応じた施策を策定し、実施する責務」があることを定めた。この責務に応じて、地方公共団体は、第10条で地方スポーツ推進計画を定めることとされている。

> **第5条（スポーツ団体の努力）**
> 　スポーツ団体は、スポーツの普及及び競技水準の向上に果たすべき重要な役割に鑑み、基本理念にのっとり、スポーツを行う者の権利利益の保護、心身の健康の保持増進及び安全の確保に配慮しつつ、スポーツの推進に主体的に取り組むよう努めるものとする。
> 2　スポーツ団体は、スポーツの振興のための事業を適正に行うため、その運営の透明性の確保を図るとともに、その事業活動に関し自らが遵守すべき基準を作成するよう努めるものとする。
> 3　スポーツ団体は、スポーツに関する紛争について、迅速かつ適正な解決に努めるものとする。

　第5条は、第2条8項において「スポーツに関するあらゆる活動を公正かつ適切に実施すること」が基本理念として定められたことを受けて、スポーツ団体の活動の公正に関する努力義務を定めたものである。

　第1項は、スポーツ団体が、「スポーツを行う者の権利利益を保護すること」「心身の健康を保持増進すること」及び「安全を確保すること」に配慮すべき努力義務を負っていることを定めている。

　第2項は、スポーツ団体が、「スポーツの振興のための事業を適正に行うこと」、そのために「運営の透明性の確保を図ること」「事業活動に関し自らが遵守すべき基準を作成すること」について努力義務を負っていることを定めている。いわゆる「ガバナンスの実現」を求めたものである。

　第3項は、スポーツ団体が、「スポーツに関する紛争を迅速かつ適正に解決すること」について努力義務を負っていることを定めている。例えば、選手選考や参加資格を巡って競技団体とアスリートとの間で紛争がある場合、選手として活動しうる期間には限りがある上、ある大会への参加が問題となっている場合には、それに間に合うように迅速に紛争を解決する必要がある。また、スポーツを行う者の権利利益を擁護するためには、中立的で公正な機関において適正に紛争を解決する必要がある。紛争を迅速かつ適正に解決することは、スポーツにおいて特に要請されることである。第3項は、この必要に応じて設けられた条項である。

論点▶スポーツ団体(特にNF)の努力義務とスポーツ部活動におけるNFの役割

ここでいう「スポーツ団体」は、「スポーツの振興のための事業を行うことを主たる目的とする団体」をいうとされている(第2条2項)。スポーツの競技における国内競技団体(NF)が代表的であるが、ここでいうスポーツ団体はNFに限られない。都道府県体育協会や、これに加盟している都道府県の競技団体もスポーツ団体に含まれる。また、もともと、スポーツ基本法においては、スポーツは、「心身の健全な発達、健康及び体力の保持増進、精神的な充足感の獲得、自律心その他の精神の涵(かん)養等のために個人又は集団で行われる運動競技その他の身体活動」と定義されている(前文)から、これに含まれるスポーツの範囲は相当広く、オリンピック競技などのいわゆる競技スポーツだけでなく、ジョギングやラジオ体操などの草の根スポーツも含まれるし、キャンプやオリエンテーリングなどの野外活動も含まれる。したがって、この努力義務を負うスポーツ団体の範囲は、相当広い。規模や性格の異なる様々な団体がここに含まれることから、スポーツ団体が負う義務は、直接的な義務ではなく、努力義務とされている。

しかしながら、これらのスポーツ団体のうち、ここで掲げられた努力義務を果たすことをもっとも求められるのは、NFである。なぜなら、NFは、競技者との関係で、大会ルールの決定、代表選手の選考、会員や加盟団体の除名処分、懲戒処分の決定などにおいて、一方的に権限を行使する関係に立つ。NFの競技者に対する権限行使は、行政権力による権力行使と類似の関係にある。他方、NFは、競技力向上のために、補助金や助成金などの公的資金を受け入れており、そのような資金を適正に管理、運営することが求められる。このような観点から、NFは、その運営が適正に行われていることが特に求められるから、第5条に定められた努力義務は、NFにおいてもっとも果たされるべきものである。

第1項において、「スポーツを行う者の権利利益を保護すること」、「心身の健康を保持増進すること」及び「安全を確保すること」に配慮すべき努力義務が定められているから、NFは、この関係で、スポーツ部活動においても、「権利利益の保護」「心身の健康の保持増進」「安全の確保」に配慮するよう努力することを求められる。したがって、NFは、スポーツ部活動において、指導における暴力、セクハラ、パワハラを防止し、オーバーユースや熱中症を防止し、スポーツ事故を防止することなどについて、指導的役割を果たすことが求められる。

第6条(国民の参加及び支援の促進)

国、地方公共団体及びスポーツ団体は、国民が健やかで明るく豊かな生活を享受することができるよう、スポーツに対する国民の関心と理解を深め、スポーツへの国民の参加及び支援を促進するよう努めなければならない。

第6条は、国、地方公共団体、スポーツ団体の努力義務を定めたものである。国の責務が第3条、地方公共団体の責務が第4条、スポーツ団体の努力義務が第5条で定められているが、それぞれが責務を果たすにあたり、国民のスポーツへの関心と理解を深め、参加を促進して、スポーツのすそ野を広げることを求めている。あわせて、スポーツを行うことで直接参加するだけではなく、スポーツを見る、支えるといった活動も促進すべきものとされている。

> 第7条（関係者相互の連携及び協働）
> 　国、独立行政法人、地方公共団体、学校、スポーツ団体及び民間事業者その他の関係者は、基本理念の実現を図るため、相互に連携を図りながら協働するよう努めなければならない。

　第7条は、国、独立行政法人、地方公共団体、学校、スポーツ団体及び民間事業者その他の関係者の連携及び協働を定めたものである。スポーツ部活動の取り組みは、学校において行われるものであるが、国、地方公共団体、スポーツ団体とも連携を図りながら進めることが求められる。例えば、スポーツ事故や指導者の暴力などの問題については、これを学校現場における指導の問題とだけ扱うのではなく、指導者資格や指導方法、施設や器具の改善などの問題として、国、地方公共団体、スポーツ団体と広く連携して改善に努めていくことが必要であろう。

> 第8条（法制上の措置等）
> 　政府は、スポーツに関する施策を実施するため必要な法制上、財政上又は税制上の措置その他の措置を講じなければならない。

　第8条は、政府は、スポーツに関する施策を実施するため必要な法制上、財政上又は税制上の措置その他の措置を講じなければならないことと定めた。法制上の措置としては、個別法などの法律の制定、財政上の措置としては、補助（第33条、第34条）があり得るが、このほかに、税制上の措置が掲げられている。これは、公益社団法人・公益財団法人や認定ＮＰＯ法人に対して寄付をした場合の優遇税制などが考えられる。

> 　　第二章　スポーツ基本計画等
> 第9条（スポーツ基本計画）
> 　文部科学大臣は、スポーツに関する施策の総合的かつ計画的な推進を図るため、スポーツの推進に関する基本的な計画（以下「スポーツ基本計画」という。）を定めなければならない。
> 2　文部科学大臣は、スポーツ基本計画を定め、又はこれを変更しようとするときは、あ

らかじめ、審議会等（国家行政組織法（昭和二十三年法律第百二十号）第八条に規定する機関をいう。以下同じ。）で政令で定めるものの意見を聴かなければならない。
3　文部科学大臣は、スポーツ基本計画を定め、又はこれを変更しようとするときは、あらかじめ、関係行政機関の施策に係る事項について、第三十条に規定するスポーツ推進会議において連絡調整を図るものとする。

第9条は、文部科学大臣は、スポーツに関する施策の総合的かつ計画的な推進を図るため、スポーツ基本計画を定めなければならないことと定めた。これに基づき、2012年3月30日にスポーツ基本計画が策定されている。スポーツ部活動も、このスポーツ基本計画に沿って進められることとなる。

第10条（地方スポーツ推進計画）

都道府県及び市（特別区を含む。以下同じ。）町村の教育委員会（地方教育行政の組織及び運営に関する法律（昭和三十一年法律第百六十二号）第二十四条の二第一項の条例の定めるところによりその長がスポーツに関する事務（学校における体育に関する事務を除く。）を管理し、及び執行することとされた地方公共団体（以下「特定地方公共団体」という。）にあっては、その長）は、スポーツ基本計画を参酌して、その地方の実情に即したスポーツの推進に関する計画（以下「地方スポーツ推進計画」という。）を定めるよう努めるものとする。
2　特定地方公共団体の長が地方スポーツ推進計画を定め、又はこれを変更しようとするときは、あらかじめ、当該特定地方公共団体の教育委員会の意見を聴かなければならない。

第10条は、都道府県及び市町村の教育委員会は、スポーツ基本計画を参酌して、その地方の実情に即した地方スポーツ推進計画を定めるよう努めるものとすることとした。これに基づいて、各地域においてスポーツ推進計画が定められ、スポーツ部活動もこれに沿って進められることとなる。

第三章　基本的施策
第一節　スポーツの推進のための基礎的条件の整備等

第11条（指導者等の養成等）

国及び地方公共団体は、スポーツの指導者その他スポーツの推進に寄与する人材（以下「指導者等」という。）の養成及び資質の向上並びにその活用のため、系統的な養成システムの開発又は利用への支援、研究集会又は講習会（以下「研究集会等」という。）の開催その他の必要な施策を講ずるよう努めなければならない。

第11条は、国及び地方公共団体は、スポーツの指導者の養成及び資質の向上のため、系統的な養成システムの開発、研究集会等の開催などの必要な施策を講ずるよう努めなければならないものと定めた。

> **論点▶スポーツ部活動における指導者の養成と資質向上**
>
> 　スポーツ部活動は、中学校、高等学校で広く行われている一方、そこでスポーツを行う生徒は、よい指導者から適切な指導を受けられるかどうかで、大きな影響を受ける。例えば、指導の在り方次第では、その後の生涯におけるスポーツに対する接し方、考え方も変わりかねない。それだけに、スポーツ部活動における指導は、スポーツの推進に向けて重要な役割を担っている。
> 　ところで、スポーツ部活動においては、学校の教員がスポーツ部活動の指導に当たることが多い。そして、保健体育の教員ではない教員が担当することも多く、このため、競技経験がなく、指導力が必ずしも十分でないまま指導に当たるケースもある。また、スポーツ部活動を担当することとなっていても、多大な職務負担の中で時間が割けず、十分な指導ができないというケースもある。さらに、スポーツ部活動の指導には熱心だが、暴力・セクハラ・パワハラなどの不適切な指導に及ぶというケースもある。いずれもスポーツの推進には適切とはいえず、スポーツ部活動の指導者の養成を充実させ、その資質を向上させることが強く求められる。また、このような現状に照らして今後、スポーツ部活動の指導においては、優秀な外部指導員の利用推進も求められる。指導者養成、資質向上のためには、養成システムの開発やその利用の支援、研究集会や講習会の開催などが必要であり、国及び地方公共団体はこれに積極的に取り組むことが求められる。

> **第12条（スポーツ施設の整備等）**
>
> 　国及び地方公共団体は、国民が身近にスポーツに親しむことができるようにするとともに、競技水準の向上を図ることができるよう、スポーツ施設（スポーツの設備を含む。以下同じ。）の整備、利用者の需要に応じたスポーツ施設の運用の改善、スポーツ施設への指導者等の配置その他の必要な施策を講ずるよう努めなければならない。
> 2　前項の規定によりスポーツ施設を整備するに当たっては、当該スポーツ施設の利用の実態等に応じて、安全の確保を図るとともに、障害者等の利便性の向上を図るよう努めるものとする。

　第12条は、国及び地方公共団体は、スポーツ施設の整備、スポーツ施設の運用の改善、スポーツ施設への指導者の配置をすべきことを定め、その際、市民アスリートのためにも、エリートアスリートのためにも配慮すべきことを求めている。また、スポーツ施設の安全の確保と障害者の利便性

向上についても求めている。

> ### 論点 ▶ 学校におけるスポーツ施設の安全確保と障害者の利便性向上
>
> ここでいうスポーツ施設には、当然、学校におけるスポーツ施設も含まれる。したがって、学校におけるスポーツ施設の整備にあたっては、安全確保と障害者の利便性向上が求められる。このようなスポーツ施設の整備がなされることによって、スポーツ部活動における安全確保と障害者の利便向上が図られることになる。

> ### 第 13 条（学校施設の利用）
>
> 学校教育法（昭和二十二年法律第二十六号）第二条第二項に規定する国立学校及び公立学校の設置者は、その設置する学校の教育に支障のない限り、当該学校のスポーツ施設を一般のスポーツのための利用に供するよう努めなければならない。
> 2　国及び地方公共団体は、前項の利用を容易にさせるため、又はその利用上の利便性の向上を図るため、当該学校のスポーツ施設の改修、照明施設の設置その他の必要な施策を講ずるよう努めなければならない。

第 13 条は、国公立学校がスポーツ施設の一般利用に努めること及びそのための学校のスポーツ施設の改修や照明施設の設置などに国及び地方公共団体が努めることを定めた。

> ### 論点 ▶ 学校のスポーツ施設の一般利用とスポーツ部活動
>
> 学校においては、運動場、体育館、プールなどのスポーツ施設が整備されており、これを一般のスポーツのために利用できれば、地域スポーツクラブの活性化など、スポーツの推進に大きな役割を果たす。このため、学校のスポーツ施設の開放が従前から繰り返し提言されてきたが、現状では、様々な事情から、必ずしも効率的な利用がなされているとは言い難い。学校施設を利用しているスポーツ部活動は、一般利用との間では優先して施設を利用することとなるが、そのために一般利用が進まないという問題もある。学校開放を進めるには、山積する課題を一つずつ克服する地道な取り組みが求められる。

> ### 第 14 条（スポーツ事故の防止等）
>
> 国及び地方公共団体は、スポーツ事故その他スポーツによって生じる外傷、障害等の防止及びこれらの軽減に資するため、指導者等の研修、スポーツ施設の整備、スポーツにおける心身の健康の保持増進及び安全の確保に関する知識（スポーツ用具の適切

な使用に係る知識を含む。）の普及その他の必要な措置を講ずるよう努めなければならない。

　第14条は、国及び地方公共団体は、スポーツ事故等によって生じる外傷、障害等の防止のため、必要な措置を講ずる努力義務があることを定めた。具体的な措置として、①指導者等の研修、②スポーツ施設の整備、③スポーツにおける心身の健康の保持増進及び安全の確保に関する知識（スポーツ用具の適切な使用に係る知識を含む。）の普及が掲げられている。本条は、スポーツ事故に限らず、広くスポーツによって生じる外傷、障害の防止と軽減のための措置を対象としている。

論点▶スポーツ部活動におけるスポーツ事故、スポーツ外傷・障害の防止・軽減

　スポーツは、もともと生命身体に対する侵害の危険性を内包している。しかし、スポーツの推進にあたって、国民が広くスポーツを親しめるようにするには、スポーツにおける安全の確保は不可欠である。基本法は、第2条4項において安全確保を基本理念に掲げたほか、本条では、スポーツ事故その他スポーツによって生じる外傷、障害等の防止・軽減のための措置を講ずることを定めている。

　スポーツ部活動においても、柔道やラグビーにおける頭頚部の外傷、野球の打球事故、熱中症、落雷事故、オーバーユースなど、様々な競技においてスポーツ事故や外傷、障害が発生しており、重篤な場合には、死亡に至ったり重い後遺症が残ることもある。スポーツ部活動において、これらの防止と軽減に向けた取り組みは極めて重要である。

　スポーツ部活動においてスポーツ事故等を防止するためには、指導者による指導が重要となる。スポーツ部活動においては、生徒は指導者の指導監督に従って活動するからである。このため、指導者は、生徒の安全に関わる事故の危険性を具体的に予見し、その予見に基づいて事故の発生を未然に防止する措置を取り、生徒を保護する注意義務を負っている。したがって、指導者は、科学的知見に基づいて事故等が発生しないように練習計画を立案し、生徒の動静を注視してその身体の安全の状況を把握し、施設や設備、用具などの安全に常に配慮する必要がある。また、事故防止のため、生徒に対してスポーツルールやマナーを遵守させるほか、事故後の対応や科学的トレーニング方法に関する知識を学ぶことも必要である。本条は、このための指導者の研修、施設の整備、知識の普及について、国及び地方公共団体の努力義務を定めたものであるが、スポーツ部活動においては、指導の現場における安全への配慮がもっとも重要であることを改めて肝に銘ずる必要がある。

第15条（スポーツに関する紛争の迅速かつ適正な解決）

　国は、スポーツに関する紛争の仲裁又は調停の中立性及び公正性が確保され、スポー

> ツを行う者の権利利益の保護が図られるよう、スポーツに関する紛争の仲裁又は調停を行う機関への支援、仲裁人等の資質の向上、紛争解決手続についてのスポーツ団体の理解の増進その他のスポーツに関する紛争の迅速かつ適正な解決に資するために必要な施策を講ずるものとする。

　第15条は、国は、スポーツに関する紛争の迅速かつ適正な解決に資するために必要な施策を講ずるものと定めた。「スポーツに関する紛争の仲裁又は調停の中立性及び公正性が確保され」「スポーツを行う者の権利利益の保護が図られるよう」にするためである。このための措置として、具体的に、「スポーツに関する紛争の仲裁又は調停を行う機関への支援」「仲裁人等の資質の向上」「紛争解決手続についてのスポーツ団体の理解の増進」が掲げられている。

　スポーツに関する紛争の仲裁または調整を行う機関として、日本スポーツ仲裁機構が存在している。日本スポーツ仲裁機構におけるスポーツ仲裁は、競技団体の決定に対する不服申立てを対象とするものであるから、これに該当する限り、スポーツ部活動においても利用することがありうる（例えば、ある学校のスポーツ部が競技団体から出場停止処分を受けた場合）。

　スポーツ仲裁機構におけるスポーツ仲裁の取り扱い数は、徐々に増えているとはいえ、まだまだスポーツ仲裁の利用が普及しているとはいえない状態にある。スポーツを巡る紛争は、訴訟では必ずしも適切に解決できるものではなく、これを専門的立場から迅速適正に解決する機関としてスポーツ仲裁機構が設けられている。より利用促進が図られるような取り組みが求められる。

> **第16条（スポーツに関する科学的研究の推進等）**
> 　国は、医学、歯学、生理学、心理学、力学等のスポーツに関する諸科学を総合して実際的及び基礎的な研究を推進し、これらの研究の成果を活用してスポーツに関する施策の効果的な推進を図るものとする。この場合において、研究体制の整備、国、独立行政法人、大学、スポーツ団体、民間事業者等の間の連携の強化その他の必要な施策を講ずるものとする。
> 2　国は、我が国のスポーツの推進を図るため、スポーツの実施状況並びに競技水準の向上を図るための調査研究の成果及び取組の状況に関する情報その他のスポーツに関する国の内外の情報の収集、整理及び活用について必要な施策を講ずるものとする。

　第16条は、国は、スポーツに関する諸科学（医学、歯学、生理学、心理学、力学等）の研究を推進し、研究の成果を活用してスポーツに関する施策の効果的な推進を図るものと定めた。そのために、国は、研究体制の整備、関係機関（国、独立行政法人、大学、スポーツ団体、民間事業者等）の連携の強化などの施策を講ずるものとされている。

　また、2項は、国は、スポーツに関する国内外の情報の収集、整理及び活用について必要な施

策を講ずるものと定めた。収集、整理、活用すべきスポーツに関する情報として、①スポーツの実施状況、②競技水準の向上を図るための調査研究の成果、③競技水準の向上を図るための取り組みの状況が具体的に掲げられている。

> **論点▶スポーツに関する科学的研究の成果の活用とスポーツ部活動**
>
> スポーツに関する科学的研究の成果の活用は、トップアスリートのみならず、スポーツ部活動においても重要である。スポーツに関する科学的研究の成果をスポーツ部活動に活用することによる効用として、第一に、競技力の向上が考えられる。科学的な裏付けのあるトレーニング方法や指導方法が実施されれば、効率よく競技力を向上させることができる。競技者にとっても、これに沿った正しい練習をすれば効果が上がることが実感できるようになるから、やり甲斐も生まれ、モチベーションも向上するであろう。また、無駄が省かれるようになれば、そのために生まれた時間を有効に活用して、さらに競技力向上に努力したり、休養に充てたり、あるいは勉学に励むことも可能になる。科学的な指導方法で競技力が向上するのであれば、暴力的な指導をする要因を減らすことにもつながる。第二に、科学的研究の成果を活用することによって、スポーツ事故や外傷・障害を予防することができる。事故の発生原因や防止方法が研究されれば、これに応じた対策を講じて、事故や障害を防ぐことができる。また、科学的研究の成果は、事故や障害による外傷については、治療やリハビリという面でも活かすことができる。
>
> 科学的研究の成果は、スポーツ部活動にも好影響をもたらし、スポーツに参加する者を増やし、スポーツの推進につながるものである。指導者の研修等を通じて、研究成果が速やかにスポーツ部活動に活用されることが期待される。その反面、スポーツ部活動において、非合理的な練習を強要したり、暴力的指導を行うことなどは、科学的研究の活用と相容れないものとして、積極的に排除されていかなければならないであろう。

> **第17条（学校における体育の充実）**
>
> 　国及び地方公共団体は、学校における体育が青少年の心身の健全な発達に資するものであり、かつ、スポーツに関する技能及び生涯にわたってスポーツに親しむ態度を養う上で重要な役割を果たすものであることに鑑み、体育に関する指導の充実、体育館、運動場、水泳プール、武道場その他のスポーツ施設の整備、体育に関する教員の資質の向上、地域におけるスポーツの指導者等の活用その他の必要な施策を講ずるよう努めなければならない。

　第17条は、学校体育の役割について、「青少年の心身の健全な発達に資するもの」「スポーツに関する技能及び生涯にわたってスポーツに親しむ態度を養う上で重要な役割を果たすもの」を確

認した上で、国及び地方公共団体は、①体育に関する指導の充実、②スポーツ施設（体育館、運動場、水泳プール、武道場その他）の整備、③体育に関する教員の資質の向上、④地域におけるスポーツの指導者等の活用などの施策を講ずるよう努めなければならないものと定めた。

> **論点▶学校体育の充実とスポーツ部活動**
>
> わが国の青少年スポーツの現状において、学校の果たす役割は極めて大きい。しかも、学校の教科の中における体育の意義もさることながら、スポーツの推進を考える上で、スポーツ部活動が果たしている役割は極めて大きい。第17条において、「学校における体育」とのみ記載されているため、ここにスポーツ部活動が含まれるか否かについて、文言上は明確でないが、これを教科としての体育のみを指すという解釈は、その役割の重要性に照らして到底取り得ない。ここでいう「学校における体育」には、スポーツ部活動が当然に含まれる。
>
> なお、スポーツ基本計画では、「学校の体育に関する活動の充実」に関する施策目標として「運動部活動の活性化」が掲げられており、ここでいう体育にスポーツ部活動が含まれることを当然の前提としている。スポーツ基本計画は、スポーツ部活動の活性化に向けた国の取り組みとして、「生徒のスポーツに関する多様なニーズに応えた中学校及び高等学校の運動部活動の充実の促進」「生徒の運動部活動への参加機会を充実させるため、複数校による合同実施やシーズン制等による複数種目実施、総合型地域スポーツクラブとの連携等運動部活動における先導的な取組の支援」「女子の運動部活動への参加機会の向上」を取り上げている。また、地方公共団体に期待される取り組みとして、「児童生徒のスポーツに関する多様なニーズに応える柔軟な運営等を行う取組の一層の促進」「研修等による運動部活動に関する指導力や経営・調整能力の向上」「学校と地域のスポーツ指導者との連携の支援、総合型クラブ等との連携についての一層の理解の促進」「運動部活動の指導に当たる教員の意欲を高める取組の実施」を取り上げている。これらの事項は、本条に対応して策定されたものであり、これらの取り組みが実践され、スポーツ部活動が一層活性化することが望まれる。

第18条（スポーツ産業の事業者との連携等）

> 国は、スポーツの普及又は競技水準の向上を図る上でスポーツ産業の事業者が果たす役割の重要性に鑑み、スポーツ団体とスポーツ産業の事業者との連携及び協力の促進その他の必要な施策を講ずるものとする。

第18条は、国が、スポーツ団体とスポーツ産業事業者との連携及び協力を促進する施策を講じることを定めた。ここでは、スポーツ産業の事業者は、スポーツの普及または競技水準の向上を図るうえで重要な役割を果たすとされている。水泳における水着の開発や棒高跳びにおけるポー

ルの性能の改良などを例に取れば、その重要性は十分に理解できる。それだけではなく、現代社会では、テレビの普及により、全世界を通じて、スポーツが商品として価値を持つことが認識されるようになり、スポーツ産業が大きな市場として認知され、スポーツ・ビジネスやスポーツ・マーケティングが注目を集めるに至っている。今やスポーツ産業には、用具や施設の業者だけでなく、マスコミやスポンサー企業も大きく関わっている。そのようなスポーツ産業との間で連携や協力を促進することは、極めて重要なことであるが、商業主義が行き過ぎると、スポーツの本質を歪めるようなことも発生しかねない。適切な連携・協力の在り方が必要であろう。

> 第19条（スポーツに係る国際的な交流及び貢献の推進）
> 　国及び地方公共団体は、スポーツ選手及び指導者等の派遣及び招へい、スポーツに関する国際団体への人材の派遣、国際競技大会及び国際的な規模のスポーツの研究集会等の開催その他のスポーツに係る国際的な交流及び貢献を推進するために必要な施策を講ずることにより、我が国の競技水準の向上を図るよう努めるとともに、環境の保全に留意しつつ、国際相互理解の増進及び国際平和に寄与するよう努めなければならない。

　第19条は、国及び地方公共団体が、スポーツに係る国際的な交流及び貢献を推進する施策を講じることを定めている。その例として、「スポーツ選手及び指導者等の派遣及び招へい」「スポーツに関する国際団体への人材の派遣」「国際競技大会及び国際的な規模のスポーツの研究集会等の開催」が掲げられている。

　基本法は、国際的な競技力の向上を基本理念に掲げているが（第2条6項）、同時に、国際相互理解の増進及び国際平和への寄与に果たすスポーツの役割も基本理念に掲げてこれを高く評価しており（第2条7項）、国際的交流を推進することによって、競技水準の向上を図るだけではなく、国際相互理解の増進及び国際平和に寄与するよう努めなければならないとしている。

> 第20条（顕彰）
> 　国及び地方公共団体は、スポーツの競技会において優秀な成績を収めた者及びスポーツの発展に寄与した者の顕彰に努めなければならない。

　第20条は、「スポーツの競技会において優秀な成績を収めた者」「スポーツの発展に寄与した者」の顕彰について定めた。これは、スポーツ振興法におけるのとほぼ同様の内容である。

> 第二節　多様なスポーツの機会の確保のための環境の整備
> 第21条（地域におけるスポーツの振興のための事業への支援等）
> 　国及び地方公共団体は、国民がその興味又は関心に応じて身近にスポーツに親しむこ

> とができるよう、住民が主体的に運営するスポーツ団体（以下「地域スポーツクラブ」という。）が行う地域におけるスポーツの振興のための事業への支援、住民が安全かつ効果的にスポーツを行うための指導者等の配置、住民が快適にスポーツを行い相互に交流を深めることができるスポーツ施設の整備その他の必要な施策を講ずるよう努めなければならない。

第21条は、国民が身近にスポーツに親しむことができるようにするため、国及び地方公共団体は、①地域スポーツクラブ（住民が主体的に運営するスポーツ団体）が行う地域スポーツ振興のための事業への支援、②住民が安全かつ効果的にスポーツを行うための指導者等の配置、③住民が快適にスポーツを行い相互に交流を深めることができるスポーツ施設の整備などの施策を講ずるよう努めることと定めた。

スポーツ立国戦略は、地域スポーツの意義について、「地域住民の結びつきを強め、地域の一体感を生み、ソーシャルキャピタル（社会関係資本）の形成に大きく貢献する」と述べ、地域スポーツの推進のために地域スポーツクラブを支援するとしているが、もっとも、そこで主体となるのは「地域住民が出し合う会費や寄附により自主的に運営するNPO型のコミュニティスポーツクラブ」であるとしている。本条で支援の対象を「住民が主体的に運営するスポーツ団体」と定めているのは、行政依存型からの脱却を目指すものである。その上で、国及び地方公共団体が指導者の配置、施設の整備等を行うとしている。

論点▶地域スポーツクラブとスポーツ部活動の関係

スポーツ部活動は学校で行われるものであり、学校と地域とのつながりは極めて密接である。そのため、地域スポーツクラブとスポーツ部活動は、相互に連携して推進されていくべきものである。この連携として具体的に考えられるのは、第一に、指導者の確保に関し、スポーツ部活動において、総合型クラブと連携し、地域のスポーツ指導者を積極的に活用することである。第二に、生徒のスポーツ部活動への参加機会を充実させるため、総合型クラブと連携し、かつ競技大会等について、総合型クラブで活動する生徒等の参加を認めたり、地域スポーツクラブの大会との交流大会を実施するなどの柔軟な対応を図ることである。今後、地域スポーツクラブがより一層充実して、トップアスリートや優秀な指導者が所属するようになれば、スポーツ部活動との連携が強化されることによって、トップスポーツと地域スポーツの好循環の創出に貢献すると考えられる。

第22条（スポーツ行事の実施及び奨励）

> 地方公共団体は、広く住民が自主的かつ積極的に参加できるような運動会、競技会、

体力テスト、スポーツ教室等のスポーツ行事を実施するよう努めるとともに、地域スポーツクラブその他の者がこれらの行事を実施するよう奨励に努めなければならない。
2　国は、地方公共団体に対し、前項の行事の実施に関し必要な援助を行うものとする。

　第22条は、地方公共団体が、運動会、競技会、体力テスト、スポーツ教室等のスポーツ行事を実施することについての努力義務を定め、これに対する国の援助を定めたものである。スポーツ振興法の規定とほとんど同じである。

第23条（体育の日の行事）
　国及び地方公共団体は、国民の祝日に関する法律（昭和二十三年法律第百七十八号）第二条に規定する体育の日において、国民の間に広くスポーツについての関心と理解を深め、かつ、積極的にスポーツを行う意欲を高揚するような行事を実施するよう努めるとともに、広く国民があらゆる地域でそれぞれその生活の実情に即してスポーツを行うことができるような行事が実施されるよう、必要な施策を講じ、及び援助を行うよう努めなければならない。

　第23条は、体育の日におけるスポーツ行事の実施についての国及び地方公共団体の努力義務を定めたものである。スポーツ振興法の規定とほぼ同様であるが、従前は「実施するものとする」とされていたのに対し、「実施するよう努める」として、努力義務に改められた。

第24条（野外活動及びスポーツ・レクリエーション活動の普及奨励）
　国及び地方公共団体は、心身の健全な発達、生きがいのある豊かな生活の実現等のために行われるハイキング、サイクリング、キャンプ活動その他の野外活動及びスポーツとして行われるレクリエーション活動（以下この条において「スポーツ・レクリエーション活動」という。）を普及奨励するため、野外活動又はスポーツ・レクリエーション活動に係るスポーツ施設の整備、住民の交流の場となる行事の実施その他の必要な施策を講ずるよう努めなければならない。

　第24条は、野外活動及びスポーツ・レクリエーション活動の普及奨励について、国及び地方公共団体の努力義務を定めた。スポーツ振興法では、普及奨励の対象を「徒歩旅行、自転車旅行、キャンプ活動その他の野外活動」と定めていたが、基本法では、「ハイキング、サイクリング、キャンプ活動その他の野外活動及びスポーツとして行われるレクリエーション活動」と定められた。時代の変遷に伴って、野外活動にスポーツ・レクリエーション活動を加え、スポーツの新しい広がりを反映している。

第三節　競技水準の向上等

第 25 条（優秀なスポーツ選手の育成等）

> 　国は、優秀なスポーツ選手を確保し、及び育成するため、スポーツ団体が行う合宿、国際競技大会又は全国的な規模のスポーツの競技会へのスポーツ選手及び指導者等の派遣、優れた資質を有する青少年に対する指導その他の活動への支援、スポーツ選手の競技技術の向上及びその効果の十分な発揮を図る上で必要な環境の整備その他の必要な施策を講ずるものとする。
> 2　国は、優秀なスポーツ選手及び指導者等が、生涯にわたりその有する能力を幅広く社会に生かすことができるよう、社会の各分野で活躍できる知識及び技能の習得に対する支援並びに活躍できる環境の整備の促進その他の必要な施策を講ずるものとする。

　第 25 条は、優秀なスポーツ選手を確保し育成するため、国が、①スポーツ団体が行う合宿、国際競技大会又は全国的な規模のスポーツの競技会へのスポーツ選手及び指導者等の派遣、②優れた資質を有する青少年に対する指導などへの支援、③スポーツ選手の競技技術の向上及びその効果の十分な発揮を図る上で必要な環境の整備などの施策を講ずるものと定めた。

　また、2 項では、優秀なスポーツ選手・指導者が、生涯にわたり能力を幅広く社会に活かすことができるよう、国が、①社会の各分野で活躍できる知識及び技能の習得に対する支援、②活躍できる環境の整備の促進などの施策を講ずるものと定めた。

論点▶優秀なスポーツ選手の育成とスポーツ部活動

　アスリートの不断の努力、可能性の追求は、それ自体感動に値するものである。また、わが国のトップアスリートが、オリンピックやワールドカップなどの国際競技大会で活躍する姿は、我々に誇りと喜び、夢と感動をもたらす。スポーツ基本法は、第 2 条 6 項において、アスリートが国際競技大会等において優秀な成績を収めることができるよう、スポーツに関する競技水準の向上に資する諸施策について、相互の有機的な連携を図りつつ、効果的に推進されなければならないと定めている。本条は、これを受けて、優秀なスポーツ選手の育成に関する国の義務を定めたものである。

　スポーツ部活動は、ジュニア期に行われるスポーツであり、学校におけるスポーツ部活動が幅広く充実して行われることにより、スポーツの裾野が広がり、優秀なスポーツ選手の発掘につながる点で、優秀なスポーツ選手の育成にも密接な関わりを有している。しかしながら、学校のスポーツ部活動が素質・能力のある生徒をトップアスリートに育て上げることまで担うことは、指導や施設などの面で困難を伴うことは否定できず、スポーツ部活動にそこまでの期待をすることは、指導者に過度な負担を強いることとなる。また、行き過ぎた勝利至上主義が不適切な指導につながり、暴力的指導、オーバーユース、バーンアウトなどの事態を招くこと

も想定される。現在のスポーツ部活動では、競技によっては、指導者がトップアスリートのジュニア期の育成を担っている面もあるが、スポーツ部活動の限界を考えれば、競技団体との間での適切な棲み分けが必要と思われる。

また、優秀なスポーツ選手を育成するには、長期的な視点に立ってアスリートを育てることが必要である。したがって、その育成に関わる指導者や学校は、スポーツ指導のみに偏ることなく、学業とバランスを取り、将来の職業確保にも配慮して、適切に育成すべきである。

第26条（国民体育大会及び全国障害者スポーツ大会）

　国民体育大会は、公益財団法人日本体育協会（昭和二年八月八日に財団法人大日本体育協会という名称で設立された法人をいう。以下同じ。）、国及び開催地の都道府県が共同して開催するものとし、これらの開催者が定める方法により選出された選手が参加して総合的に運動競技をするものとする。

2　全国障害者スポーツ大会は、財団法人日本障害者スポーツ協会（昭和四十年五月二十四日に財団法人日本身体障害者スポーツ協会という名称で設立された法人をいう。以下同じ。）、国及び開催地の都道府県が共同して開催するものとし、これらの開催者が定める方法により選出された選手が参加して総合的に運動競技をするものとする。

3　国は、国民体育大会及び全国障害者スポーツ大会の円滑な実施及び運営に資するため、これらの開催者である公益財団法人日本体育協会又は財団法人日本障害者スポーツ協会及び開催地の都道府県に対し、必要な援助を行うものとする。

　第26条は、国民体育大会（国体）及び全国障害者スポーツ大会の開催に関して定めている。国体については、スポーツ振興法にもほぼ同様の規定があり、日本体育協会・国・開催地の都道府県の共同開催という点も同様に定められていた。

　これに、新たに加えられたのが全国障害者スポーツ大会であり、国民体育大会と同様に、日本障害者スポーツ協会・国・開催地の都道府県の共同開催とすることが定められた。これによって、これまで毎年国民体育大会終了後に国体会場を使用して開催されてきた全国障害者スポーツ大会に、法律上の根拠が与えられたことになる。

　国体は、わが国最大の国民スポーツ祭典と位置づけられて、都道府県の持ち回りで毎年開催され、都道府県対抗で行われてきた。しかし、すでに都道府県を一巡したこと、開催地都道府県が天皇杯・皇后杯を必ずといっていいほど獲得していることなどから、その存在意義については、議論のあるところである。新たな基本法の下における国体の意義が、全国障害者スポーツ大会の意義とともに、改めて検討されることが望まれる。

> 第 27 条（国際競技大会の招致又は開催の支援等）
> 　国は、国際競技大会の我が国への招致又はその開催が円滑になされるよう、環境の保全に留意しつつ、そのための社会的気運の醸成、当該招致又は開催に必要な資金の確保、国際競技大会に参加する外国人の受入れ等に必要な特別の措置を講ずるものとする。
> 2　国は、公益財団法人日本オリンピック委員会（平成元年八月七日に財団法人日本オリンピック委員会という名称で設立された法人をいう。）、財団法人日本障害者スポーツ協会その他のスポーツ団体が行う国際的な規模のスポーツの振興のための事業に関し必要な措置を講ずるに当たっては、当該スポーツ団体との緊密な連絡を図るものとする。

　第 27 条は、国際競技大会（「オリンピック競技大会、パラリンピック競技大会その他の国際的な規模のスポーツの競技会」をいう。第 2 条 6 項）のわが国への招致・開催について、国が「そのための社会的機運の醸成」「招致又は開催に必要な資金の確保」「国際競技大会に参加する外国人の受入れ」等につき「必要な特別な措置を講ずる」ことを定めた。

　また、2 項は、スポーツ団体が行う国際的な規模のスポーツの振興のための事業に関し必要な措置を講ずるにあたって、国が当該スポーツ団体と緊密な連絡を図ることを定めた。

　本条は、国際競技大会の招致・開催について、国が必要な資金の確保をすることを明言しており、しかも、招致のための「社会的機運の醸成」までするというのであるから、国際競技大会の開催に向けて相当踏み込んだ条文となっている。わが国は、2020 年の東京オリンピック・パラリンピックの招致に成功したが、これを支えることになった条文と言ってよいであろう。

　もっとも、基本法は、スポーツが国際的交流で果たす役割について、「国際相互理解の増進」「国際平和への寄与」という基本理念（第 2 条 7 項）を掲げており、国際競技大会の招致・開催においても、この基本理念の実現が求められるところである。

　また、あわせて「環境の保全に留意しつつ」国際競技大会が開催されることも求めている。オリンピック憲章においても、環境問題に関心を持ち、持続可能な開発を促進することが国際オリンピック委員会の使命に掲げられており、環境への配慮は国際的な課題であることから、これに対応していることをこの文言で示したものである。

> 第 28 条（企業、大学等によるスポーツへの支援）
> 　国は、スポーツの普及又は競技水準の向上を図る上で企業のスポーツチーム等が果たす役割の重要性に鑑み、企業、大学等によるスポーツへの支援に必要な施策を講ずるものとする。

　第 28 条は、企業、大学等によるスポーツへの支援について、国が必要な施策を講ずることを

定めた。国がそのような支援を行うと定めたのは、企業や大学のスポーツチーム等が、スポーツの普及または競技水準の向上を図る上で重要な役割を果たしているとの認識に基づいている。バブル崩壊後の日本経済の不況に伴って、企業スポーツは縮小し、多くの企業運動部が相次いで休部・廃部となった。しかしながら、日本のトップレベルのスポーツは未だに企業によって支えられているのが実情である。このため、本条は、トップアスリートの強化活動に貢献している企業や大学のスポーツに対する支援を行うこととしている。

> 第29条（ドーピング防止活動の推進）
> 　国は、スポーツにおけるドーピングの防止に関する国際規約に従ってドーピングの防止活動を実施するため、公益財団法人日本アンチ・ドーピング機構（平成十三年九月十六日に財団法人日本アンチ・ドーピング機構という名称で設立された法人をいう。）と連携を図りつつ、ドーピングの検査、ドーピングの防止に関する教育及び啓発その他のドーピングの防止活動の実施に係る体制の整備、国際的なドーピング防止に関する機関等への支援その他の必要な施策を講ずるものとする。

　第29条は、ドーピング防止活動について、国が必要な施策を講じることを定めたものである。わが国は2006年に「スポーツにおけるドーピングの防止に関する国際規約」を締結したが、スポーツ振興法にはドーピング防止活動に関する規程は置かれていなかった。基本法は、本条を定めることによって、わが国のドーピング防止活動に直接の根拠規定を設けたものである。ドーピング防止活動は、スポーツにおける公正を実現し、スポーツの価値を守るという理念に基づくものである。第2条8項は、基本理念として、「スポーツに関するあらゆる活動を公正かつ適切に実施すること」を掲げるとともに、「ドーピングの防止の重要性」を取り上げている。本条は、この基本理念に基づいて、国がドーピング防止活動に必要な施策を講ずる義務を定めた。わが国では、日本アンチ・ドーピング機構が国内アンチ・ドーピング機関に指定されている。したがって、ドーピング防止活動の実施にあたっては、国は日本アンチ・ドーピング機構と連携することが求められている。

> 第四章　スポーツの推進に係る体制の整備
> 第30条（スポーツ推進会議）
> 　政府は、スポーツに関する施策の総合的、一体的かつ効果的な推進を図るため、スポーツ推進会議を設け、文部科学省及び厚生労働省、経済産業省、国土交通省その他の関係行政機関相互の連絡調整を行うものとする。

　第30条は、政府がスポーツ推進会議を設け、関係行政機関相互の連絡調整を行うものとすることと定めた。スポーツ推進会議は、スポーツに関する施策の総合的・一体的・効果的な推進を

図る会議である。スポーツに関する施策は、文部科学省、厚生労働省、経済産業省、国土交通省などで推進されており、スポーツ推進会議は、スポーツ基本計画の策定・変更の時（第9条3項）を含め、これら関係行政機関相互の連絡調整を行うことになる。

第31条（都道府県及び市町村のスポーツ推進審議会等）

　都道府県及び市町村に、地方スポーツ推進計画その他のスポーツの推進に関する重要事項を調査審議させるため、条例で定めるところにより、審議会その他の合議制の機関（以下「スポーツ推進審議会等」という。）を置くことができる。

　第31条は、都道府県及び市町村に、スポーツ推進審議会等を置くことができると定めた。スポーツ推進審議会等は、地方スポーツ推進計画その他のスポーツの推進に関する重要事項を調査審議させるための合議制の機関である。スポーツ推進審議会の設置は、地方公共団体の自主的・主体的な判断を尊重する観点から、任意とされている。各地方公共団体は、その実情に応じて、機関の設置及び地方スポーツ推進計画の審議・策定を判断することになる。

第32条（スポーツ推進委員）

　市町村の教育委員会（特定地方公共団体にあっては、その長）は、当該市町村におけるスポーツの推進に係る体制の整備を図るため、社会的信望があり、スポーツに関する深い関心と理解を有し、及び次項に規定する職務を行うのに必要な熱意と能力を有する者の中から、スポーツ推進委員を委嘱するものとする。
2　スポーツ推進委員は、当該市町村におけるスポーツの推進のため、教育委員会規則（特定地方公共団体にあっては、地方公共団体の規則）の定めるところにより、スポーツの推進のための事業の実施に係る連絡調整並びに住民に対するスポーツの実技の指導その他スポーツに関する指導及び助言を行うものとする。
3　スポーツ推進委員は、非常勤とする。

　第32条は、市町村の教育委員会は、その市町村におけるスポーツの推進に係る体制の整備を図るため、スポーツ推進委員を委嘱するものとすることとした（1項）。スポーツ振興法における体育指導員の制度を引き継いだものである。スポーツ推進委員の役割としては、「住民に対するスポーツの実技の指導」「スポーツに関する指導及び助言」が掲げられているほか、新たに「スポーツの推進のための事業の実施に係る連絡調整」が加えられた（2項）。スポーツ推進委員には、地域住民のニーズを踏まえたスポーツのコーディネーターの役割が追加されたわけである。ただし、その役割と期待が大きくなったものの、体育指導員と同様に非常勤とされている（3項）。

第五章　国の補助等

第33条（国の補助）

　国は、地方公共団体に対し、予算の範囲内において、政令で定めるところにより、次に掲げる経費について、その一部を補助する。
　一　国民体育大会及び全国障害者スポーツ大会の実施及び運営に要する経費であって、これらの開催地の都道府県において要するもの
　二　その他スポーツの推進のために地方公共団体が行う事業に要する経費であって特に必要と認められるもの
2　国は、学校法人に対し、その設置する学校のスポーツ施設の整備に要する経費について、予算の範囲内において、その一部を補助することができる。この場合においては、私立学校振興助成法（昭和五十年法律第六十一号）第十一条から第十三条までの規定の適用があるものとする。
3　国は、スポーツ団体であってその行う事業が我が国のスポーツの振興に重要な意義を有すると認められるものに対し、当該事業に関し必要な経費について、予算の範囲内において、その一部を補助することができる。

　第33条は、国は、地方公共団体、学校法人又はスポーツ団体に対し、それらの行うスポーツの振興のための事業に要する経費の一部を補助することができることと定めた。第8条は、「政府は、スポーツに関する施策を実施するため必要な法制上、財政上又は税制上の措置その他の措置を講じなければならない」と定めているが、ここでは財政上の措置が定められている。

第34条（地方公共団体の補助）

　地方公共団体は、スポーツ団体に対し、その行うスポーツの振興のための事業に関し必要な経費について、その一部を補助することができる。

　第34条は、地方公共団体は、スポーツ団体に対し、その行うスポーツの振興のための事業に要する経費の一部を補助することができることと定めた。地方公共団体による補助の対象となるスポーツ団体とは、競技団体のほか、地域スポーツクラブやその他各種の団体を含み、また、プロスポーツの団体も含む（スポーツ振興法第3条2項では、営利のためのスポーツの振興が同法による施策から排除されていたが、この規定は削除された）。

第35条（審議会等への諮問等）

　国又は地方公共団体が第三十三条第三項又は前条の規定により社会教育関係団体（社会教育法（昭和二十四年法律第二百七号）第十条に規定する社会教育関係団体をいう。）

> であるスポーツ団体に対し補助金を交付しようとする場合には、あらかじめ、国にあっては文部科学大臣が第九条第二項の政令で定める審議会等の、地方公共団体にあっては教育委員会（特定地方公共団体におけるスポーツに関する事務（学校における体育に関する事務を除く。）に係る補助金の交付については、その長）がスポーツ推進審議会等その他の合議制の機関の意見を聴かなければならない。この意見を聴いた場合においては、同法第十三条の規定による意見を聴くことを要しない。

　第35条は、国又は地方公共団体が社会教育関係団体であるスポーツ団体に対し補助金を交付しようとする場合には、あらかじめ、中央教育審議会またはスポーツ推進審議会の意見を聞くことを定めた。スポーツ振興法第23条の規定とほぼ同様の定めをするものである。

附則
第1条（施行期日）
　この法律は、公布の日から起算して六月を超えない範囲内において政令で定める日から施行する。

　附則第1条は、施行期日を「公布の日から起算して六月を超えない範囲内において政令で定める日」と定めたが、これは、「スポーツ基本法の施行期日を定める政令」により、2011年8月24日と定められている。

第2条（スポーツに関する施策を総合的に推進するための行政組織の在り方の検討）
　政府は、スポーツに関する施策を総合的に推進するため、スポーツ庁及びスポーツに関する審議会等の設置等行政組織の在り方について、政府の行政改革の基本方針との整合性に配慮して検討を加え、その結果に基づいて必要な措置を講ずるものとする。

　附則第2条は、スポーツに関する施策を総合的に推進するため、政府は、スポーツ庁の設置について検討を加え、その検討結果に基づいて、必要な措置を講ずることとした。スポーツに関する施策は、文部科学省だけではなく、厚生労働省、国土交通省、経済産業省などにまたがっていたため、基本法制定時にも、スポーツに関する施策を総合的に推進する行政機関として、スポーツ庁設置の議論があったが、このような形で検討を加えることとされた。その後、2020年東京オリンピック・パラリンピックの開催が決定したため、スポーツ庁設置はにわかに現実性を帯びてきている。もっとも、その場合でも、「行政改革の基本方針との整合性に配慮」することが求められており、肥大化を伴わない方法が求められるであろう。

> 第3条（スポーツの振興に関する計画に関する経過措置）
> 　この法律の施行の際現に改正前のスポーツ振興法第四条の規定により策定されている同条第一項に規定するスポーツの振興に関する基本的計画又は同条第三項に規定するスポーツの振興に関する計画は、それぞれ改正後のスポーツ基本法第九条又は第十条の規定により策定されたスポーツ基本計画又は地方スポーツ推進計画とみなす。

> 第4条（スポーツ推進委員に関する経過措置）
> 　この法律の施行の際現に改正前のスポーツ振興法第十九条第一項の規定により委嘱されている体育指導委員は、改正後のスポーツ基本法第三十二条第一項の規定により委嘱されたスポーツ推進委員とみなす。

> 第5条（地方税法の一部改正）
> 　地方税法（昭和二十五年法律第二百二十六号）の一部を次のように改正する。
> 　　第七十五条の三第一号中「スポーツ振興法（昭和三十六年法律第百四十一号）第六条第一項」を「スポーツ基本法（平成二十三年法律第七十八号）第二十六条第一項」に改める。

> 第6条（放送大学学園法の一部改正）
> 　放送大学学園法（平成十四年法律第百五十六号）の一部を次のように改正する。
> 　　第十七条第四号中「スポーツ振興法（昭和三十六年法律第百四十一号）第二十条第二項」を「スポーツ基本法（平成二十三年法律第七十八号）第三十三条第二項」に改める。

> 第7条（沖縄科学技術大学院大学学園法の一部改正）
> 　沖縄科学技術大学院大学学園法（平成二十一年法律第七十六号）の一部を次のように改正する。
> 　　第二十条第四号中「スポーツ振興法（昭和三十六年法律第百四十一号）第二十条第二項」を「スポーツ基本法（平成二十三年法律第七十八号）第三十三条第二項」に改める。

　附則第3条ないし第7条は、スポーツ振興法から基本法への移行のための経過措置を定めたものである。

column

全国スポーツ法研究会交流集会

　2014年7月19日、大阪弁護士会館で全国スポーツ法研究会交流集会が開催された。参加したのは、第二東京弁護士会スポーツ法政策研究会、第一東京弁護士会総合法律研究所スポーツ法研究部会、東京弁護士会業務改革委員会スポーツPT、横浜弁護士会スポーツ法研究会、名古屋セカンドキャリア研究会（愛知県弁護士会）、大阪弁護士会スポーツ・エンターテインメント法実務研究会の6つである。第二東京弁護士会スポーツ法政策研究会が各地の弁護士会のスポーツ法研究会に呼びかけて、初めて開催され、約40名が集まった。

　これら研究会の中でもっとも歴史が古いのが、大阪弁護士会スポーツ・エンターテインメント法実務研究会であり、その前身のスポーツ問題研究会が設立されたのは1991年である。日本スポーツ法学会が設立されたのは1992年であり、その頃から20年以上をかけて、全国の弁護士会にこれだけのスポーツ法研究会ができ、スポーツに関わる弁護士が増えたことになる。

　それでは、スポーツ法分野で弁護士に対するニーズはどこにあるだろうか。若手の弁護士の多くは、プロ野球やサッカーの花形選手の代理人になることを夢見ている。もちろんこの需要がないわけではないが、弁護士に依頼をしようというアスリートの数は、未だ代理人となることを希望する弁護士の数よりはるかに少ない。

　他方、競技団体の多くが、ガバナンスの強化などのために、スポーツに精通した弁護士の力を求めている。しかし、いくつかの競技団体を除けば、財政的基盤が脆弱なため、需要はボランティアベースなのがネックである。

　このような環境下では、スポーツ法研究会に参加してくれている若手弁護士をスポーツ関連の仕事に参加させるのは、ボランティアを強要するようで気が引ける。しかし、若手弁護士は、それでも積極的に参加して期待に応えてくれている。弁護士業務としては、短期的には採算が取れていないのだが、長期的には先々何らかの形で役に立つであろうと考えての投資とも捉えられるし、なにより「好きだから」という面が大きい。

　これからも年に1度の割合で各弁護士会スポーツ法研究会連絡協議会として交流を進めていくことになっている。今後、さらに多くの弁護士会でスポーツ法研究会が設立され、都道府県レベル、あるいは市町村レベルの競技団体の相談や、各地のアスリートの相談の受け皿となれる弁護士が増えることを願っている。

新四谷法律事務所
伊東　卓

スポーツ指導における暴力根絶に何が必要か
——JOCアンケートの分析から

虎ノ門協同法律事務所
望月 浩一郎

望月 浩一郎（もちづき こういちろう）●プロフィール
　弁護士（東京弁護士会、1984年登録）、ジュニアスポーツ法律アドバイザー（日本体育協会スポーツ少年団）、日本学生野球協会審査室委員、文部科学省：運動部活動の在り方に関する調査研究会議副座長（2013年）、スポーツ界における暴力根絶に向けた宣言文作成委員会委員（日本体育協会など5団体、2013年）、日本スポーツ法学会会長（2014年〜）など。

JOCのアンケートの概要

　桜宮高校バスケットボール部の部員が体罰を受けた後に自殺した事件と柔道女子日本代表監督の暴力に対して選手が告発をした事件に端を発して、スポーツ界における暴力が大きな問題となった。日本オリンピック委員会（JOC）は、トップアスリートを対象とした暴力の実態について、夏季・冬季五輪加盟競技31団体の強化責任者からの聞き取り調査を実施し、2013年2月8日、「すべての団体から暴力、パワーハラスメント、セクシュアルハラスメントは一切ないと回答を得た」と発表し、暴力は日本のスポーツ界の一部の問題であると発表した。この発表に対しては、柔道以外で暴力がないなどとは信じられない、スポーツの現場の実態を反映していないのではないかとの批判があった。JOCは、その後、日本代表候補選手及び指導者6,909人を対象としたアンケート調査を行い、3,255件の回答（回答率47.1%）を得て、その結果を2013年3月19日公表した。アンケート結果は、「何らかの形で暴力等を認識していた」と回答した選手が459名（25.5%）、指導者が424名（29.1%）と、それぞれ4分の1を超え、「競技活動の際に暴力行為を含むパワーハラスメント、セクシュアルハラスメントを受けたことがある」と回答した選手は、206名（11.5%）にのぼった。

　このアンケートには、2つの問いに対する自由記載欄があり、その全体は明らかにされているものの分析は公表されていない。トップアスリートとその指導者がスポーツ指導における暴力の原因及び対策をどのように認識しているかを検討することは、暴力を根絶するために何をしなければならないかを解明する上で重要な作業である。

　自由記載欄の2つの設問は、「競技活動中の暴力行為を含むパワハラ、セクハラ等で感じることは何ですか？」（以下「感じたこと」と言う。）と「競技活動中の暴力行為を含むパワハラ、セクハラ等を撲滅するためには、何が必要だとお考えですか」（以下「必要なこと」と言う。）である。

　その結果は400字詰め原稿用紙70枚の分量となる。全部を紹介することはできないので、暴力根絶に向けた課題を明らかにする範囲で、意見の傾向と特徴的な意見を紹介する。

暴力を容認する意見と暴力の犠牲となったとの意見

　「感じたこと」の問いに対する意見の中で、「多少の暴力は仕方がないと思う。選手も高みを目指しているし、指導者も一緒で、命をかけて指導していると思う」（選手）、「暴力行為などであっても、選手と指導者の間に信頼関係があればパワハラにはならないと思う」（選手）、「基本的にスポーツをする上で一発でも何十発でも暴力は認められないものだと思う。しかし本当に活を入れるための魂の込もった一発ならば自分は暴力ととらえず受け入れられる」（選手）、という条件付ではあるが暴力を容認する意見を「場合によっては暴力行為は必要」との意見としてまとめた。この意見は、指導者は5%であるが、選手では22%あり、選手の意見の中では第1位となっている。競技

力の向上、スポーツでの勝利を目指す上で暴力が有益だとする考えはまだまだ根強いことを示している。特に選手の側でこの考えが強いところを変えることが課題である。

　一方で、選手の意見の中では、「指導者のパワハラ等によって、縛られた環境の中で、選手は最高のプレーができるわけがないし、選手の独自の発想を否定する行為であり、成長を阻害すると思います」（選手）、「恐怖で選手を押さえて指導する方法は、選手の感性やイマジネーションを奪うことにつながり、結局日本を代表する選手に成長させることができない」（指導者）などの競技力向上を阻害するという意見（7%）、「日々、トレーニングをし、目標に向かって一生懸命頑張っているのに、このようなことをされてしまうと、モチベーションが下がる。また、そのことに対して考え込んでしまい、監督を信用できなくなっています」（選手）、「自分の好きな競技も嫌いになりかけてしまう。やる気が起きなくなる」（選手）などの意欲が失われるという意見（11%）、さらに、「ゴミのように言われ存在すら否定される」（選手）、「現役を引退したので今はパワハラ等受けることはなくなりましたが、当時は精神的苦痛がとても大きく、引退を決めた理由の一つでもありました。採点競技ではないスポーツをうらやましく思いました。ジュニアの頃受けてきた暴力では体に感じる痛みより、精神的苦痛が大きかった。今でもトラウマとして残っています」（選手）、「競技をやめたい。クラブを変えたい」（選手）などの競技をやめる契機となっている（5%）意見がある。これらの暴力による被害を訴える意見は合わせて23%となっており、暴力を容認する意見とほぼ拮抗している。

指導者の指導力の向上

　「感じたこと」の問いに対する意見の中で、「暴力行為を行わないと選手が動かないという指導者は指導力がないのだろうと思う」（選手）、「ミスしたことを怒るのは誰でもできる。なぜミスしたのか、次はどうすればよいのかヒントを与え選手自身が考え、修正するきっかけを作るのが優れた指導者だと感じる」（選手）、「パワハラで育った選手は、自分の経験で指導する傾向がありパワハラでしか指導できないと感じる。その点から選手の時代から人間力を教えることが大事だと強く思う」（選手）、「一人ひとりの能力を伸ばすことを指導と考えれば、暴力行為は行われるはずはない」（指導者）、「選手を一人の人間として見ていないことと、古い感覚（上下関係・師弟関係）で指導を行っている。古いこと、昔からのことがすべて悪いとは思わないし、良い伝統として継続していくことは重要であるが、『俺が、私が一番だから、言うことを聞け』的な指導が問題」（指導者）、「選手の気持ちを萎縮させ、自ら競技をするのではなく、コーチが怖いから競技をするという方向になる。そのような状況になると選手は自立をせずに、自分から積極的に競技力向上に努めなくなり、結果的によい成績が出なくなると思う」（指導者）という指導者の指導力が不足していることが原因だとする意見を「指導者の問題」との意見としてまとめた。この意見は、選手で20%、指導者で30%あり、指導者の意見では第1位となっている。

「必要なこと」の問いに対する意見の中で、「指導者は技術面よりも、人を育てる術や、心理面をもっと勉強した方がよいと思う。それが欠けてると思う」（選手）、「指導力の向上。暴力に頼らなくても選手を惹きつける人間性とコーチングテクニックを持った指導者が必要」（選手）、「指導者の知識の向上と世界におけるファーストクラスのコーチングの学習と応用。それを活かすことのできる仕組み」（指導者）、「指導者はかつては実力者であったかもしれませんが指導者としての立場になればそれなりの素養が必要です」（指導者）という、指導力の向上が暴力の根絶に必要との意見は、選手で36%、指導者で28%を占めている。

トップアスリートとその指導者たちの間では、暴力の原因、暴力を根絶するために重要なことは、指導者が自身の経験だけに頼って指導するのではなく、自ら研鑽し、科学的な根拠に裏付けられた正しい指導方法を習得することが重要であるとする意見が3分の1を占めている。

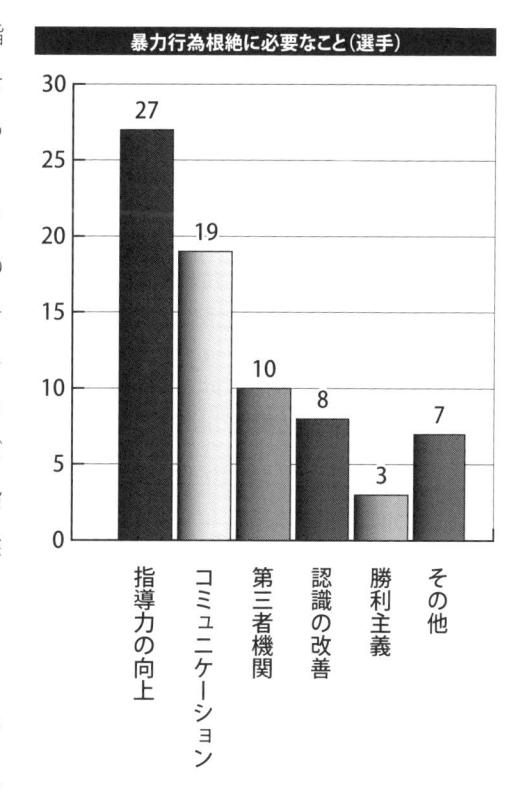

暴力行為根絶に必要なこと（選手）

項目	数値
指導力の向上	27
コミュニケーション	19
第三者機関	10
認識の改善	8
勝利主義	3
その他	7

コミュニケーション能力の向上

「必要なこと」の問いに対する意見の中で、「指導者、指導を受ける人、両者がお互いをリスペクトし、競技向上のために取り組めばよいし、また、撲滅するには共通意識が必要だと思う！」（選手）、「監督、コーチと選手との信頼関係の構築。また、監督達に尊敬の気持ちは持つが、同じ人間としては"対等"という意識を持つこと」（選手）、「指導者が選手から信頼を得るためのコミュニケーション能力」（選手）、「人として、指導者として、アスリートとして自立すること。指導者＝強者、アスリート＝弱者という関係性を築き上げないように、お互い成長していくことが重要である」（指導者）、「認識の差をなくすコミュニケーションやお互いの理解を深めること、説明のできる言葉や行動をもって指導者（選手も）が現場活動に当たること」（指導者）、「練習方法等において指導者と選手とが同じ目標に向かって、話し合い納得した形で練習に励むことがベストであるが、選手の立場から意見が伝えられる信頼関係が必要。強化に暴力行為はいらない」等の指導者と選手が対等の関係であることを重視し、その競技で何を目指すのかという目的とそのためのトレーニング方法を指導者と選手の間で共通の認識とすること、そのためのコミュニケーション能力の重要性を指摘する意見を「コミュニケーション」との意見としてまとめた。この意見は、選手で26%、指導者

暴力行為根絶に必要なこと（指導者）

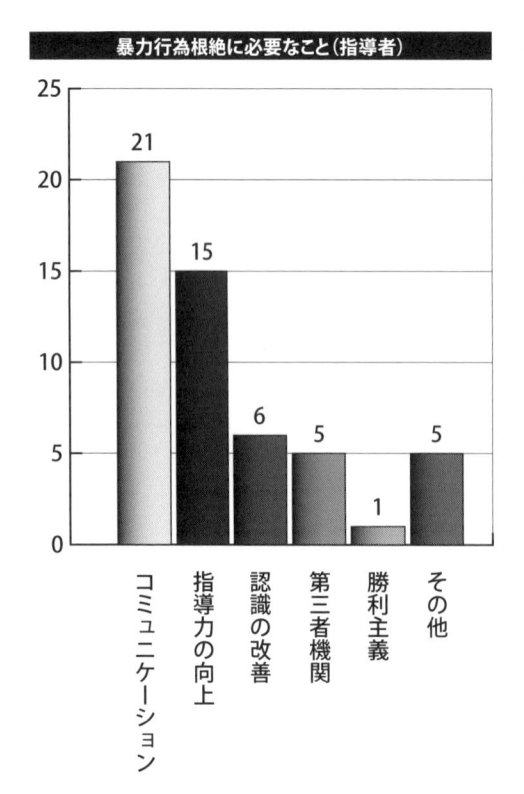

項目	数
コミュニケーション	21
指導力の向上	15
認識の改善	6
第三者機関	5
勝利主義	1
その他	5

が40%であり、指導者の意見では第1位となっている。

トップアスリートとその指導者たちの間では、暴力の原因、暴力を根絶するために重要なことの2つ目は、指導者と選手がそれぞれ対等の関係であることを認識し、コミュニケーション能力を高めて、指導者と選手が目的・方法を共有することである。

文部科学省が設置した「運動部活動の在り方に関する調査研究協力者会議」が、2013年5月にとりまとめた、「運動部活動での指導のガイドライン」の中でも、指導上の留意点の大きな柱として、科学的根拠に基づく指導方法とコミュニケーション充実の2つを指摘している。トップアスリートとその指導者のアンケートからもこの2点が特に重要であることが示されている。

暴力根絶のために必要な対策

　科学的根拠に基づく指導方法とコミュニケーション充実という大きな柱以外での暴力根絶のために必要なこととしては、次のような意見がある。

　「相談できる場所、懲戒の権限のある機関があることが必要だと思う」（選手）、「ナショナルヘッドコーチの教えている女性選手に対するセクハラは、過去の問題であっても許せるものではありません。第三者からの徹底調査、徹底根絶をしてください」（選手）、「定期的な第三者による監査が必要である。パワハラ・セクハラはナショナルチームのような競技力の高い選手のみならず、地方でのスポーツクラブ、または学校体育でも行われているはず。暴力行為を含む体罰は根底から改善し、必ず近い将来体罰のない世界にする必要がある」（選手）、「組織において、相談、カウンセラー的部署を設置し、常に風通しよく、又、悩み等が指導者に直接中立的な立場で伝わりそれが選手にフィードバックできる体制が必要と思われる」（指導者）、「相談窓口を設置すること（選手の身近なところに）。各NF対応」（指導者）等の相談窓口、暴力を監視し、暴力に対して制裁を科す第三者機関の設置を求める意見が、選手で14%、指導者で10%ある。各競技団体、中央統轄競技団体（日本体育協会など）において相談窓口と暴力を受けた選手をサポートできる体制と日々の練習に第三者の目が届くような措置が講じられることが期待されている。

暴力行為で感じたこと（選手）

- 場合によって必要 22%
- 指導者の問題 20%
- 意欲喪失 11%
- 許されない行為 10%
- 相談機関 7%
- 信頼関係 8%
- 競技力向上せず 7%
- 競技やめた 5%
- 判断基準 4%
- その他 6%

暴力行為で感じたこと（指導者）

- 指導者の問題 30%
- 競技力向上せず 17%
- 信頼関係 17%
- 判断基準 9%
- 許されない行為 9%
- 場合によって必要 5%
- 相談機関 3%
- 意欲喪失 2%
- その他 8%

暴力根絶に必要なこと（選手）

- 指導力の向上 36%
- コミュニケーション 26%
- 第三者機関 14%
- 認識の改善 11%
- 勝利主義 4%
- その他 9%

暴力根絶に必要なこと（指導者）

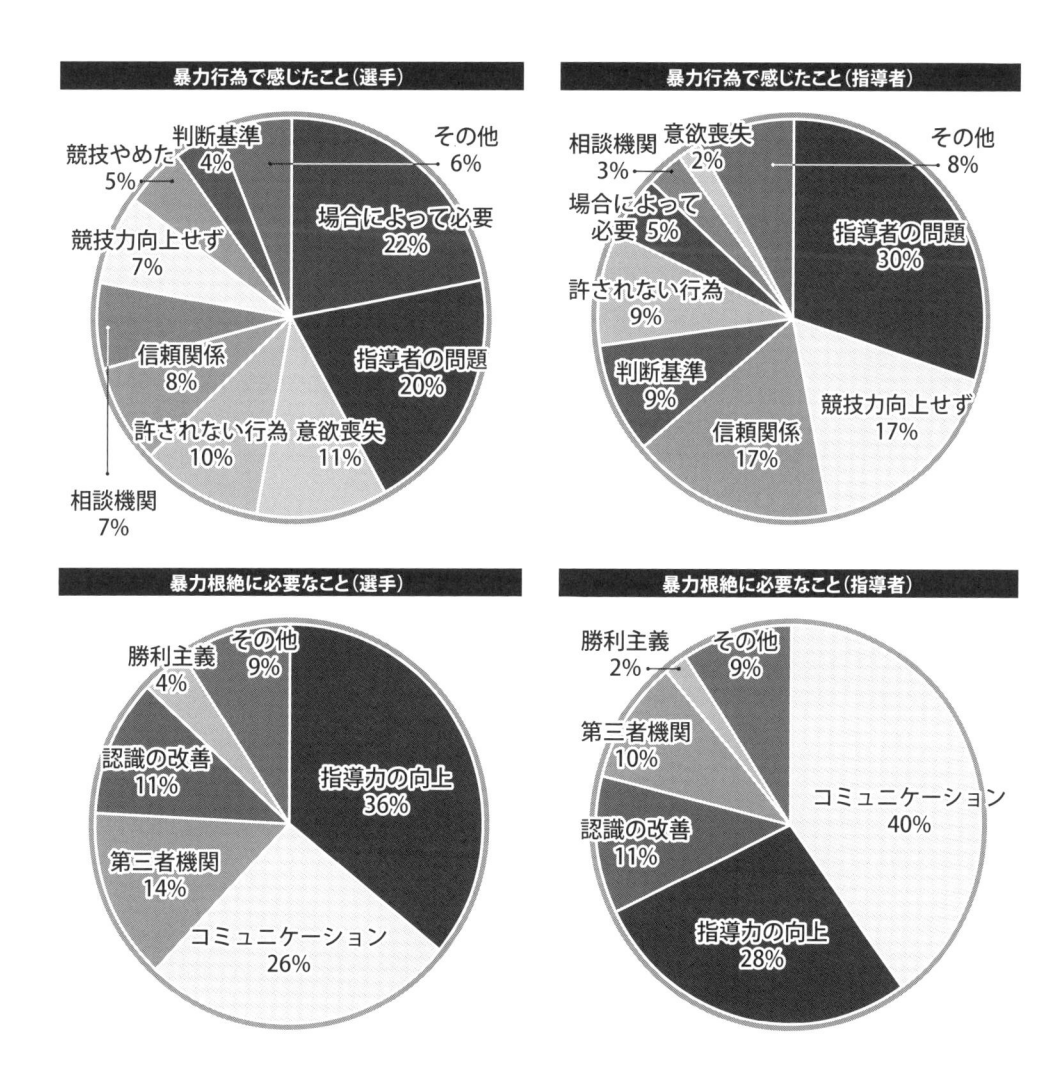

- コミュニケーション 40%
- 指導力の向上 28%
- 認識の改善 11%
- 第三者機関 10%
- 勝利主義 2%
- その他 9%

まとめ

　JOCのアンケートの自由記載欄の意見からは、暴力を根絶するためには、第一に、暴力で強制し、服従させる指導では、自身で当・不当を判断し、解決方法を考えることができない指示待ち選手をつくるだけであり、決して優れた選手を育てることができないことを共通の認識にすること、第二に、経験だけに頼る指導から、指導者自身研鑽を重ね正しい指導方法を習得すること、第三に、指導者と選手がそれぞれ対等の関係であることを認識し、コミュニケーション能力を高めて、指導者と選手が目的・方法を共有すること、第四に、トレーニング環境をオープンにし、第三者の目が届くようにし、かつ、相談窓口を整備すること等の対策が必要であることが示されている。

スポーツ基本計画（概要）

第1章　スポーツをめぐる現状と今後の課題

1．背景と展望

　スポーツ基本法におけるスポーツの果たす役割を踏まえ、<u>目指すべき具体的な社会の姿として以下の5つを掲示</u>。
- ① 青少年が健全に育ち、他者との協同や公正さと規律を重んじる社会
- ② 健康で活力に満ちた長寿社会
- ③ 地域の人々の主体的な協働により、深い絆で結ばれた一体感や活力がある地域社会
- ④ 国民が自国に誇りを持ち、経済的に発展し、活力ある社会
- ⑤ 平和と友好に貢献し、国際的に信頼され、尊敬される国

2．スポーツ基本計画の策定

　計画の期間は、<u>10年間程度を見通した平成24年度からの概ね5年間</u>。地方公共団体が「地方スポーツ推進計画」を定めるための指針となるよう、国と地方公共団体が果たすべき役割に留意して策定。

第2章　今後10年間を見通したスポーツ推進の基本方針

　「年齢や性別、障害等を問わず、広く人々が、関心、適性等に応じてスポーツに参画することができる環境を整備すること」を基本的な政策課題とし、<u>次の課題ごとに政策目標を設定</u>。
- ① 子どものスポーツ機会の充実
- ② ライフステージに応じたスポーツ活動の推進
- ③ 住民が主体的に参画する地域のスポーツ環境の整備
- ④ 国際競技力の向上に向けた人材の養成やスポーツ環境の整備
- ⑤ オリンピック・パラリンピック等の国際競技大会の招致・開催等を通じた国際貢献・交流の推進
- ⑥ スポーツ界の透明性、公平・公正性の向上
- ⑦ スポーツ界の好循環の創出

第3章　今後5年間に総合的かつ計画的に取り組むべき施策

1．学校と地域における子どものスポーツ機会の充実

> **政策目標**：子どものスポーツ機会の充実を目指し、学校や地域等において、すべての子どもがスポーツを楽しむことができる環境の整備を図る。
>
> 　そうした取組の結果として、<u>今後10年以内に子どもの体力が昭和60年頃の水準を上回ることができるよう、今後5年間、体力の向上傾向が維持され、確実なものとなることを目標とする</u>。

（1）幼児期からの子どもの体力向上方策の推進
- <u>・「全国体力・運動能力等調査」に基づく体力向上のための取組の検証改善サイクルの確立</u>
- <u>・幼児期における運動指針をもとにした実践研究等を通じた普及啓発</u>

（2）学校の体育に関する活動の充実
- <u>・体育専科教員配置や小学校体育活動コーディネーター派遣等による指導体制の充実</u>
- ・武道等の必修化に伴う指導力や施設等の充実
- ・運動部活動の複数校合同実施やシーズン制による複数種目実施等、先導的な取組の推進
- ・安全性の向上を図るための学校と地域の医療機関の専門家等との連携の促進、研修の充実
- ・障害のある児童生徒への効果的な指導の在り方に関する先導的な取組の推進

（3）子どもを取り巻く社会のスポーツ環境の充実
- ・子どものスポーツ参加の二極化傾向に対応した、総合型クラブやスポーツ少年団等における子どものスポーツ機会を提供する取組等の推進
- ・運動好きにするきっかけとしての野外活動やスポーツ・レクリエーション活動等の推進

2．若者のスポーツ参加機会の拡充や高齢者の体力つくり支援等のライフステージに応じたスポーツ活動の推進

政策目標：ライフステージに応じたスポーツ活動を推進するため、国民の誰もが、それぞれの体力や年齢、技術、興味・目的に応じて、いつでも、どこでも、いつまでも安全にスポーツに親しむことができる生涯スポーツ社会の実現に向けた環境の整備を推進する。
　そうした取組を通して、できるかぎり早期に、成人の週1回以上のスポーツ実施率が3人に2人（65％程度）、週3回以上のスポーツ実施率が3人に1人（30％程度）となることを目標とする。また、健康状態等によりスポーツを実施することが困難な人の存在にも留意しつつ、成人のスポーツ未実施者（1年間に一度もスポーツをしない者）の数がゼロに近づくことを目標とする。

（1）ライフステージに応じたスポーツ活動等の推進
- ライフステージに応じたスポーツ活動の実態を把握する調査研究等の実施
- 年齢、性別等ごとに日常的に望まれる運動量の目安となる指針の策定
- 地域のスポーツ施設が障害者を受け入れるための手引きや用具等の開発・研究の推進
- スポーツボランティア活動に関する事例紹介等の普及・啓発の推進
- 旅行先で気軽に多様なスポーツに親しめるスポーツツーリズムの推進によるスポーツ機会の向上

（2）スポーツにおける安全の確保
- 全国的なスポーツ事故・外傷・障害等の実態を把握し、その予防を可能にするスポーツ医・科学の疫学的研究の取組を推進
- スポーツ指導者等を対象とした、スポーツ事故・外傷・障害等に関わる最新の知見を学習する研修機会を設けるなどの取組の推進
- ＡＥＤ設置や携行等のＡＥＤ使用の体制整備を図るよう普及・啓発

3．住民が主体的に参画する地域のスポーツ環境の整備

政策目標：住民が主体的に参画する地域のスポーツ環境を整備するため、総合型地域スポーツクラブの育成やスポーツ指導者・スポーツ施設の充実等を図る。

（1）コミュニティの中心となる地域スポーツクラブの育成・推進
- 各地域の実情に応じたきめ細やかな総合型クラブの育成促進
- 総合型クラブへの移行を指向する単一種目の地域クラブ等への支援拡大
- 総合型クラブの創設・自立・活動を一体的にアドバイスできる「クラブアドバイザー(仮称)」の育成

（2）地域のスポーツ指導者等の充実
- 大学、日体協、日本障害者スポーツ協会等によるスポーツ指導者やマネジメント人材養成の支援
- 指導者の養成・活用の需要を把握し、効果的な活用方策を検討・普及啓発
- スポーツ推進委員に熱意と能力のある人材の登用、研修機会の充実

（3）地域スポーツ施設の充実
- 学校体育施設の地域との共同利用化に関する先進事例の普及・啓発
- 健常者と障害者がともに利用できるスポーツ施設の在り方について検討

（4）地域スポーツと企業・大学等との連携
- 地方公共団体、企業、大学の連携・協働による、スポーツ医・科学研究や人材の交流、施設の開放等の推進
- 健常者と障害者が同じ場所でスポーツを行う方法やスポーツ障害・事故防止策等について、大学等での研究成果や人材を活用する取組を推進

4．国際競技力の向上に向けた人材の養成やスポーツ環境の整備

政策目標：国際競技力の向上を図るため、スポーツを人類の調和のとれた発達に役立てるというオリンピズムの根本原則への深い理解に立って、競技性の高い障害者スポーツを含めたトップスポーツにおいて、ジュニア期からトップレベルに至る体系的な人材養成システムの構築や、スポーツ環境の整備を行う。

その結果として、今後、夏季・冬季オリンピック競技大会それぞれにおける<u>過去最多を超えるメダル数の獲得</u>、オリンピック競技大会及び各世界選手権大会における<u>過去最多を超える入賞者数の実現</u>を図る。これにより、<u>オリンピック競技大会の金メダル獲得ランキングについては、夏季大会では5位以上、冬季大会では10位以上</u>をそれぞれ目標とする。

また、<u>パラリンピック競技大会の金メダル獲得ランキングについては、直近の大会（夏季大会17位（2008／北京）、冬季大会8位（2010／バンクーバー）以上</u>をそれぞれ目標とする。

（1）ジュニア期からトップレベルに至る戦略的支援の強化
- <u>ＮＦ等へのナショナルコーチ等の専門的なスタッフの配置の支援</u>
- <u>スポーツ医・科学、情報分野等による支援や競技用具等の開発等からなる多方面からの高度な支援（マルチ・サポート）の実施</u>
- 女性スポーツの情報収集や女性特有の課題解決の調査研究を推進
- 企業スポーツ支援のため、トップアスリート強化に貢献する企業への表彰等を実施
- 競技性の高い障害者スポーツについてトップアスリートの発掘・育成・強化の推進

（2）スポーツ指導者及び審判員等の養成・研修やキャリア循環の形成
- ＪＯＣにおけるナショナルコーチアカデミーや審判員・専門スタッフ等の海外研さんの機会の充実・確保を支援
- ＮＦ等における、国内外で人材が活躍できる派遣システムの構築

（3）トップアスリートのための強化・研究活動等の拠点構築
- オリンピック競技大会の結果等の分析を踏まえつつ、ＮＴＣ及びＪＩＳＳを強化。
- ＮＴＣの中核拠点と競技別強化拠点との連携・協力を図る

5．オリンピック・パラリンピック等の国際競技大会等の招致・開催等を通じた国際交流・貢献の推進

政策目標：国際貢献・交流を推進するため、スポーツを人類の調和のとれた発達に役立てるというオリンピズムの根本原則への深い理解に立って、<u>オリンピック競技大会・パラリンピック競技大会等の国際競技大会等の積極的な招致や円滑な開催、国際的な情報の収集・発信、国際的な人的ネットワークの構築等</u>を行う。

（1）オリンピック・パラリンピック等の国際競技大会等の招致・開催等
- <u>我が国開催の国際競技大会の円滑な実施に向け、海外への情報発信や海外からのスポーツ関係者の受け入れ等を支援</u>

（2）スポーツに係る国際的な交流及び貢献の推進
- スポーツ界における人材派遣・交流等を通じた国際的なネットワークの構築
- ドーピング防止活動における国際的な連携の維持・強化
- 指導者の派遣や関連機材供与等、スポーツ分野における人的・物的国際交流・貢献の推進
- 市民レベルのスポーツ大会への人材派遣・受け入れ等による市民レベルでの国際交流の推進

6．ドーピング防止やスポーツ仲裁等の推進によるスポーツ界の透明性、公平・公正性の向上

政策目標：スポーツ界における透明性、公平・公正性の向上を目指し、競技団体・アスリート等に対する研修やジュニア層への教育を徹底するなど<u>ドーピング防止活動を推進するための環境を整備する</u>とともに、<u>スポーツ団体のガバナンスを強化し組織運営の透明化を図る</u>ほか<u>スポーツ紛争の仲裁のための基礎環境の整備・定着</u>を図る。

（1）ドーピング防止活動の推進
- ＪＡＤＡにおける、国際的な水準の検査・調査体制の充実、検査技術・機器等の研究開発や、国際的な動向を踏まえた今後の規制の在り方について調査・研究を実施
- 競技団体、アスリート等に対するアウトリーチプログラムや学校におけるドーピング防止教育の充実

（2）スポーツ団体のガバナンス強化と透明性の向上に向けた取組の推進
- <u>組織運営体制の在り方についてのガイドラインの策定・活用</u>
- スポーツ団体における、運営の透明性の確保やマネジメント機能強化

（3）スポーツ紛争の予防及び迅速・円滑な解決に向けた取組の推進
- スポーツ団体・アスリート等の仲裁・調停に関する理解増進、仲裁人等の人材育成の推進
- <u>スポーツ団体の仲裁自動受諾条項採択等、紛争解決の環境を整備</u>

7．スポーツ界における好循環の創出に向けたトップスポーツと地域におけるスポーツとの連携・協働の推進

政策目標：トップスポーツの伸長とスポーツの裾野の拡大を促すスポーツ界における好循環の創出を目指し、<u>トップスポーツと地域におけるスポーツとの連携・協働を推進する。</u>

（1）トップスポーツと地域におけるスポーツとの連携・協働の推進
- 地域において次世代アスリートを発掘・育成する体制を整備し、将来、育成されたアスリートが地域の指導者となる好循環のサイクルを確立
- <u>拠点クラブに優れた指導者を配置し、周辺クラブへの巡回指導等を実施</u>
- トップアスリート等に対して「デュアルキャリア」に関する意識啓発を行うとともに、奨学金等のアスリートのキャリア形成のための支援を推進
- 小学校体育活動コーディネーターの派遣体制の整備支援

（2）地域スポーツと企業・大学等との連携
- 地方公共団体、企業、大学の連携・協働による、スポーツ医・科学研究や人材の交流、施設の開放等の推進
- 健常者と障害者が同じ場所でスポーツを行う方法やスポーツ障害・事故防止策等について、大学等での研究成果や人材を活用する取組を推進

第4章　施策の総合的かつ計画的な推進のために必要な事項

（1）国民の理解と参加の推進
国、独立行政法人、地方公共団体及びスポーツ団体は、スポーツに対する国民の関心と理解を深め、国民の参加・支援を促進するよう努力する。

（2）関係者の連携・協働による計画的・一体的推進
スポーツ団体等の主体的な連携・協働が期待される。また、国は、スポーツ基本法の規定によるスポーツ推進会議において関係行政機関の連絡調整を行うほか、スポーツ庁の設置等行政組織の在り方を検討し、必要な措置を講じる。地方公共団体においても、首長部局や教育委員会等スポーツを所管する組織間の連携の強化が期待される。

（3）スポーツの推進のための財源の確保と効率的・効果的な活用
国の予算措置の充実、民間資金の導入とその効果的な活用を図る。また、スポーツ振興投票制度の売り上げの向上や、業務運営の効率化による収益拡大に努める。

（4）計画の進捗状況の検証と計画の見直し
計画期間中に進捗状況の不断の検証を行い、次期計画策定時の改善に反映させる。また、計画の進捗状況や施策の効果を適切に点検・評価する方法や指標等の開発を図る。

＊「スポーツ基本計画の概要」（文部科学省）（http://www.mext.go.jp/a_menu/sports/plan/）をもとに作成

スポーツ基本計画の全体像

《我が国の社会の変化》

少子高齢化・情報化の進展、地域社会の空洞化、人間関係の希薄化、大震災後の復興等の新たな課題の発生

《今後目指すべき社会像》

次代を担う青少年が他者との協働と規律を学びつつ育成され、地域に深い絆が存在し、健康な長寿を享受できる社会。国際的にも尊敬される国（持続的発展が可能な社会）

〈スポーツ基本法の制定〉

○スポーツ振興基本計画の課題
・子供の体力の上昇
・生涯スポーツ機会の向上
・国際競技力の向上
○**新たな課題の発生**
・ガバナンス向上、
　ドーピング対策等 公平・公正性、
　透明性向上の要請
・プロスポーツ、障害者スポーツの発展
・国際化の進展　等

〈スポーツを通じて目指す社会の姿〉

スポーツを通じてすべての人々が幸福で豊かな生活を営むことができる社会

○青少年が健全に育ち、他者との協同や公正さと規律を重んじる社会
○地域の人々の主体的な協働により深い絆で結ばれた一体感や活力がある地域社会
○健康で活力に満ちた長寿社会
○国民が自国に誇りを持ち、経済的に発展し、活力ある社会
○国際的に信頼され、尊敬される国

○スポーツ基本法の制定
・「スポーツ権」の確立
・スポーツの多面的な役割
　（青少年の健全育成、
　地域社会の再生、社会・
　経済の活力創造、国際的
　地位向上）の明確化　等

スポーツの意義や価値が広く共有＝「新たなスポーツ文化」の確立

〈計画の策定〉

○今後10年間の基本方針と現状と課題を踏まえた5年間の計画

年齢や性別、障害等を問わず、広く人々が、関心、適性等に応じて
スポーツに参画することができるスポーツ環境を整備

- ④ 国際競技力の向上
- ⑤ 国際交流・貢献の推進
- ⑥ スポーツ界の透明性、公平・公正性の向上
- ⑦ 好循環の創出
- ① 子供のスポーツ機会の充実
- ② ライフステージに応じたスポーツ活動の推進
- ③ 住民が主体的に参画する地域のスポーツ環境の整備

資料　スポーツ基本計画の全体像

〈計画の推進〉

○国民の理解と参加によるスポーツの推進
○関係者の連携・協働による計画的・一体的推進
○スポーツの推進に係る財源確保と効率的な活用
○計画の進捗状況の検証と見直し

＊「スポーツ基本計画の全体像」（文部科学省）（http://www.mext.go.jp/a_menu/sports/plan/）をもとに作成

編集後記

　2011年にスポーツ基本法が制定されてから3年が経過した。この間、国際競技大会の招致への支援を定めた第27条が威力を発揮して、東京オリンピック・パラリンピックの開催決定を勝ち取った。しかし、その他はどうか。内閣府から勧告を受ける団体が続出する中、スポーツ団体の事業の適正の確保（第5条）は進んでいるか。指導者による暴力が注目を集めた後も、高校野球の指導者が暴力で逮捕・起訴される事件が発生した。指導者の養成（第12条）は適正に行われているか。2014年には部活動中の落雷事故で死亡事故が発生した。スポーツ事故の防止（第14条）の取組に効果はあるか。今般、スポーツ基本法の逐条解説を試みたが、基本法が定められただけではスポーツ界は変わらないことを改めて感じさせられた。スポーツ庁設置（附則第2条）は着々と進行中のようであるが、基本法に沿ったスポーツ活動が実現されるよう今後も強く求めていきたい。（伊東 卓）

　2014年夏の高校野球選手権大会が終幕を迎えようとしている。今年は地区予選から大きなドラマがあった。石川県星陵高校が8点差を9回で逆転したゲームに「野球は下駄を履くまで分からない」という格言を思い出させた。と同時に敗れた高校の選手の気持ちを想像した瞬間、胸に迫ってくるものを感じた。スポーツには常に勝者と敗者がいる。試合終了後に喜びと悔しさを押さえて、両チームの選手たちが相手をたたえ合う、そんなスポーツの爽やかさが「高潔性」につながるのだろう。学校のスポーツ部活動の指導者は、高潔性を求めて文化としてのスポーツを深化、発展させていくように仕向けていくのも「指導力」になるのではないだろうか。（入澤 充）

　「スポーツ部活動の事故と安全対策」を担当した。過去の裁判で問題となった事故が、数十年を経過した現在までに繰り返し起きているという実情を見るにつけ、いたたまれない思いになる。「事故はあってはならない」ものであるが、絶対に事故が起きないという保証はない。他所で起きた事故は、いつ自分のところでも起きるか分からないものである。インターネットが発達し、事故情報や各種安全対策を記した文献が容易に手に入る時代になった。本稿では、事故のどこにアクセスすれば、どのような情報を入手できるかを整理した。常に危機意識を持ち、事故を起こさないために情報を効率的に収集し、日々、事故防止に努めていただきたい。（大橋 卓生）

　スポーツ団体と言っても、サッカーのようなメジャースポーツとマイナー競技とでは、それぞれ団体の抱える課題は大きく異なる。多くのマイナー競技では、競技人口は少なく、スポンサーもなかなか集まらず、安定収入がないため財政は厳しく、競技の普及や強化にかける予算も十

Editor's Postscript

　分集まらない。結果として、有意な人材を雇う資金がねん出できず、安定した組織運営体制を築くことができない、そのことが競技の普及や強化を阻害する、という悪循環に陥っている。多くの団体関係者からは、事務職員を雇いたい、といった声がよく聞かれるが、今のわが国の予算制度では、競技団体の事務職員の人件費を公費で賄うことは難しいという事情がある。わが国のスポーツ界が抱える大きな課題である。（境田 正樹）

　中学・高校と柔道部だった。夏の合宿は辛かったが、初段をとり黒帯を締めた。数学の教師が5段で部の顧問だ。高校体育は柔道で黒帯はクラスメイトを技で倒せる。しかし体育大学出身コースの一本背負い、顧問の払腰に歯がたたない。腕力は自分の方が強くても段位差は大きく、年寄りの技の切れ味が違う。生意気な若者は畳に叩きつけられ、悔しくても実力が違うと納得し、数学も勉強しようと思った。教育は文武両道だ、と顧問をつくづく尊敬できた。柔道は暴力を振るう必要はない、部活の場は教師の「強い指導力」を示す。新聞・テレビで部活の体罰事件が報道されるたびに、加害教師は被害生徒を心服させる実力が足りないな、と情けなくなる。（菅原 哲朗）

　この度、スポーツ指導における安全対策について執筆させていただいた。問題として感じるのは、我々が調査研究している安全対策情報があまりにも現場に伝わっていないことだ。目の前で事故が発生しなければ安全、ではない。スポーツは不可避的に重大な事故が発生するある意味危険なものであり、この点をまず理解しなければならない。自然災害と同じように、発生することを前提として対策をしなければならない。この対策を行うのは指導者の役目である。指導者がやらなければ、子どもたちの安全は守れない。指導者が勉強しなければならないのである。指導者が競技の未来を作るのであり、そのために安全対策は欠かせない。（松本 泰介）

　私は、この本の編集中に、スポーツ振興センターが文部科学省から受託している「スポーツ事故防止対策協議会」の一員として、高校生が死亡したサッカーゴール転倒事故について現地調査に臨んだ。事故の詳細を調査し、再発を防止するための提言をまとめようという取り組みである。このサッカーゴールは、そもそも重心が高い構造であり、経年変化で設置部分の鉄材が腐食して脱落し、さらに重心が高くなっていた。この学校では、死亡事故の前年にもサッカーゴールが転倒し、生徒が3指を骨折する事故が起きていた。同じようなスポーツ事故あるいは同じようなスポーツ活動中の暴力行為が繰り返されている。この負の連鎖をなんとか切りたいと願っている。（望月 浩一郎）

編集委員

代表：菅原　哲朗　（キーストーン法律事務所　弁護士）

代表：望月　浩一郎　（虎ノ門協同法律事務所　弁護士）

　　　伊東　卓　（新四谷法律事務所　弁護士）

　　　大橋　卓生　（虎ノ門協同法律事務所　弁護士）

　　　境田　正樹　（四谷番町法律事務所　弁護士）

　　　松本　泰介　（Field-R 法律事務所　弁護士）

　　　入澤　充　（国士舘大学 法学部 法律学科　教授）

スポーツにおける真の指導力
部活動にスポーツ基本法を活かす

2014 年 10 月 24 日　初刷発行

編　者■菅原　哲朗　（代表）
　　　　望月　浩一郎（代表）
　　　　伊東　卓
　　　　大橋　卓生
　　　　境田　正樹
　　　　松本　泰介
　　　　入澤　充
発 行 者■大塚　智孝
発 行 所■株式会社 エイデル研究所
　　　　〒102-0073　東京都千代田区九段北 4-1-9
　　　　TEL.03-3234-4641
　　　　FAX.03-3234-4644
編集担当■熊谷　耕／村上　拓郎
印刷・製本■中央精版印刷株式会社

＊落丁・乱丁のときはおとりかえいたします。

Ⓒ 2014 T.Sugawara,K.Mochizuki,T.Ito,T.Ohashi,M.Sakaida,T.Matsumoto,M.Irisawa
Printed in Japan　ISBN978-4-87168-549-8　C0075